무신론이 지배하는 사회

하나님 나라 지평 I

무신론이
지배하는 사회

황상하 지음

로마 제국이 기독교를 말살하려 하였지만 그보다 먼저 기독교를 말살하려 한 것은 유대인들입니다. 그들은 바울의 복음을 천하에서 없애야 할 전염병이라고 하였습니다. 근대에 이르면 칼 마르크스의 공산주의와 그 아류 좌파사상가들이 그 일을 주도하고 있습니다.

마르크스의 공산주의 혁명이 실패하자 이탈리아의 공산주의 사상가 안토니오 그람시는 장기적이고 치밀한 진지전 전략을 제안하였고 신마르크스 주의자들이 그 전략으로 자유민주주의와 자본주의 사회를 거의 점령하다시피 하였습니다. 마르크스와 신마르크스 사상의 뿌리는 철저한 무신론인데 그 무신론 정책이 대학교를 비롯하여 초중등학교와 정치, 언론, 문화, 경제 등 거의 모든 분야에 진지를 구축하고 온갖 명분 있는 사회운동을 통하여 하나님의 창조질서와 보편 가치를 지워가고 있습니다.

아침향기

Contents

지평 1.
인종차별과 평등의 문제

지평 2.
무신론이 지배하는 사회

하나님 나라 지평에서

예수님은 마 5:43-48절에서 원수 사랑에 대해 말씀하셨습니다. 구약에는 명시적으로 원수를 사랑하라고 하는 말씀은 없습니다. 레 19:18절이 "원수를 갚지 말며 동포를 원망하지 말며 네 이웃 사랑하기를 네 자신과 같이 사랑하라 나는 여호와이니라"라고 하였습니다. 예수님은 "네 이웃을 사랑하고 네 원수를 미워하라 하였다는 것을 너희가 들었으나"라고 하셨습니다. 예수님은 레 19:18절에 대한 유대인들의 오해와 왜곡을 지적하셨습니다. 모세는 "네 이웃 사랑하기를 네 자신과 같이 사랑하라"라고 하면서 원수에 대해서는 "원수를 갚지 말며 동포를 원망하지 말며"라고만 하였습니다. 유대인들은 이 말씀에서 사랑의 대상을 이웃으로 한정하였습니다. 이웃은 사랑의 대상이지만 원수는 사랑의 대상에서 제외된다고 생각하였습니다. 그런데 이러한 생각이 발전하여 이웃은 사랑의 대상이 아닐 뿐 아니라 미움의 대상이라고 생각하게 된 것입니다.

유대인들은 그들의 원수들과 많은 전쟁을 하였습니다. 그럴 때마다 하나님께서 그들을 위하여 원수를 물리쳐 주셨습니다. 그들의 원수는 그들의 원수일 뿐만 아니라 하나님의 원수라고 하셨습니다. 유대인은 인간적인 생각으로 원수를 미워하는 것이 성경에 비추어 정당하게 성립이 되는 것으로 판단하게 된 것입니다. 그러한 판단이 후에는 노골적으로 원수를 미워하라는 가르침으로 굳어지게 된 것입니다. 그러한 가르침은 하나님의

8

뜻이 아니고 유대인들의 생각과 판단에 따른 전통이었습니다. 그래서 예수님은 "원수를 미워하라 하였다는 것을 들었으나"라고 하신 것입니다. 너희들이 그렇게 듣고 배웠으나 그것은 성경의 가르침도 아니고 하나님의 뜻도 아니라고 하신 것입니다.

원수를 미워하는 가르침의 극단적인 예가 바로 이슬람입니다. 그들은 유대인들처럼 원수를 미워하라고 가르치고 실천하였습니다. 구약에서 원수에 관하여 명시적으로 가르치신 것은 "원수를 갚지 말라"는 것입니다. 하지만 그들은 원수를 갚지 말라는 말씀은 원수를 사랑하라는 말씀은 더구나 아니라고 생각한 것입니다. 그러한 생각으로 원수를 갚는 행위가 정당화되었습니다. 원수에게는 아무리 잔인하게 해도 되고 더 나아가서는 최대한 잔인하게 하는 것이 옳다고 생각하게 된 것입니다. 이슬람은 그러한 가르침을 아예 그들의 경전에 추가하였습니다. 이를테면 원수를 미워하는 것이 알라의 뜻이고 그 원수를 잔인하게 죽이는 것이 알라의 뜻을 실행하는 것이라고 믿는 것입니다.

예수님 당시 유대인들도 정도의 차이만 있었을 뿐이지 원수를 미워하는 것이 성경의 가르침이고 하나님의 뜻이라고 생각하였습니다. 그러한 생각은 그 시대뿐만 아니라 기독교에서도 오랫동안 중요하게 생각하고 실천하였던 가르침입니다. 십자군 전쟁이나 마녀사냥이나 종교재판 등이 다 원수를 미워하라는 잘못된 가르침을 따른 것입니다. 그런 그릇된 가르침에 의해서 교회가 원수라고 생각한 대상에게 얼마나 잔인한 고문과 폭력과 살인을 저질렀는지 모릅니다.

유대인들은 이웃을 사랑하되 그 이웃은 율법을 잘 지키는 유대인에게 한정하였고 그 범위를 벗어나는 대상에 대해서는 인정사정없이 잔인하였습니다. 그렇게 하는 것이 하나님을 섬기는 것으로 생각한 것입니다.

유대인의 그러한 율법 이해와 종교심을 바울의 경우를 통해 확인할 수 있습니다. 그가 회심하기 전까지 그런 가르침을 따라 종교적 열심으로 예수님과 그를 믿는 교회 성도들을 핍박했던 것입니다. 교회를 핍박하는 것이 하나님께 충성하는 것이라고 믿었던 것입니다. 거의 모든 사람이 바울처럼 생각하고 있는데 예수님은 "네 이웃을 사랑하고 네 원수를 미워하라 하였다는 것을 너희가 들었으나 나는 너희에게 이르노니 너희 원수를 사랑하며 너희를 박해하는 자를 위하여 기도하라"라고 하셨습니다.

당시 이 말씀을 들은 자들은 원수를 미워하는 것이 하나님께 충성하는 것으로 믿고 있는데 예수님은 그들의 믿음의 토대가 되는 말씀 자체를 뒤엎어버린 것입니다. 오늘 우리에게 예수님의 말씀은 참 좋은 말씀이지만 그 당시 사람들에게는 너무나 충격적인 말씀입니다. 원수를 미워하라고 믿고 가르치고 실천하는 사람들에게 원수를 사랑하라고 하는 것이 얼마나 황당한 말씀이겠습니까?

예수님의 이러한 말씀이 왜곡된 율법과 그릇된 엄격한 전통의 가르침에 짓눌려 지내던 힘 없고 약한 사람들에게는 좋은 말씀이지만, 유대 종교 지도자들과 대부분 유대인에게는 용납할 수 없는 말씀이었습니다. 그들은 예수님을 그냥 두면 큰일을 낼 사람으로 생각하여 집요하게 비난하고 방해하고 핍박하고 결국은 십자가에 못 박아 죽인 것입니다.

고대 그리스의 유명한 영웅전의 저자 플루타크(Plutarch)는 그의 저서에서 아리스토에 대해 다음과 같이 말하고 있습니다. 어떤 사람이 클레오메네스에게 "선한 왕이 행해야 할 것이 무엇인가?"고 물었을 때 그는 대답하기를, "친구에게는 선으로, 원수에게는 악으로 돌리는 것이다"라고 대답하였습니다. 그러자 아리스토는 말하기를, "우리의 친구에게는 선을 베풀고 우리의 원수를 친구로 삼는 것은 얼마나 더 좋은 일인가, 이것은 원수의 머리 위에 숯불을 올려놓는 것"이라고 하였습니다. 성경을 알지 못했던 이들도 조금만 생각을 깊이 한 이들은 원수를 미워하는 것이 옳고 정당하다고 생각하지 않았습니다.

바울도 원수를 미워하는 것이 하나님의 뜻으로 알았다가 회심 후에 그

무신론이 지배하는 사회

것이 잘못된 것을 깨닫고 롬 12:19절에서 원수에 대해서 다음과 같이 가르쳤습니다. "내 사랑하는 자들아 너희가 친히 원수를 갚지 말고 하나님의 진노하심에 맡기라 기록되었으되 원수 갚는 것이 내게 있으니 내가 갚으리라고 주께서 말씀하시니"뿐만 아니라 바울은 율법의 참뜻을 깨닫고 원수를 적극적으로 사랑할 것을 강조하였습니다.

예수님은 원수 사랑에 대한 명령을 순종해야 하는 이유와 근거를 마 5:45절에서 말씀하셨습니다. "이같이 한즉 하늘에 계신 너희 아버지의 아들이 되리니 이는 하나님이 그 해를 악인과 선인에게 비추시며 비를 의로운 자와 불의한 자에게 내려주심이라"원수를 사랑해야 하나님의 아들이 된다고 하셨습니다. 하지만 이 말씀의 뜻은 "이같이 한즉 하늘에 계신 너희 아버지의 아들임을 증명할 수가 있게 될 것이다."라는 뜻입니다. 즉 우리가 하나님의 아들임을 증명하는 일이 원수를 사랑하는 것이라는 말씀입니다. 우리가 하나님의 자녀임을 증명하는데 그냥 좋은 일을 해서는 안 된다고 하신 것입니다. 내가 좋아하는 사람을 사랑하거나 나를 사랑하는 사람을 사랑하는 것으로는 하나님의 자녀임을 증명할 수 없다고 하신 것입니다.

예수님은 마 7:22-23절에서 "그날에 많은 사람이 나더러 이르되 주여 주여 우리가 주의 이름으로 선지자 노릇 하며 주의 이름으로 귀신을 쫓아내며 주의 이름으로 많은 권능을 행하지 아니하였나이까 하리니 그때에 내가 그들에게 밝히 말하되 내가 너희를 도무지 알지 못하니 불법을 행하는 자들아 내게서 떠나가라 하리라"라고 하신 것입니다. 이 말씀의 뜻은 그들이 원수를 사랑하지 않았다는 말씀입니다.

교회는 이 가르침에 수없이 많은 실패를 했습니다. 우리가 하나님의 아들임을 증명하기 위해 늘 마귀가 예수님께 제시했던 일들로 증명하려고 합니다. 마귀는 예수님에게 하나님의 아들임을 신비한 기적으로 증명하라고 유혹하였습니다. 예수님은 그 유혹을 물리치셨지만, 교회는 늘 그 유혹에 넘어졌습니다.

예수님은 또한 우리가 원수 사랑을 실천함에 있어서 하나님의 본을 따르도록 하라고 가르치셨습니다. 마 5:45절에서 "이는 하나님이 그 해를 악인과 선인에게 비추시며 비를 의로운 자와 불의한 자에게 내려주심이라" 사람들은 사랑을 베풀어야 할 대상을 이웃으로 정해 놓았습니다. 왜냐하면, 성경이 네 이웃을 사랑하라고 했기 때문입니다. 유대인들은 그 이웃에서 제외된 사람은 사랑의 대상으로 생각하지 않았습니다. 이렇게 성경을 해석하고 이해하는 것은 이원론적인 영향이라고 할 수 있습니다.

우리는 사랑의 대상이 나의 이웃으로 정해져 있지만 예수님은 사랑의 대상을 하나님 나라 지평에서 찾으라고 하십니다. 하나님이 그 해를 악인과 선인에게 비추시며 비를 의로운 자와 불의한 자에게 내려주심이라고 하신 것입니다. 나는 이 말씀에서 하나님 나라의 지평을 발견하게 되었습니다. 지평이란 하늘과 땅이 맞닿는 넓고 평평한 땅을 뜻하지만, 학문에서는 범위나 한계, 전망이나 가능성의 뜻으로 사용됩니다.

우리 사랑의 지평은 매우 제한적이고 좁습니다. 우리 사랑의 지평은 가정 교회 친구 선행 전도 기도 선교 교육 친교 등과 같은 것으로 한정되고 있습니다. 그러나 하나님 나라의 지평은 그러한 분야로 한정되지 않습니다. 하나님 나라 지평이 태양이라면 우리의 사랑의 지평은 손전등과 같습니다. 손전등은 아주 작은 부분만, 내가 보기를 원하는 부분만 비춥니다. 그러면 그 나머지는 어두운 부분으로 남습니다. 그러나 하나님의 사랑은 햇빛처럼 온 우주를 비춥니다. 아름다운 꽃이나 푸른 산이나 맑은 물만 비추는 것이 아니고 바위와 흙과 온갖 산짐승과 들짐승과 생물과 무생물과 심지어 썩어 냄새나는 시궁창과 시체와 배설물에도 햇빛은 비칩니다. 내 가족이나 내 친구에게뿐 아니라 원수에게와 원수의 가족에게도 원수의 밭에도 하나님의 사랑은 미칩니다. 하나님의 사랑이 미치는 곳이 하나님 나라 지평입니다. 하나님의 사랑이 미치는 곳을 주님께서는 햇빛이 비취는 곳이라고 하셨습니다. 햇빛은 지구뿐만 아니라 온 우주를 비춥니다. 햇빛

무신론이 지배하는 사회

이 비치는 모든 곳이 하나님 나라의 지평입니다.

정치와 경제와 교육과 학문과 문화와 예술과 외교와 환경과 그 어떤 분야도 하나님 나라의 지평에서 제외되는 곳은 없습니다. 예수님이 이렇게 다양하고 폭넓은 하나님 나라 지평을 말씀하시는 이유가 무엇일까요? 하나님 나라 지평이 바로 하나님 나라 백성의 삶의 지평임을 가르쳐 주시는 것입니다. 하나님께서 사랑과 관심을 쏟으시는 곳에 우리도 사랑과 관심을 쏟아야 한다고 하시는 것입니다.

예수님은 이러한 사실이 구체적으로 다음과 같다고 설명해 주셨습니다. "너희가 너희를 사랑하는 자를 사랑하면 무슨 상이 있으리요 세리도 이같이 아니하느냐 또 너희가 너희 형제에게만 문안하면 남보다 더하는 것이 무엇이냐 이방인들도 이같이 아니하느냐?"

예수님은 우리의 목표가 어딘가도 말씀하셨습니다. 우리의 목표는 어떤 이념이나 사상이나 인물이 아닙니다. 하나님이 우리의 목표입니다. "그러므로 하늘에 계신 너희 아버지의 온전하심과 같이 너희도 온전하라" 이 말씀의 가르침을 통해 나는 인간 우상에 빠지지 않을 수 있었습니다. 세상의 훌륭한 사람을 존경하되 지나치게 존경하지는 않습니다. 그래서 나에게 인간 우상은 없습니다. 또한, 철학과 과학과 이념과 사상과 그 어떤 이론도 상대화할 수 있었습니다. 심지어 교회도 우상이 되면 안 된다는 사실도 배웠습니다. 구약 성경은 하나님도 우상이 되면 안 된다는 사실을 얼마나 강조하는지 모릅니다. 하나님 나라 지평에서는 하나님의 손길을 교회와 전도와 선행을 통해서만이 아니라 한 포기의 들풀의 생태에서도 발견할 수 있습니다. 나는 텃밭을 가꾸면서 늘 하나님과 함께 가꾸는 텃밭이라고 말하곤 합니다. 그러면 사람들은 그 말을 가벼운 농담으로 여기는 것 같습니다.

내가 정치와 외교와 경제와 환경과 문화에도 관심을 기울이는 것은 하나님께서 그것에 관심을 기울이고 계시기 때문입니다. 이러한 하나님 나라 관점에서 바라보면 목회와 은퇴와 선교와 휴식과 노동과 놀이와 학문과 문화와 온갖 분야와 범위와 내용이 사실 구별이 없어집니다.

그런 것들이 나를 제한하고 웃고 울게 하지만, 그것을 극복하려고 노력해 왔습니다. 오늘 나는 목회에서 은퇴합니다. 오늘 이후 나의 교우들과의 만남과 교제가 전보다는 약간 소원해지겠지만 그것은 그렇게 중요하지 않습니다. 성도의 교제는 그 어떤 물리적인 조건이나 환경에 의해서 없어질 그런 것이 아닙니다. 조금의 물리적인 변화와 감정적인 아쉬움이 있겠지만 성도의 교제는 날마다 더 깊어지고 넓어지고 진지해져야 합니다. 그렇게 되는 것이 정상입니다. 그럴만한 근거와 토대가 있습니다. 그것이 바로 하나님 나라 지평입니다. 그렇게 되는 것이 하나님 나라 지평을 열어가는 우리의 미션입니다. 한 하나님을 섬기며 그 나라 백성으로 함께 천국 순례 길을 가는 교우들이니 하나님의 뜻과 일상을 함께 나누며 주님 앞에 가는 그날까지 서로 위로하고 격려하고 사랑하며 하나님 나라 지평을 개척하며 나아가야 합니다. 우리는 하나님 나라 지평을 바라보아야 합니다. 그 하나님 나라 지평은 원수를 사랑하는 것입니다. 원수를 사랑하는 데까지 나아가지 못하면 하나님의 자녀임을 증명하는 일에 실패하는 것입니다. 원수를 사랑하는 일은 절대 쉽지 않습니다. 하지만 원수를 사랑한다면 최고의 법을 성취하는 것입니다. 모든 교우가 서로 위로하고 격려하며 기도하고 성령님의 인도를 따라 주님과 동행하며 하나님 나라 지평에 깊이 참여하는 복을 누리게 되기를 바라고 기도합니다.

 "이같이 한즉 하늘에 계신 너희 아버지의 아들이 되리니 이는 하나님이 그 해를 악인과 선인에게 비추시며 비를 의로운 자와 불의한 자에게 내려 주심이라"(마 5:45).

"그동안 신학덕담으로 써 왔던 글들을 모아 또 한 권의 책으로 엮었습니다. 이미 인터넷이나 나의 페이스 북에 올려진 글들이지만 책으로 출판되면 몇몇 분들이라도 더 읽고 도전과 유익을 받게 될 것이라는 기대를 하며 부

무신론이 지배하는 사회

끄러움을 무릅쓰고 세상에 내어 놓습니다. 문장이 매끄럽지 못하고 논리가 명료하지 못한 부분들이 많고 내용과 표현에서 중복되는 부분도 적지 않고 여러 책과 글들을 읽으며 얻게 된 정보와 깨달음을 통해 저의 뜻을 밝히려고 나름 노력하였습니다.

글이 학문적이지 않고 개인적인 비평과 신학덕담이라는 글의 성격상 정보의 출처를 일일이 밝히지 않은 것과 저자의 생각과 주장에 동의하지 않는 내용에 대해서도 독자들께서 혜량하시기를 바랍니다. 저의 글들을 사랑해주시고 또한 비판해 주신 모든 분들과 저를 믿어주신 교우들과 무언의 지지와 격려를 해준 친구들과 모든 지인들께 감사의 마음을 전합니다. 이 책의 출판을 맡아 수고해 주신 강신억 목사님과 모든 분들께 감사드리고, 또한 이 글 한편 한편이 나올 때마다 교정을 하며 조언을 해준 사랑하는 아내 "성숙"에게 감사하며 늘 아빠를 자랑스럽게 생각해주는 두 딸 "성아. 성민"과 성실하고 든든한 지원자 두 사위 Ryan과 Paul에게도 고마운 마음을 전합니다. 또한 언제나 나에게 활력소가 되는 손자 Lukas와 손녀 Lauren도 하나님 나라 지평을 열어가는 일꾼으로 자라가기를 바랍니다. 이 모든 분들이 아니면 나의 존재도 나의 글도 불가능하지만 이 모든 분들이 있다고 해도 하나님의 은혜가 아니면 나의 존재와 나의 글은 아무런 의미가 없습니다. 나의 글들은 하나님의 은혜로 말미암은 '나'라는 존재의 하나님을 향한 영적 생명의 형식들입니다.

모든 영광을 하나님께 돌리며 이 책을 읽게 될 모든 이들을 통하여 하나님 나라 지평이 확장되어 독자들의 가정과 교회와 사회에 하나님께서 보시기에 좋은 작은 변화가 일어나기를 기대합니다.

2024년 9월 30일
Long Island Sound 끝자락
Bay Terrace 아파트 6층 조그만 서재에서
지은이 드림

지평1

인종차별과
평등의 문제

인종차별과 평등의 문제 1

    모든 사람은 하나님 앞에서 평등하지만 동일하지는 않습니다. 모든 사람은 하나님의 형상을 따라 평등하게 창조되었습니다. 하지만 모든 사람은 각각 크기, 형태, 피부색, 성을 가지고 있습니다. 다른 피부색이 언제부터 시작되었는지는 분명하지 않지만 지금 지구상에 존재하는 모든 사람의 피부색은 자신의 선택에 의해서가 아니라 태어날 때 부모로부터 물려받은 것입니다. 사람들은 능력, 지능, 개성, 감정, 말하는 법, 기호나 식성, 교육, 경험, 직업 등에 있어서 서로가 아주 다릅니다. 또한, 사람들은 시대나 영적 성숙도에 따라서 도덕적, 영적으로도 많이 다릅니다. 모든 사람이 서로 다르지만, 모두가 하나님의 형상으로 창조되었기 때문에 사람들은 서로를 하나님의 형상으로 존중하며 대해야 합니다. 모든 사람이 동등하다는 사실은 피차 존엄과 가치를 존중하여 서로에 대하여 경의를 표하며 하나님으로부터 받은 은사와 지위와 역할을 자신의 것처럼 소중하게 여기고 기뻐해야 할 의무를 갖게 한다는 것을 암시합니다. 이것은 하나님이 사람을 창조하실 때 각자에게 부여하신 의무이며 책임입니다. 동등한 사람들이 하나님으로부터 받은 명령을 소홀히 하여 피차의 가치를 과소평가하거나 피차의 은사를 질투하고 피차의 높아짐과 잘 되는 것을 기뻐하지 않고 다른 사람보다 높아지려고 불법과 술수와 횡포를 자행하는 것은 명백한 죄입니다. 하지만 우리가 매우 주의해야 할 것은 모든 사람을 똑같은 방식으로 대하거나 취급하지 말아야 한다는 사실입니다. 탁월한 성악가는 탁월한 성악가로서 존경을 받아야 합니다. 학문이 깊은 학자는 학자로서 존경을 받아야 합니다. 피아노를 연주하지 못하는 위대한 바이올리니스트는 위대한 피아니스트로서가 아니라 위대한 바이올리니스트로서 존경받아야 합니다. 공평하고 정의로운 판사는 그 공평하고 정의로움 때문에 더욱 존경을 받아야 합니다. 판사로 부름을 받은 자는 판사로서 존경을 받아야 합니다. 특별한 분야에서 힘든 노력을 통해 진보를 이루고 그 진보가 공익에 이바지한다면 그 역시 존경을 받아야 합니다. 그가 선한 사람으로 존경을 받아야 하는가는 또 다른 문제입니다. 우리는 우리의 부모님, 교회 지도자들, 세속 권력자들도 존경해야 합니다.

어떤 분야에서 탁월한 사람을 존경해야 하지만 그 어떤 위대하거나 탁월한 사람보다 예수 그리스도를 우선 존경해야 합니다. 비록 우리가 모든 사람의 존엄과 가치를 높여야 하지만 각자가 받은 은사와 직분을 자신의 것처럼 기뻐하기 위해서 그들 가운데서 차이를 인식해야 합니다. 만약 모든 이들이 같은 은사를 가졌다면 더 높이고 더 존경해야 함은 불필요할 것입니다. 사람들은 동등함이나 다름을 과장하는 경향이 있습니다. 자유주의자들은 동일을 과장하는 경우가 많고 보수주의자들은 다름을 과장하는 경우가 많습니다. 자유주의자들은 모든 성적 지향이 도덕적으로 같다고 주장하며 그 사실을 부정하여 사람들을 차별하는 것은 편견이라고 주장합니다. 보수주의자들은(지금은 많이 변했지만) 그 차이를 과장해서 인간 사상과 문명에 끼친 여성과 소수자들의 기여를 무시하였습니다. 진보주의자들은 학교에서 시험을 최소화해서 한 집단의 아이들이 다른 아이들보다 우월감을 느끼는 것을 차별이라고 하여 막으려 하고 있습니다. 여성의 참여를 최대화하기 위해 군대, 경찰, 소방대원 같은 특정 직업의 자격 조건이 현저하게 낮아지고 있습니다. 이는 마치 모든 사람이 모두 똑같은 재능을 가지고 있어서 집단이나 배경이나 교육적 수준이 달라도 누구나 모든 직종에 똑같이 자격이 있다고 생각하는 것입니다. 그렇게 해서 만약에 어떤 사람이 자격에 못 미치면 그 자격 요건을 낮춤으로써 그들이 같은 자격을 얻어야 한다는 식으로 인종차별을 없애려고 합니다. 우리는 모두 같은 재능을 가지고 있지 않으며 모든 사람이 모든 직업에 자격이 있지 않다는 것을 알고 있습니다. 우리가 모두 핵물리학을 가르칠 수 있는 것이 아니며 국가 대표 축구팀의 골키퍼가 될 수 있는 것도 아닙니다. 일반적으로 갱도 작업이나 벌목 일에 적합한 사람은 남성이 여성보다 많습니다. 어떤 NBA 감독이 사실을 말했다가 해고되는 예도 있었지만, 농구 선수 중에 탁월한 선수는 백인보다 흑인이 많습니다. 그렇다고 하여 그와 같은 사실을 근거로 백인에게 농구를 할 기회를 주지 않는다면 동등을 희생하고 다름을 극단적으로 강조하는 것이 됩니다.

이러한 문제들에 대하여 합리적이고 성경적인 이해를 하기 위해서는 동일과 다름의 본질에 대한 정확한 이해가 필요합니다. 바울은 모든 인간을 한 종족으로 보았습니다(행 17:26). 아담은 우리 모두의 조상이고 홍수 이후에는 노아가 우리의 조상입니다. 성경은 셈과 함과 야벳의 후손과 나라들에 대하여 언급하였습니다. 노아는 셈에게 축복을 선언했고 야벳은 셈의 장막에 거할 것이라고 하였습니다. 야벳은 이방 나라들의 조상인데, 노아가 축복한 예언은 예수 그리스도에게서 성취되었습니다. 예수 그리스도의 복음이 이방인에게 전파된 것이 그 약속의 성취입니다. 노아의 이 축복 예언에서 함은 제외되었는데, 함은 술 취하여 벗은 아버지를 범한 죄로 저주를 받았고 함의 아들 가나안은 후에 이스라엘 백성에게 진멸하라고 명령한 불레셋 족속의 조상입니다. 나라들 안의 개인들은 모두 하나님의 형상으로 지음을 받았지만, 그 나라들이 모든 면에서 똑같은 것은 아닙니다. 하나님은 나라들이 역사 안에서 각각 행해야 하는 다른 역할들을 주셨습니다. 셈이 받은 복은 세상을 구원하는 이스라엘의 특별한 역할을 보여주고 있으며, 야벳이 받은 복은 모든 나라가 이스라엘을 통해서 예수 그리스도께 오며 그에게 의존하는 것을 기대하고, 가나안이 받은 저주는 하나님이 아버지의 죄를 자식에게서 찾으신다는 출애굽기 20:5의 진리를 보여 줍니다.

하나님은 바벨탑 사건에서 나라 간의 실제적인 구분을 하기 시작하셨습니다. 홍수 심판 이후 인간들은 생육하고 번성하여 땅에 충만 하라는 하나님의 명령을 복종하기보다는 우상적인 구조를 중심으로 하나 된 문명을 추구하였습니다. 하나님은 그들의 언어를 서로 알아듣지 못하게 하심으로 그들의 계획을 심판하셨습니다. 언어의 다양성은 나라 간의 주된 차이점 중 하나입니다. 여기에서부터 같음보다 다름이 강조되기 시작하였습니다. 창세기 12장의 아브라함 이야기는 하나님의 구속의 복이 계속해서 한 나라 이스라엘로 좁혀지며 결국에는 한 사람 예수 그리스도로 좁혀지게 됩니다. 하지만 성경은 시작부터 아브라함의 복이 결국 세상의 모든 나라를 위할 것을 말하고 있습니다. "내가 너로 큰 민족을 이루고 네게 복을 주어 네 이름을 창대하게 하리니 너는 복이 될지라 너를 축복하는 자에게는 내가 복을 내리고 너를 저주하는 자에게는 내가 저주하리니 땅의 모든 족속이 너로 말미암아 복을 얻을 것이라 하신지라."(창 12:2-3) 이사야는 이스라엘과 적들이 같음을 미리 내다보았습니다."(사 19:22-25)

율법은 대부분 이스라엘을 다른 문화의 악한 영향력으로부터 보호하기 위해 주어졌습니다. 그렇지만 이 율법은 또한 증인의 기능을 하게 하려고 주어진 것입니다(신 4:5-7). 다른 나라들로부터 구별된 이스라엘의 순결함은 그 나라들의 질투를 유발시켜 참 하나님을 예배하도록 유혹하는 증인이 되어야 했습니다. 하지만 많은 이스라엘인은 하나님이 주신 이 구별을 사용하여 도리어 다른 나라들을 경멸했습니다. 예수님 시대에 바리새파 운동은 "이방 나라들은 개와 먼지"라는 개념을 만들어 냈습니다. 그렇지만 예수님 자신은 이방인들에게 다가가셨습니다. 그분에 관한 설명인 마태복음 12:18-21은 이사야 42:1-3의 약속을 인용하고 있습니다(참고 눅 2:32), 마태복음 8:5-13을 보면 예수님은 로마 백부장에게 대하여 그의 믿음이 이스라엘의 어떤 이들보다 크다고 하셨습니다. 마태복음 15:21-28에서 예수님은 가나안 여인의 비유대인 혈통을 강조하며 유대인의 식탁에서 그녀를 "개"라고 부르는 역설적인 대화를 하셨습니다. 그리고 그 대화 이후에 예수님은 그녀의 요청을 받아주셨습니다.

마태복음 28:18-20의 지상 명령에서 예수님은 교회의 주된 의무를 복음을 온 세상에 전하는 것이라고 선언하셨습니다. 이 지상 명령은 구약에서 나라들이 예루살렘으로 오는 구심력 운동을 신약에서는 하나님의 백성이 나라들에게로 복음을 가지고 가는 원심력 운동으로 바꾸셨습니다. 이러한 변화는 이스라엘 백성을 다른 나라들로부터 구분시키기 위한 구약의 율법 기능을 폐지했습니다. 하지만 초대 기독교인들은 오순절 이후에도 이방인들을 향한 사역을 꺼려서 하나님이 베드로에게 환상을 주시고 직접 명령하시기 전까지는 이를 망설였습니다. 하지만 그는 결국 순종하며 응답했습니다(행 10:34-35). 성령이 이방인들에게 임하셨음을 듣고 베드로는 이렇게 대답합니다. "이 사람들이 우리와 같이 성령을 받았으니 누가 능히 물로 세례 베풂을 금하리요"(행 10:47). 교회는 또한 이방인 신자들을 환영했습니다(행 11:1-18). 하지만 후에 베드로는 이방인 신자들에 대한 열린 자세에 어울리지 않는 행동을 했으며 이로 인해 바울의 책망을 들었습니다(갈 2:11-14). 하나님은 이방인들에게 복음을 가지고 가라는 특수한 책임과 함께 바울을 사도로 세우셨습니다(행 9:15). 바울은 그가 가는 곳 어디서나 회당에서 설교하였습니다. 하지만 유대인들이 그의 복음을 거절했을 때 바울은 이방인들에게로 갔습니다(행 13:46-48; 18:6; 22:21; 26:17-20; 28:28). 그 이후로 하나님은 계시록의 놀라운 찬양을 고대하며 전 세계에 교회들을 세우셨습니다. 사도 요한은 "그들이 새 노래를 불러 이르되 두루마리를 가지시고 그 인봉을 떼기에 합당하시도다 일찍이 죽임을 당하사 각 족속과 방언과 백성과 나라 가운데에서 사람들을 피로 사서 하나님께

드리시고"(계 5:9; 참고 계 7:9)라고 하였습니다. 초대 교회는 유대인들과 이방인들 사이의 높은 인종적 장벽을 극복해야 했었습니다. 유대기독교인들 중 일부는 이방인들이 구원을 얻으려면 율법 전체를 지켜야 한다고 주장했습니다. 당시 그러한 유대인들 때문에 이방인들은 기독교인이 되기 전에 먼저 유대인이 되어야만 했습니다. 특히 할례가 어려운 문제가 되었습니다. 하지만 사도행전 15:1-35에서 예루살렘 공회는 이방인들이 이러한 요구들에서 벗어난다고 선언하게 됩니다. 비록 유대인들에게 공격을 받지 않기 위해서 그들은 "우상의 더러운 것과 음행과 목매어 죽인 것과 피를 멀리"(행 15:20)해야 했지만 말입니다. 유대인들과 이방인들은 모두 자신들의 편안한 지대를 벗어나 조금씩 양보를 해야 했습니다. 이방인들은 유대인들에게 공격을 받지 않기 위한 관심을 기울여야 했으며 유대인들은 자신들의 율법주의와 배타성을 포기해야 했습니다. 신약은 헬라인과 로마인들 혹은 아테네 사람들과 고린도 사람들 사이의 다른 인종적, 국가적 긴장에 관해 언급하고 있지 않습니다. 그리스도께서 유대인과 이방인 사이의 장벽을 무너뜨리셨기에 이보다 덜한 장벽 또한 깨뜨리실 것이라고 사도는 분명히 말했을 것입니다.

"너희는 유대인이나 헬라인이나 종이나 자유인이나 남자나 여자나 다 그리스도 예수 안에서 하나이니라."(갈 3:28). 이는 이러한 차이들이 이제는 존재하지 않는다는 말이 아닙니다. 이 구절이 선언하고 있는 것은 그리스도 안에서 사람들 사이에 교제를 막는 장벽들이 제거되었다는 뜻입니다. 그리스도 안에 있는 모든 이들은 그리스도 안에서 다른 모든 이들을 사랑해야 합니다. 인간적인 차원에서 우리 사이의 차이점들은 그리스도 안에서 우리의 하나 됨에 비하면 사소한 것입니다. 지도자가 섬기는 지도자가 되며, 따르는 이가 섬기며 따르는 이가 될 때, 지도자와 따르는 이들 간의 긴장 역시 해소될 것입니다. 로마서 12:3-13과 고린도전서 12:4-31은 인종이나 국가적 차이에 집중하고 있지 않습니다. 이 절들은 우리를 긴장

무신론이 지배하는 사회

하게 하는 다른 차이들에 대해서 언급하고 있으며 이 차이들을 환영하고 있습니다. 다르다는 것은 선물입니다. 하나님은 온전한 몸을 세우기 위해서 우리 개개인에게 고유한 선물들을 주셨습니다. 발은 "나는 손이 아니니 몸에 붙지 아니 하였다"(고전 12:15)고 불평해서는 안 됩니다. 눈 또한 손에게 "내가 너를 쓸데없다"(고전 12:21)고 할 수 없습니다. 몸의 모든 부분은 다른 부분들이 필요합니다.

하나님은 우리들의 차이점들을 없애지 않으십니다. 어떤 면에서 그분은 우리 개개인에게 다른 선물을 주심으로서 이 차이점들을 더욱 키우십니다. 그러나 그분은 이 차이들에도 불구하고가 아니라 바로 이 차이들 때문에 우리가 서로를 더욱더 사랑하기를 기대하십니다. 고린도전서 12장의 은사들에 대한 바울의 생각은 13장에서 서로 사랑하라는 찬양으로 이어지고 있습니다. 우리가 우리와 아주 다른 사람들의 존엄과 가치를 인식하는 것이 쉬운 일이 아닙니다. 하지만 우리는 하나님의 은혜에 의지해 노력을 해야 합니다. 주님은 우리를 인종적 문화적 차이에도 불구하고 모든 사람을 존중하고 사랑하라고 부르십니다. 다른 이들의 은사나 진보를 탐하는 것은 계명을 범하는 죄입니다. 성경은 다른 사람의 은사나 성취를 탐할 것이 아니라 오히려 기뻐하라고 명령합니다. 하나님 나라 백성 된 우리가 이렇게 할 때 교회 안에서부터 인종차별이 극복되고 그 연장 선상에서 사회와 국가 간의 인종차별 문제가 극복될 수 있을 것입니다.

 "너희는 유대인이나 헬라인이나 종이나 자유인이나 남자나 여자나 다 그리스도 예수 안에서 하나이니라."(갈 3:28).

인종차별과 평등의 문제 2
노예제

    노예(奴隷)란 인권이 인정되지 않고 가축처럼 소유주의 재산이 되어 강제로 통제되어 지내고, 또 매매의 대상이 되며 부림을 당하는 사람을 뜻합니다. 국제연맹이 채택한 노예제 조약(Slavery Convention, 1926)에서는 노예제를 "Slavery is the status or condition of a person over whom any or all of the powers attaching to the right of ownership are exercised"로 정의하였다. 즉 노예제는 소유권에 부과되는 권력의 일부 또는 전부를 행사하는 사람의 지위 또는 조건입니다. 노예의 역사는 동서 거의 모든 문화권에서 발견되고 있습니다. 고대 함무라비 법전과 고대 이집트, 메소포타미아, 고대 그리스, 중국, 로마 제국, 인도, 중남미 아메리카, 그리고 한반도 조선 시대에도 노예제는 존재하였습니다. 노예제가 광범위하게 존재했으니만큼 그 형태도 다양하였으며 노예에 대한 대우도 차이를 보입니다. 아리스토텔레스가 그의 저술에서 노예에 대해 언급하고 있고 고대에는 부자, 권력자, 철학자, 종교 지도자들까지 노예를 소유하였습니다. 무엇보다 성경도 노예제에 관하여 이야기하고 있습니다. 심지어 성경이 노예제를 인정하는 듯한 태도를 보이기도 합니다. 이는 마치 성경이 원칙적으로 이혼을 금하지만 허용하는 듯한 태도를 보이는 것으로 오해하기 쉬운 것과 같은 것입니다. 성경이 노예제를 인정하고 받아들이는 것 같은 태도를 취하는 것은 노예제를 장려하는 것이 아니라 노예제를 극복하고 궁극적으로는 노예제를 폐지하려는 것입니다. 성경이 노예제 아래서나 행해지는 것들을 명령하는 것은 그 의도하는 바가 무엇인지를 사려 깊게 살펴보아야 합니다.

상당한 논쟁의 여지가 있지만, 흔히 고대를 가리켜 노예 경제 혹은 노예제 사회라고 부르기도 합니다. 실제로 스파르타의 경제는 노예 노동에 의존하였고, 이집트나 로마 제국도 노예 덕분에 대농장 경영이 가능했었습니다. 노예제가 허용된 국가에서는 어떤 사람이 노예에게 상해를 입히게 되면 그 죄는 법으로 타인의 물건을 훼손한 죄와 동급으로 다루었습니다. 이집트에서는 왕의 무덤을 비밀로 하기 위해 노예들을 죽였을 것으로 추정되는 문구가 발견되기도 하지만 고대 노예제 사회라고 할 때는 노예 노동이 경제적 기반을 이루고 있다는 의미이기도 합니다. 인권 문제를 다루면서 노예가 존재하느냐 아니냐가 아니라 노예 노동을 경제적 인프라로 취급하게 되면 인권과 노예 문제는 원시 공산사회, 중세 봉건제, 근대 자본주의와 같은 제도에 묻혀버리게 됩니다.

노예제를 이야기할 때 가장 먼저 언급되는 로마 제국에서 공화정 초기에 노예들의 삶은 대체로 비참했습니다. 1세기 초기까지 로마인들의 인식에서 노예는 가축과 같았습니다. 물론 노예도 물건이 아닌 인간으로서 대접을 받아야 한다고 주장한 세네카 같은 소수의 철학자도 있었습니다. 당시 노예에 대한 이러한 통념과는 달리 로마법 어디에도 노예를 물건으로 규정하지 않았습니다. 하지만 실제로 노예는 주인보다 열등한 인간으로 취급되었고 주인은 노예들을 임의대로 처벌할 수 있었으며 노예 처벌의 비인간적 잔학성은 상상을 초월하였습니다. 아우구스투스의 친구인 베디우스 폴리오(Publius Vedius Pollio)는 노예가 자신을 실망하게 하면 칠성장어의 연못에 먹이로 던져주는 것으로 유명했습니다. 한번은 아우구스투스를 자신의 집으로 초대했을 때 그의 노예가 유리잔을 깨자 그 노예를 먹이로 던지려고 했었습니다. 이를 본 아우구스투스가 그 집의 모든 유리잔을 깨버리고 칠성장어의 연못은 메워버렸다는 이야기가 전해지고 있습니다. 노예의 주인은 노예의 생살여탈권을 행사했고 매질과 성폭행도 일삼았습니다. 로마의 귀족 부인들과 처녀들은 남자 노예들이 보는 앞에서 아무렇지도 않게 옷을 벗거나 갈아입었다고 합니다. 사람이 곁에 있어도 없는 것처럼 행동하는 것을 안하무인이라고 하는데, 노예는 사람이 아닌, 개나 말 같은 동물이나 다름없다고 생각했기 때문에 그 곁에서 옷을 벗는다고 해도 전혀 창피하지 않다고 생각한 것입니다. 노예가 주인의 암살을 막지 못했다는 이유로 수십 수백 명의 노예가 무자비하게 처형당하는 것을 시민들이 반대하여 시위를 벌이기도 하였지만 결국은 처형이 이루어지고 말았다고 합니다. 황제가 칙령으로 노예를 죽이는 것도 살인이라고 선포하였지만, 이는 노예를 처벌할 정당한 이유가 없이 죽인 경우에 한정되었습니다. 즉 주인이 노예를 죽일 만한 정당한 이유가 공평하지 못했을 것이라는 점은 불문가지입니다. 실제로 노예의 주인은 노예에 대하여 생살여탈권을 행사하였습니다. 이는 로마의 철저한 가부장제 사회가 원인이 되기도 하였습니다. 노예가 아닌 여자와 어린아이의 인권도 노예처럼 무시되었던 것을 생각하면 당시의 인권 유린은 노예제만의 문제가 아니라 인권에 대한 무지가 노예제를 쉽게 받아들이게 한 것으로 보아야 합니다. 로마법의 기초인 12표법은 아버지가 자식을 3번까지 노예로 팔 수 있게 하였습니다.

시대가 흐름에 따라 노예의 처우는 조금씩 좋아지는데, 노예 처우가 조금씩 개선된 것은 인권에 대한 의식의 변화라는 측면보다 로마의 정복 전쟁이 중단되면서 정복지로부터 노예 수급이 끊어진 데서 기인한 것이라고 보는 견해가 설득력이 있습니다. 노예 인구가 많았던 때는 말 안 듣는 노예는 죽여도 다른 노예를 사서 그 자리를 메우면 그만이었기 때문에 노예를 존중할 이유가 없다고 생각하였습니다. 제국의 몰락과 더불어 노예 수급이 중단되자 경제도 함께 몰락하였고 경제적으로 몰락한 자유민이 사실상 노예의 자리를 대체하는 농노로 탄생하기에 이르렀습니다. 또한, 제국

무신론이 지배하는 사회

후기에 기독교의 만민평등 사상에 따라 노예들의 삶이 전반적으로 개선되었고 국가들도 노예에 관한 법을 개선하였습니다. 유스티니아누스의 로마법대전의 노예 관련법 개정에서는 어떤 이유로든 주인이 노예를 죽이거나 신체 일부를 절단하는 따위의 행위를 하지 못하게 하였습니다.

중세 유럽에도 노예는 존재했습니다. 11세기와 12세기에 에스파냐는 서유럽에서 가장 큰 노예무역 시장이었고, 1128년에는 바르셀로나에서 온 상인들이 제노바 시장에서 이슬람 노예를 팔았습니다. 1348년 흑사병으로 노동력이 부족해지자, 갑자기 가내 노예 수요가 늘어나기도 했습니다. 피렌체에서 1336년에 공포된 시 법령은 기독교인이 아닌 이교도는 노예로 그 수입을 공식 허용했고, 제노바와 베네치아의 거의 모든 부유한 가정이 노예를 두게 되었습니다. 유럽의 지중해 노예무역은 대규모로 이루어진 것은 아니고 다른 상품에 노예를 덤으로 끼워 운송하는 형태였습니다. 아일랜드는 유럽에서 로마 제국을 제외하면 가장 먼저 기독교로 개종했으나, 노예 제도가 기승을 부렸던 곳이기도 합니다. 아일랜드에 기독교를 전파한 성 패트릭도 아일랜드 해적들에게 붙잡혀 아일랜드로 끌려가 노예 생활을 했다는 기록이 있습니다. 아일랜드의 수도인 더블린에는 로마 제국의 멸망 이후, 서유럽에서 가장 큰 노예 시장이 있었습니다. 이러한 아일랜드의 노예 제도는 대략 서기 8세기 무렵에 점차 줄어들다가, 바이킹들이 아일랜드를 침입하면서 다시 노예 제도를 되살렸습니다. 바이킹들이 서기 11세기에 접어들면서 아일랜드인들의 저항에 부딪혀 쇠퇴해지자, 노예들은 바이킹에서 토착 아일랜드인으로 대체되었습니다. 잉글랜드의 헨리 2세가 군대를 보내 아일랜드를 공격했던 1171년에 아일랜드의 노예 제도는 최고조에 달했습니다. 중세 말 흑사병의 유행으로 이탈리아 북부의 부유한 도시 국가들의 인구가 감소하며 타격을 받자 14세기 말을 기점으로 제노바 공화국에서 흑해의 무슬림 타타르인들로부터 슬라브인 노예를 수입했습니다. 한때는 이탈리아 북부 도시들의 중산층들이 집마다 노예를 한두 명씩 둘 정도였으나, 오스만 제국의 등장으로 제노바의 흑해 식민지들이 함락되면서 이탈리아 노예 시장의 주 공급처는 아프리카 서부로 바뀌게 되었습니다. 이러한 변화는 결국 포르투갈의 대서양 항로 개발을 촉진하며, 대서양 노예무역의 시발점이 되었습니다. 또한 이탈리아의 북동부 프리울리에는 16세기까지 노예 제도가 있었습니다. 프리울리의 법령에는 노예 신분의 어머니로부터 태어난 사람은 아버지가 자유인인 경우에도 노예가 된다는 조항이 있습니다.

16세기 스코틀랜드의 종교 개혁가인 존 녹스의 경우 1547년 7월 프랑스 군대에 붙잡혀 1549년까지 약 19개월 동안 프랑스의 갤리선 노트르담에 끌려가 노를 젓는 노예로 살았습니다. 아울러 프랑스의 국왕인 루이 14세와 루이 15세는 살인범, 좀도둑, 밀수업자, 탈영병 같은 범죄자들과 게으름뱅이들(거지, 실업자, 노숙자 등)과 집시들을 비롯한 부랑자와 빈민들은 물론 심지어 1660년에는 프랑스에 있는 한 성지를 방문한 폴란드인 순례자들까지 강제로 징집하여 갤리선으로 보내어 노를 젓는 노예로 만들었습니다. 이 노예들은 아주 가혹한 환경에 시달리다가 고통스럽게 죽어갔습니다. 기독교인은 같은 기독교인을 노예로 삼지 않았다는 주장이 있지만 몇몇 그런 경우가 있었고 전체적으로는 그렇지는 않았습니다.

어떤 형태의 노예제라도 그것은 인종차별의 극단적인 경우라고 할 수 있습니다. 노예제가 무조건 특정 인종을 차별하는 것은 아니고 또한 노예는 인격적인 존재가 아닌 소유주의 재산으로 취급되거나 어느 정도의 소유와 자유가 허락되는 예도 있었지만, 노예제는 그 어떤 인종차별보다 나쁘다고 할 수 있습니다. 하나님의 형상인 인격적 존재를 비인격적 존재로 취급하는 노예제는 하나님의 뜻을 거역하는 것이기 때문에 원칙적으로 어떤 경우에도 허용해서는 안 됩니다. 오늘은 옛 노예제는 사라졌지만, 현대적 노예제가 시행되는 나라들이 있습니다. 현대의 노예 제도는 위협, 폭력, 강요, 권력 남용 또는 학대로 인해 사람이 거부하거나 떠날 수 없는 상황으로 정의되고 있습니다. 오늘의 가장 일반적인 형태의 노예제는 인신매매, 강제 노동, 빚, 속박, 강제 결혼 또는 노예 결혼, 어린이 유괴 및 착취 등을 포함합니다. 현재도 존재하는 노예제 문제는 해결할 수는 있지만, 실제 현대판 노예제가 존재하는 나라의 정부는 아무것도 할 수 없거나 하지 않고 있습니다. 나이지리아, 필리핀, 인도네시아, 이라크, 예멘, 도미니카 공화국, 수단, 파키스탄, 콩고 민주공화국, 러시아, 중국, 우즈베키스탄, 인도, 북한 등에는 과거 노예제 아래서의 노예들처럼 살아가는 이들이 많지만 그들의 인권을 개선하기 위해 그 국가 정부는 아무것도 하지 않고 있습니다. 개선해야 할 일에 대해 아무것도 하지 않는 것은 범죄행위나 마찬가지입니다.

 "그러므로 사람이 선을 행할 줄 알고도 행하지 아니하면 죄니라"(약 4:17).

노예 해방과 제4계명

미국은 민주주의의 종주국이라 불리지만 역사적으로 많은 인종적, 국가적 갈등을 겪어왔습니다. 영국, 독일, 아일랜드, 이탈리아, 동유럽, 극동으로부터 온 이민자들은 자신들보다 먼저 온 이민자들로부터 무시를 당해왔습니다. 북미 원주민들은 가장 먼저 이 땅에 정착했음에도 불구하고 나중온 자들에 의해 무시를 당했습니다. 사회에 끼친 영향이라는 측면에서 볼 때가장 큰 인종 문제는 노예의 후손인 흑인들과 노예를 소유했거나 노예제를 묵인했던 이들의 자손인 백인들 사이의 문제입니다. 미국의 노예 제도의 역사는 백인과 흑인 사이의 적대감을 만들었으며 이후의 역사를 통해이 긴장은 더 높아졌습니다.

노예제로 인한 백인과 흑인의 갈등과 긴장은 노예주들의 잔혹한 처우에 대한 흑인들의 반발보다는 노예에 대한 처우가 개선되어야 하고 노예제는 폐지되어야 한다고 생각한 몇몇 백인들의 주장 때문에 점점 심화하였습니다. 노예 해방을 주장하고 지지하는 백인들이 없었다면 노예 해방은 더 어려웠을 것입니다. 노예제에 대한 기독교의 잘못과 책임이 큰 것은아무도 부인할 수 없는 사실이지만 노예제 폐지 운동(Abolitionism) 또한기독교의 가르침에서 비롯한 것도 사실입니다. 19세기에 서유럽과 미국에서 일어난 노예 제도 폐지 운동은 기독교 사상의 토대에서 비롯된 인도주의적 개혁 운동이라고 할 수 있습니다.

15세기에 포르투갈이 아프리카 서해안에서 최초의 노예무역을 시작한 이래 아프리카 대륙 전체를 노예 시장화 시켰습니다. 19세기, 영국에서는 성공회 평신도이자 국회의원인 윌리엄 윌버포스((William Wilberforce))가 감리교창시자이자 성공회 신부인 존 웨슬리의 지지에 힘입어 노예 제도의 폐지를 추진함으로써 1807년 노예무역이 폐지되었으며, 1833년에는 대영 제국 전체에서 노예 제도가 사라졌습니다. 유럽에서의 노예제 반대 운동은 근대 복음주의 기독교인들이 교도소 재소자들의 인권 향상, 주일학교 운동, 아동 노동 반대 등과 더불어 실천하던 기독교 사상에 따른 사회 개혁 중 하나였습니다. 기독교인들의 사회개혁에 대한 열정은 기독교 근본주의의 등장으로 복음주의 기독교인들이 기독교 신앙을 사회 참여를 통해 드러내기보다는 개인에 한정 지어서 이해하는 개인주의적인 신앙의 태도를 보이게 되었습니다. 그렇게 되자 교회는 정치와 사회에 관심을 두지 않음으로써 기존 질서가 아무런 변혁이 없이 그대로 유지되도록 하는 데 이바지한 결과가 되었습니다. 그런데도 노예 해방에 대한 투쟁은 지속하여 1840~1850년대에 거의 모든 유럽 국가에서 노예제가 폐지되었습니다.

　　미국에서는 남부 목화 농장에서 농업에 필요한 인력으로 흑인 노예들을 이용했기 때문에 노예 제도는 민감한 문제였습니다. 목화 농사가 지역경제의 중심이기 때문에 노예가 꼭 있어야 한다고 주장한 남부에서는 1831년 흑인 내트 터너(Nat Turner)가 백인 지주의 억압에 맞서 봉기를 일으켰다가 실패한 내트 터너 봉기 이후 노예 단속이 더욱 강화되었습니다. 북부에서는 흑인들을 저임금 공장 노동자로 흡수하려는 자본가들에 의해 미 노예 제도 폐지 협회(대표 윌리엄 개리슨)가 중심이 되어 노예 제도 폐지를 주장하였습니다. 노예 제도 폐지 논쟁은 자본주의가 발달한 북부와 농업 경제가 발전한 남부 간의 심각한 지역감정으로 치달아 남북 전쟁이라는 내전이 일어나기에 이르렀습니다.

노예제 폐지와 반대는 기독교 안에서도 논쟁과 갈등을 불러일으켰습니다. 기독교 근본주의 전통의 남부 개신교 신자들은 성경을 문자적으로 해석하여 노예제에 찬성하고, 진보적 신학 전통을 가진 북부 개신교 신자들은 성경을 역사적 상황에 맞게 재해석하는 상황적 해석을 함으로써 노예제에 반대하였습니다. 근본주의나 진보적 신학의 성경 해석은 바른 성경 해석이라고 할 수 없습니다. 초기의 노예제 폐지 운동은 대중적 지지 기반의 결여로 1837년 러브조이 암살 사건 등 탄압도 적지 않았으나 1852년 해리엇 비처 스토우(Harriet Beecher Stowe)의 소설《톰 아저씨의 오두막》이 대 인기를 얻음으로써 비로소 대중의 지지를 확보하였습니다. 1860년의 대통령 선거 결과 국회의원 시절에 노예제를 악의 제도라고 비난했던 공화당 후보 에이브러햄 링컨이 당선되자 이에 반발한 남부 11개 주의 잇따른 연방 탈퇴로 남북 전쟁(1861-1865)이 일어났습니다. 1863년에 공포된 노예 해방 선언은 1865년 전쟁이 끝남과 동시에 발효되어, 미국 내의 흑인들은 해방과 자유를 얻게 되었습니다.

실질적 노예 해방은 북부 뉴잉글랜드를 중심으로 자본가(부르주아)들이 흑인들을 저임금 노동자로 흡수하기 위해 노예 해방을 주장한 북부에서만 이루어졌습니다. 남부에서는 과격 비밀 결사 단체 쿠 클럭스 클랜 (Ku Klux Klan; KKK) 등의 보수적인 남부 잔당들이 흑인들을 탄압하였습니다. 북부의 흑인들도 신분은 해방되었으나, 상당수가 열악한 노동 조건에서 자본가들에게 종속되는 경향을 보였습니다. 해방된 노예나 노예에 대한 당시 사람들의 인식에서 진정한 노예 해방에는 시간이 필요했습니다.

남북 전쟁이 끝나고 난 후에 노예였던 흑인들을 아프리카로 돌려보내주거나 "40 에이커와 노새-40 Acres And A Mule"를 주겠다는 배상의 약속이 링컨 대통령이 죽자 파기되어 버렸으며 교육받지 못하고 재산이나 심지어 가족 관계도 끊어져 버린 이전의 노예들은 스스로 삶을 꾸려나가야 했습니다. 수십 년 동안 법과 법정의 용인 하에서 미국 사회는 분리되고 평등하지 않은 학교, 거주지, 다른 시설 등에 흑인을 보내도록 차별하였습니다. 노예제는 폐지되었지만, 흑인들에 대한 인종차별은 제도적으로 지속하였습니다. 흑인들은 사회적 분리 방식으로 차별을 당하였습니다. 이 분리는 때로 폭력적인 린치를 동반하기도 하였습니다. 1954년에 학교 분리는 공식적으로 끝이 났으며 이후에 시민권에 관한 법률이 제정되어 누구에게나 투표권이 보장되었고 사람들은 공적 시설에서 평등하게 대우받아야 했습니다. 인종차별 폐지, 심지어 소수 집단 우대 정책은 시장의 원칙이 되었으며 여러 산업은 자신들의 상품과 서비스의 중요한 고객인 흑인들에게 다가갔습니다. 하지만 흑인들에 대한 비공식적인 불신과 경멸을 포함한 인종차별은 여러 분야에서 지속되고 교육적 성취와 경제적 성취에 있어서 인종적 차이는 여전히 존재하였습니다. 지금까지도 문맹률, 결손가정, 그리고 범죄율은 백인보다 흑인이 월등히 높습니다. 자유주의자들은 이러한 사실을 노예, 분리주의 정책, 차별의 잔여물이라고 설명합니다. 이러한 경향에 대해 보수주의자들 중에는 과거 역사를 핑계로 개인적 책임을 회피하는 것이라 보는 이들이 있습니다. 객관적인 관점에서 보자면 이 두 주장은 모두 어느 정도 진실을 담고 있습니다. 노예제, 분리주의 정책 그리고 차별은 사람에 대한 끔찍한 범죄입니다. 우리는 이런 사건들에 대한 흑인들의 분노를 이해할 수 있으며 또 이해해야만 합니다. 백인들은 자신들이 저지른 범죄의 역사에 대해 어떤 형태로건 변명하지 말아야 합니다. 무엇보다 우리가 기억해야 하는 것은 인종차별이나 노예제나 그 어떤 문제라도 제도 개혁만으로는 완전하게 해결이 되지 않는다는 사실입니다.

이 문제를 바르게 이해하려면 먼저 성경이 노예 제도에 대해서 어떻게 다루고 있는지를 사려 깊게 살펴보아야 합니다. 성경에 노예로 번역되는 히브리어 단어는 에베드(עֶבֶד)이며 헬라어는 둘로스(δοῦλος)입니다. 이 단어들은 자주 "종"(servant)이라고 번역되며 아주 다양한 의미를 포함하고 있습니다. 이것들이 종을 나타내는 것인지 아니면 다른 고용된 형태를 나타내는 것인지는 분명하지 않지만, 언약에서 봉신 역시 "종"이라고 불린 것을 기억해야 합니다. 성경에서 언약은 종과 주인 사이의 관계에서 이루어졌습니다. 이스라엘 백성은 하나님의 종입니다(레 25:55). 하나님의 백성 안에서 지도자들은 하나님의 종이었습니다. 하나님은 모세를 "나의 종"이라고 말씀하셨고(민 12: 7-8; 수 1:2), 바울도 자기 자신을 그리스도의 종이라고 밝혔습니다(롬 1:1). 또 그는 교회의 종입니다(고전 9:19). 구약에서 정복된 백성들은 도망치거나 자신의 자유를 사지 않는다면 평생 노예가 될 형편이었습니다. 이스라엘이 노예로 삼을 수 있는 경우는 약속의 땅을 넘어서 "네게서 멀리 떠난 성읍들"(신 20:15)에 적용이 됩니다. 약속의 땅 안에서는 노예를 취할 수 없었습니다. 왜냐하면, 이 도시들에 사는 이들은 모두 죽여야 했기 때문입니다(신 20:16). 자신들이 거룩한 땅에서 멀리 산다고 이스라엘을 속인 후 공격하지 않겠다는 맹세를 하게 한 기브온 족속들의 운명은 노예가 되는 것이었고 기브온 족들은 기꺼이 노예가 되는 것을 받아들였습니다. 또한, 하나님은 이스라엘이 주변의 나라들이나 이스라엘에 사는 외국인들로 이방 노예를 사는 것을 허락하셨습니다(레 25:44-46). 아버지는 자녀들에게 노예를 "기업으로 주어 영원히 소유하게"하였습니다(레 25:46).

정복한 나라에서 노예를 끌고 오는 것은 고대 세계의 일반적인 관행이었습니다. 하지만 이스라엘에서 이것은 거룩한 전쟁의 부산물이었습니다(신 20 장 참고). 이 노예들은 노예에게 친절하게 대하라는 이스라엘의 율법의 자비로운 조항 아래 놓이게 됩니다. 가장 중요한 사실은 넷째 계명이 가족과 마찬가지로 노예들에게도 안식하게 할 것을 명령했다는 점입니다. 율법에서 하나님은 이스라엘인들 또한 애굽에서 노예였음을 상기시키고 있으며, 따라서 그들이 노예를 대할 때는 이웃 나라들이 하는 것과는 달라야 한다고 말씀하셨습니다. 주목할만한 점은 율법에 따르면 이스라엘인들은 도망친 노예를 전 주인에게 돌려보낼 수 없다는 사실입니다(신 23:15-

무신론이 지배하는 사회

16). 만약에 주인이 노예를 때려 눈이나 이를 잃게 한다면 그를 놓아주어야 한다고 하였습니다(출 21:26-27).

성경은 노예제 폐지를 주장하지 않습니다. 히브리 노예는 안식년이나 희년에 자유 하게 되었고 모든 노예는 품꾼이나 동거인처럼 대해야 했습니다. 바울은 도망친 노예 오네시모를 주인 빌레몬에게 돌려보내면서 형제처럼 대할 것을 권고합니다. 성경이 비록 노예제 폐지를 주장하지는 않지만, 하나님 나라 원리가 실천되는 관계와 상황에서 노예는 은총과 복을 누릴 수 있게 됩니다. 제도적으로 노예제가 폐지된 상황에서도 노예적 상황을 벗어나지 못한 경우가 많다는 것을 생각할 때 노예제 아래에서 주인으로부터 형제처럼 대우받는 노예는 행복한 노예라고 할 수 있습니다. 하나님 나라가 궁극적으로는 악한 제도까지도 폐지할 것이지만 인간의 죄가 가득 차고 제도가 열악하여 갑작스러운 제도의 개혁은 약한 자를 더욱 곤란하게 할 수가 있으므로 하나님의 세심하고 자비로운 배려로 악한 제도 아래서 은총을 누리게 하셨습니다.

"안식일을 기억하여 거룩하게 지키라 엿새 동안은 힘써 네 모든 일을 행할 것이나 일곱째 날은 네 하나님 여호와의 안식일인즉 너나 네 아들이나 네 딸이나 네 남종이나 네 여종이나 네 가축이나 네 문안에 머무는 객이라도 아무 일도 하지 말라."(출 20:8-10)

"이 후로는 종과 같이 대하지 아니하고 종 이상으로 곧 사랑받는 형제로 둘자라 내게 특별히 그러하거든 하물며 육신과 주 안에서 상관된 네게랴"(몬 1:16)

인종차별과 평등의 문제 4

히브리 노예들

지도자의 덕목 중 '섬김'이라는 개념은 성경에서 비롯된 것입니다. 일반적으로 지도자는 다른 사람을 지배하고 통치하는 자를 의미합니다. 지배와 통치의 개념 역시 하나님 형상의 일부라고 할 수 있습니다. 하지만 성경이 가르치는 지배와 통치는 단순히 자기의 이익을 위해 지배하고 통치하는 것이 아니라 피지배자를 돌보고 섬기고 사랑하는 것입니다. 하나님의 사자들이 아브라함에게 나타났을 때 아브라함은 스스로를 종이라고 하였고 겸손과 기꺼운 마음으로 그들을 섬겼습니다.

그런데도 성경은 분명히 특정한 종류의 봉사, 즉 노예의 봉사에 관해 이야기하고 있습니다. 노예는 주인을 위한 봉사에 예속된 존재입니다. 구약성경은 외국인 노예와 히브리 노예에 관하여 이야기합니다. 하나님은 노예 노동이나 노예제 폐지를 명령하지 않으셨습니다. 심지어 이스라엘이 정복한 성읍의 포로를 노예로 삼는 것을 허용하셨습니다(신 20:10-11). 이는 이스라엘 이외의 국가 간의 일반적인 경우와 같은 것입니다. 어떤 면에서 전쟁에 패하여 정복된 사람이 노예가 되는 것은 자비로운 혜택이었습니다. 고대에는 일반적으로 전쟁에 패하여 정복된 나라의 백성은 몰살당하는 경우가 많았습니다. 몰살당하는 것에 비하여 노예가 되는 것은 자비로운 혜택을 입는 것입니다. 이스라엘의 가나안 정복 전쟁에서도 정복된 이들은 모두 죽어야 할 운명이었습니다. 죽어야 할 형편에서 노예로 섬길 기회를 얻는 것은 실로 자비가 아닐 수 없습니다. 상식적인 차원에서 생각하면 아이러니이지만 노예 노동과 노예제 허용은 하나님의 지혜와 사랑에서 비롯된 것입니다. 왜냐하면, 하나님은 노예 노동과 노예제를 허용하시면서 노예에게 자비를 베풀 것을 명하셨기 때문입니다. 노예제가 구약 신정 시대 이후에도 계속되었다고 생각할 수는 없습니다.

신명기 20:11-14절의 노예는 이스라엘이 거룩한 백성이라는 이유로 하나님이 그들에게 주신 승리의 결과입니다. 노예는 정복의 결과로 얻어진 것이지만 하나님은 이스라엘이 그 정복의 수단인 군대를 가능한 한 적게 유지하도록 하라고 하심으로서 그 정복이 초자연적으로 된 것임을 분명히 하셨습니다. 이러한 하나님의 조치를 일반화하는 것은 잘못입니다. 오늘은 그 어떤 나라도 고대 이스라엘의 언약적 지위에 있지 않습니다. 하나님은 근대 어느 국가에도 고대 이스라엘에게 하셨던 승리를 약속하지 않으셨고 그 승리에 근거하여 노예를 취하는 것을 승인하지도 않으셨습니다. 그렇다고 성경은 노예제를 금하라고 명하지도 않았습니다. 우리가 눈여겨보아야 할 사실은 성경 어느 곳에도 노예제를 지지하지 않고 있으며 오히려 그 폐지를 옹호하는 수많은 성경적 원리를 내포하고 있다는 사실입니다.

구약의 히브리 노예들은 언약의 구성원들 안에 제한되어 있습니다. 구약 성경 여러 곳에 종에 관한 율법이 있습니다. 출 21:1-11, 레 25:39-55, 신 15:12-18이 히브리 종에 관한 법이지만 히브리 종과 주인의 관계를 단순한 노예 관계로 볼 수 없습니다. 비록 히브리 종을 팔고 살 수 있도록 허용하고 있지만, 레 25:39-40은 이 관계에서 주인이 종을 어떻게 대해야 할지에 대해 "너와 함께 있는 네 형제가 가난하게 되어 네게 몸이 팔리거든 너는 그를 종으로 부리지 말고 품꾼이나 동거인과 같이 함께 있게 하여 희년까지 너를 섬기게 하라"고 하였습니다. 형편이 여의치 못하면 한 개인이 자신을 노예로 팔 수 있으며 또는 주인이 다른 사람으로부터 히브리 종을 살 수도 있었습니다. 개인이 빚을 갚기 위해 자신을 팔 수 있고 가족을 부양하기에 너무 힘들면 스스로를 팔 수 있도록 허용하였습니다. 주인은 히브리 종을 다른 사람에게 팔 수도 있습니다. 사람을 팔고 살 수 있다는 면에서 히브리 종도 분명 노예라고 할 수 있습니다. 하지만 레위기는 히브리 종이 해야 할 봉사는 외국인 노예와 동일하지 않고 고용된 종과 같은 차원의 봉사를 하도록 하였습니다.

무엇보다 중요한 사실은 히브리 종은 종으로 봉사해야 할 일정한 기간이 있다는 점입니다. 히브리 종은 여섯 해 동안 주인을 섬기다가 일곱째 해에는 몸값을 물지 않고 자유인이 된다고 하였습니다(출 21:2, 신 12:15). 히브리 종의 봉사할 기간이 끝나는 때는 안식년이나 희년입니다. 히브리 노예는 외국인 노예와 달리 해방을 기대할 수 있습니다. 일반적으로 모든 노예는 주인의 소유물이기 때문에 그가 생산한 것까지 주인의 것이 되므로 스스로 자유로울 수 있는 길이 없습니다. 예를 들어 노예가 길에서 노예 한 명의 값보다 비싼 금덩어리를 주워도 노예가 주운 금덩어리는 주인의 것이기 때문에 그 금으로 자신을 살 수 없습니다. 하지만 히브리 노예는 율법으로 봉사의 기간을 명하고 있으므로 영속적인 상태가 아닙니다. 주인은 히브리 노예를 안식년이나 희년에 자유롭도록 놓아주어야 할 뿐 아니라 빈손으로 가게 하지 말라고 하였습니다. 이러한 명령은 노예제를 실제적으로 극복하는 원리이고 노예 해방을 축하하고 함께 기뻐하는 하나님 나라 삶의 원리입니다.

사람이 가난하게 되는 것은 전쟁이나 천재지변 같은 불가항력적인 원인 때문일 수 있지만 게으름이나 무책임한 태도 때문일 수도 있습니다. 만약 게으름이나 무책임 때문에 종이나 노예가 되었다면 노예로 봉사하는

무신론이 지배하는 사회

그 기간은 도제훈련이 될 수 있습니다. 도제(Apprenticeship 徒弟)는 상인과 장인의 직업 교육 제도이며 젊은 세대를 업무에 종사시키는 제도를 의미합니다. 도제훈련을 통해 제자도 경력을 구축할 수 있고, 공공 기술 인증을 취득하는 것이 가능합니다. 도제는 고용주와 계약한 기간 지속적인 노동에 종사하여 그 대가로 기술을 배우는 것입니다. 영국의 도제 역사는 12세기까지 거슬러 올라가며, 그 당시에는 14-19세의 젊은이가 5-9년간 도제에 종사하였습니다. 19세기에 들어 The City Ant's Guilds of London Institute의 전신인 Imperial College Engineering School에서는 도제 제도를 통한 직업 교육을 제공하여 기본적인 제작 기술(기계, 미용사, 요리사, 배관, 목공 일, 벽돌 쌓기 등)의 범위에 대한 인증 자격을 발급하였는데 그 자격은 대학 석사 및 학사 수준 이었습니다. 현대에 들어서는 한국도 지난 2014년 도제 제도를 도입한 후 1만 6천 개 기업에서 10만 명의 학습근로자가 참여한'한국형 도제 제도'로 자리매김했습니다. 중세 도제훈련의 전통이 남아 있는 독일, 스위스, 오스트리아, 덴마크 등의 독일어권 국가들에서 직업훈련제도의 근간으로 지속되고 있습니다. 이 유럽 국가들 외에도 네덜란드, 영국, 프랑스뿐만 아니라 오스트레일리아와 미국 및 캐나다에서도 도제훈련에 관한 관심이 높아지고 국가별로 서로 다른 다양한 형태의 도제훈련제도가 시행되고 있습니다. 산업화 이전 도제 제도가 도입되기 전 가난했던 때는 어느 사회든지 도제 제도 비슷한 것이 있었습니다. 월급을 받지 않고 기술을 배우는 것으로 보상을 대신했던 시절이 있었습니다. 그런 경우도 노예 노동과 비슷한 수준의 강제적인 통제 아래에서 일하였습니다. 부모는 자식을 그러한 곳으로 기꺼이 보내 일하게 하였고 자신들도 그 힘든 노동을 도제라고 여기며 참았고 그 결과는 더 나은 삶을 약속하였습니다.

구약의 종이나 노예 제도를 도제 제도와 직접 대비할 수는 없지만, 하나님의 지혜와 사랑을 생각할 때 양립할 수 없는 노예제와 형제 사랑의 신비로운 조화의 차원을 생각하게 됩니다. 히브리 노예들은 강제된 노동을 통해 창조 명령인 경건한 노동의 훈련을 쌓을 수 있었을 것입니다. 성경이 노예제나 노예 노동을 무조건 폐지하도록 강제하지 않은 것은 이러한 이유 때문일 수도 있습니다.

신명기 15장에서 가난에 대한 이야기를 하면서 노예제를 언급하고 있습니다. 성경은 이 노예제 안에서 기존의 이루어진 가족은 나눠지지 않도록 하였습니다. 한 남자가 그 아내와 함께 노예가 되었을 경우 나중에 그녀는 남편과 함께 자유 하도록 놓여야 합니다. 하지만 "만일 상전이 그에게 아내를 주어 그의 아내가 아들이나 딸을 낳았으면 그의 아내와 그의 자식들은 상전에게 속할 것이요 그는 단신으로 나갈 것"이라고 합니다. 언뜻 생각하면 잔인하게 들릴 수 있으나 그녀 역시 갚아야 할 빚이 있고 마쳐야 할 노예 기간이 있어서 6년을 봉사한 후에 자유롭게 되어 남편에 돌아갈 수 있습니다. 이로 보건데 히브리 노예는 가난에 대한 구제책이며 삶의 새로운 시작을 위한 기회입니다. 이런 히브리 노예제는 안식일과 안식년 그리고 희년, 즉 이스라엘의 제도와 깊이 연결되어 있습니다. 현대 그리스도인들이 이런 노예제를 계속해도 된다는 정당성은 없습니다. 굳이 현대에 있어서 히브리 노예제와 같은 것을 말하자면 빚을 갚을 수 없을 때 파산이라는 제도를 이야기 할 수 있을 것입니다.

하지만 탕감제는 단지 빚을 탕감하는 것이고 다시는 빚이 없는 삶을 살도록 경건한 훈련을 제공하지는 못합니다. 현대의 빚 탕감을 노예제와 비교하는 것은 무리지만 노예제 또한 가난에 깊이 연관되어 있음을 생각할 때 성경의 노예제는 빚 구제와 가난 해결과 새로운 삶을 위한 새 출발이라는 맥락에서 도제훈련이라고 설명할 수도 있을 것입니다. 물론 성경은 이런 훈련을 노예제와 구분합니다. 이런 훈련은 개인뿐 아니라 사회적으로도 제공될 수 있어야 합니다. 노예제 같은 것은 당연히 폐지되어야 하지만 과거의 노예제를 현대적 기준에 의해 함부로 판단하는 것은 조심해야 합니다. 다 그런 것은 아니지만, 노예제를 통해 생명이 보존되고 가난에서 탈피하기도 하였고 더 나은 삶으로 진보하기도 하였습니다. 창조의 원리에서 볼 때 모든 인간은 어떤 제도나 조건 아래서도 섬김과 돌봄과 사랑의 대상임을 기억해야 합니다.

"너와 함께 있는 네 형제가 가난하게 되어 네게 몸이 팔리거든 너는 그를 종으로 부리지 말고 품꾼이나 동거인과 같이 함께 있게 하여 희년까지 너를 섬기게 하라"(레 25:39-40)

그리스 로마의 노예들

그리스의 철학자 플라톤은 그의 이상국가론에서 교육적 구상을 이상적 국가 모델로 구체화하였습니다. 그의 이상적 국가는 인간 개개인의 영혼과 국가 공동체 생활의 질서가 동일한 법칙에 의하여 체계적으로 조직되고 유지되는 국가입니다. 국가에는 세 계급의 인간이 존재하는 것으로 되어 있습니다. 제1계급은 통치자 계급으로 그들에게 요구되는 덕은 지혜이고, 제2계급은 군인으로 용기의 덕이 요구되며, 제3계급은 생산계급으로 절제의 덕이 요구되는 것으로 설명합니다. 그의 이상 국가에서 정의란 모든 사람이 각각 자기의 일을 하고 분주한 사람이 존재하지 않게 됨으로 이루어진다고 생각하였습니다. 고대 그리스에서는 기본적으로 사람을 자유인과 노예로 구분하였습니다. 노예들은 기본적으로 가사 일이나 농사일이나 수공업 작업장에서 종사하였고 때로는 힘든 노동이 필요한 어디서든지 일하였습니다. 광산이나 군사 작전을 위한 도로 건설이나 무기를 생산하거나 배에서 노를 젓는 일에 많은 노예가 고용되었습니다. 100미터가 넘는 지하 광산에서 노예들의 유골과 족쇄 등이 발견된 것을 보아 노예들의 노동 조건이 어떠했을지 짐작할 수 있습니다.

노예들은 거의 전쟁 포로들이었습니다. 전쟁 포로가 많을 때는 한꺼번에 2만여 명의 포로들이 노예가 되어 그리스 각지로 팔려나갔습니다. 노예의 숫자가 많을 때는 10만여 명의 노예들이 존재하였고 그리스의 거의 모든 가정은 한두 명의 노예를 소유하였다고 합니다. 물건처럼 팔고 사는 노예가 주인으로부터 인격적인 대우를 받았을 것이라고 상상하기는 어렵습니다. 주인은 합법적으로 노예를 때릴 수 있었습니다. 아리스토텔레스는 노예는 '살아있는 도구'로서 주인이 하고 싶은 대로 할 수 있는 존재라고 하였습니다. 법정은 노예에게 고문을 가해서 얻은 증거를 합법적으로 받아들였습니다.

그리스에서 노예들이 받은 대우는 주인에 따라 천태만상이었습니다. 성품이 좋은 주인의 노예는 오늘의 고용인처럼 대우를 받기도 하였고 특별한 경우는 가족처럼 대우받는 노예도 있었습니다. 초기의 노예는 군인으로 전쟁에 참여할 수 없었으나 후에는 자유인과 함께 전쟁에 참여하게 되었고 전공에 따른 보상도 나누어 가질 수 있게 되었습니다. 주인을 위해 힘든 노동만을 하던 노예가 자유인과 함께 군인이 되어 전쟁에 참여할 수 있게 되고 전리품을 나누어 갖는 보상까지 받게 된 것은 노예의 사회적 대우가 향상된 것이라고 할 수 있습니다. 노예들은 자유인이 될 수 있었고 심지어 노예의 신분으로 고위직에 종사하기도 하였습니다. 그런데도 노예는 자유인은 아니었습니다. 고금을 막론하고 노예제는 인간 차별과 불평등을 상징적으로 보여주는 제도입니다. 그리스의 아테네는 사람들에게 정치적으로는 민주주의의 발상지로 학문적으로는 철학의 도시로 관심의 대상이 되어 노예제와 같은 어두운 면은 무시되었습니다. 동서양의 정치인들과 학자들은 전통적으로 그리스의 노예제에 대해 언급하는 것을 회피하였습니다. 어느 나라의 지도자나 기득권자들도 노예 노동의 이득을 쉽게 포기할 수 없었을 것입니다. 노예 노동이 경제 발전에 무시할 수 없는 인프라로 자리 잡은 사회에서는 학자나 종교인들까지 노예 소유를 정당한 것으로 받아들였습니다.

로마도 그리스와 마찬가지로 전쟁 포로를 노예로 삼았습니다. 노예제는 1세기 로마 제국에 널리 퍼져 있는 사회 구조였습니다. 사실, 그 당시 노예제는 너무나 당연하여서 아무도 노예제에 대하여 문제를 제기하지 않았습니다. 노예들은 로마가 정복한 나라에서 포로로 잡아 온 이들이기 때문에 나이, 성, 인종, 학문, 경제, 문화 등 여러 분야의 다양한 수준의 사람들로 구성되어 있었습니다. 그렇게 다양한 계층 출신으로 구성된 노예들은 고대 로마 사회에서 중요한 사회 경제적 계층을 구성했습니다. 로마 제국 인구의 대략 5분의 1이 노예였습니다. 주후 2세기 초반에는 로마의 노예가 1,200만명에 달했습니다. 당연히 로마 제국의 경제는, 숙련된 노예노동력과 비숙련 노예노동력을 포함하여 상당히 풍부한 인적자원에 의존하고 있었습니다. 로마 제국 초기에는 그리 많지 않은 노예가 군사 정복을 통하여 공급되었으나 제국의 경제가 확장해 감에 따라 노예 공급을 늘리기 위해 정책적으로 더 많은 전쟁 포로들을 잡아와서 노예로 삼았습니다. 그러다가 주후 1세기쯤에는 노예들 대다수가 태어난 노예들이었습니다. 그들은 자유를 경험해보지 못하였기 때문에 자유가 무엇인지 잘 알지 못하였습니다. 많은 노예가 광산이나 농장에서 힘든 노동을 하였고 주인이 세운 십장이나 감독관들의 관리를 받았습니다. 시골이나 광산 노예들보다 도시 노예들의 일은 비교적 더 수월했습니다. 노예들은 자신이 훈련받은 분야나 또는 주인의 요구에 따라 가정 안팎에서 수많은 역할을 감당했습니다. 교사, 요리사, 상인, 의사에 이르기까지, 노예들은 다양하고 광범위한 직업에 종사하였습니다. 옷이나 외모를 보아 노예인지 자유인인지 판단할 수 없는 노예들이 많았습니다. 노예들이 감당하는 책무만으로는 노예라는 신분을 판단할 수 없을만큼 중요한 직책을 맡은 노예가 많았습니다. 특정 분야에서 자유인보다 뛰어난 능력과 실력을 갖춘 노예들이 적지 않았습니다. 주인의 가정에서 섬기는 노예들은 주인과 좀더 가까이 있었기 때문에 다른 노예들에 비해 더 존중받았습니다. 그들은 가족 구성원으로서 주인의 자녀들을 돌보는 일에서부터 주인의 집을 관리하거나 주인이 운영하는 사업의 이익을 관리하는 것까지 가족들의 삶의 모든 부분에 밀접하게 관련

무신론이 지배하는 사회

되어 있었습니다. 정직하지 않거나 성실하지 않은 노예는 주인의 복지에 심각한 손해를 끼칠 수도 있어서 아주 큰 부담이 되기도 했습니다. 교활한 주인은 노예의 성실한 노동과 순종을 끌어내기 위한 유인책으로 자유를 제시하기도 하였습니다. 성실하게 열심히 일하는 노예는 주인의 훌륭한 자산이었고 그러한 노예는 언젠가는 그 보상으로 자유를 얻게 될 수도 있었습니다. 친절하고 존경받는 주인을 둔 노예들은, 상당한 수준의 사회 경제적인 보호를 받기도 했고 자식으로 입양되어 유산을 물려받기도 하였습니다. 노예들은 의식주를 걱정하거나 염려할 필요가 없었습니다. 그들의 유일한 관심은 주인의 명령을 수행하는 것이었습니다. 그에 대한 보답으로, 주인은 노예들의 필요를 돌보아 주었습니다. 또한, 주인이 정부와 지역 사회에서 명망이 있거나 능력 있는 사람인 경우, 그의 노예들도 존중받았습니다.

그럼에도 불구하고 우리는 1세기 노예제도를 지나치게 비현실적으로 생각하지 않도록 조심해야만 합니다. 노예가 된다는 것은 모든 면에서 주인에게 전적으로 예속된 소유물이 된다는 것을 의미합니다. 원칙적으로 노예는 아무런 권리도, 어떤 법적 자격도 없었고 주인이 소유한 움직이는 재산이었습니다. 노예의 복지는 전적으로 주인의 자비 아래 놓여 있었습니다. 까다롭고 몰인정한 주인이 소유한 노예들은 비참한 삶을 견뎌야 했고, 합리적이고 자비로운 주인의 노예들은 전혀 다른 차원의 삶을 살았습니다. 한 노예의 삶의 질은 전적으로 주인 가족의 관습과 주인이 운영하는 사업과 주인이 속해 있는 독특한 사회 계층과 주인의 인격에 달려 있었습니다. 로마 제국 안에서 노예의 삶은 노예들을 소유하고 있는 주인들의 숫자만큼이나 다양했습니다. 노예들이 들판에서 일하든 도시에서 일하든 간에, 노예들이 농부가 되든지 가정 총무가 되든지 다른 어떤 임무를 수행하든지 간에, 언젠가 자유를 얻게 되든지 얻지 못하든지 간에, 매일의 삶의 질이 긍정적이든 부정적이든 간에, 모든 것은 주인의 손에 달려 있었습니다. 모든 노예의 주인은 자기가 소유한 노예들의 삶을 규정했습니다. 노예들의 존재 목적은, 주인에게 충성스럽게 순종함으로써 모든 면에서 주인을 기쁘게 하는 것이었습니다.

일반적으로 신약에서 노예제를 언급하는 경우는 그리스와 로마의 관습을 말하는 것입니다. 그리스와 로마의 노예가 히브리 노예와 같은 것은 아니지만 공통점이 없는 것은 아닙니다. 그리스와 로마와 이스라엘은 전쟁포로를 노예로 삼았습니다. 전쟁 포로로 노예가 되었거나 가난으로 노예가 되었거나 노예의 자녀는 노예가 되었습니다. 노예들 중에는 상당한 지성을 소유한 이들도 있었습니다. 음악가, 정부 관리, 철학자, 시인들도 있었습니다. 그렇다 보니 주인들은 종종 자신들의 노예들에게 자유를 주었습니다. 노예는 자신의 자유를 살 수도 있고 다른 이가 그를 위해서 대신값을 지불해 줄 수도 있었습니다. 혹은 노예가 특별한 봉사를 했을 때 그 보상으로서 자유롭게 해 줄 수도 있었습니다. 바울은 노예들에게 진심으로 주인들에게 복종하라고 하였습니다(엡 6:5-9; 참고 골 3:22-4:1). 베드로는 이에 더해서 "선하고 관용하는 자에게만 아니라 또한 까다로운 자들에게도 그리하라"(벧전 2:18)고 하였습니다. 이 말씀은 다른 관계에서와 마찬가지로 불의하게 당하는 고난의 유익을 강조한 것입니다. 고난의 유익과 복종을 연결하며 그는 그리스도의 고난을 본보기로 제시합니다(벧전 2:21-25). 베드로와 바울은 노예제를 기정사실로 받아들이고 있습니다. 그들은 반역하라고 말하지 않습니다. 바울은 고린도전서 7:21에서 "네가 자유롭게 될 수 있거든 그것을 이용하라"고 말하고 있기는 하지만 이 상태에서 자족할 것을 권합니다. 하지만 바울은 주인들에게도 명령하고 있습니다. 친구 빌레몬에게 보낸 편지에서 바울은 친구의 도망친 노예이며 최근에 기독교인이 된 오네시모를 받아주라고 하였습니다. 바울은 오네시모가 진 빚은 무엇이든지 자기가 갚겠다고 하였습니다. 그는 빌레몬이 오네시모를 "종과 같이 대하지 아니하고 종 이상으로 곧 사랑받는 형제로"(몬 16절)

무신론이 지배하는 사회

받아 주라고 권하였습니다. 여기서 바울은 기독교인들의 형제 사랑이 노예제를 초월한다고 말하고 있는 것입니다. 바울이 상전들을 꾸짖은 것에는 노예제도 자체를 문제시 하는 것도 포함되어 있습니다. 에베소서 6:9에서 그는 "상전들아 너희도 그들에게 이와 같이하고 위협을 그치라 이는 그들과 너희의 상전이 하늘에 계시고 그에게는 사람을 외모로 취하는 법이 없는 줄 너희가 앎이라"(엡 6:9; 참고 골 4:1)고 하였습니다. 여기서 "이와 같이"란 에베소서 6:7에서 말한"기쁜 마음으로 섬기기를 주께 하듯 하고"를 말하는 것입니다. 바울은 주님께서 보여주신 섬기는 지도자의 원칙을 이야기 하고 있는 것입니다. 지도자는 섬기는 자이고 주인 역시 섬기는 자입니다. 그 모범이 바로 주님 자신입니다. 따라서 노예의 주인은 노예를 위협해서는 안 됩니다. 바울의 이러한 가르침은 노예제 자체를 약화시키는 것입니다. 위협이 없는 노예제는 노예제가 아니라고 해도 무방합니다. 임금을 받고 고용된 종과 노예를 구분하는 특징 중의 하나는 주인이 노예를 때릴 권리가 있다는 것이고 그 관계를 지탱하는 것은 때릴 수 있다는 지속적인 위협입니다. 섬기는 지도자라는 개념을 노예제에 적용 해 보면 주인과 노예의 역할은 거의 뒤 바뀌게 됩니다. 신약 전체의 가르침은 그리스와 로마 노예제의 폐지를 항해서 나아가고 있다고 할 수 있습니다. 이방인들 가운데도 노예를 섬기기까지는 아니더라도 노예를 자식처럼 대하는 이들은 노예제 폐지를 지향하는 자들이라고 할 수 있습니다. 바울을 비롯한 사도들과 초기 기독교인들은 노예제 폐지를 위해 정치력을 행사하지 않았습니다. 그들은 그렇게 할 힘이 없었습니다. 하지만 결국 노예제가 폐지된 것은 어떤 철학이나 사상이나 세속적 평등주의가 아니라 복음 때문이었습니다.

 "상전들아 너희도 그들에게 이와 같이 하고 위협을 그치라 이는 그들과 너희의 상전이 하늘에 계시고 그에게는 사람을 외모로 취하는 일이 없는 줄 너희가 앎이라."(엡6:9).

자본주의맹아론(資本主義萌芽論)의 허상

　자본주의맹아론(資本主義萌芽論)은 제국주의 열강의 침탈을 받은 지역에서 나온 주장으로, 식민지에서의 열강의 근대화가 없었더라도 자본주의가 형성되고 근대가 도래할 수 있었다는 이론입니다. 맹아(萌芽)는 싹이라는 뜻입니다. 이는 '열등한 식민지인들에게 근대 문물을 전파하여 개화시켜준 은혜가 있다'는 기존의 열강 중심의 이론에 대한 반항으로 대두된 것입니다. 유럽 대륙 내부에서도 맹아론이 등장할 수 있습니다. 자체적으로 산업화를 달성한 나라는 영국밖에 없기 때문입니다. 산업혁명은 영국에서 우연히 탄생한 것인지, 아니면 모든 인류가 필연적으로 자본주의에 닿을 수 있는 것인가 하는 논쟁은 계속되고 있습니다.

　자본주의맹아론은 사회주의권 국가에서 처음 대두되었습니다. 소련이 통치이념으로 채택한 소위 '마르크스-레닌주의'에서는 인류 역사가 '세계사적 발전법칙'인 고대-중세-근대의 발전 과정을 거쳐왔다고 보았습니다. 이 주장에 동의하는 이들은 유럽뿐만 아니라 세계 모든 지역에서 세계사적 발전법칙이 적용됐음을 검증하려 들었습니다. 그들에 따르면, 사회는 원시 공산사회 → 고대 노예제 사회 → 중세 봉건제 사회 → 근대 자본주의 사회 → 현대 공산주의 사회 순서로 발전하는 것으로 되어있습니다. 이를 역사발전 5단계 설명이라고 합니다. 이 이론에 따르면 자본주의가 먼저 등장하고 그 다음에 공산주의가 나타날 수 있습니다.

하지만 자본주의가 극에 달한 영국이나 미국이 아니라, 오히려 러시아와 중국같이 자본주의 발달이 미약한 나라에서 공산주의 체계가 성립되었습니다. 중국 공산당에서는 서구적 발전법칙이 중국에서도 발견된다고 주장하였고 이에 자극을 받은 중국학계에서 1920~30년대에 중국 자본주의맹아론을 펼치게 됩니다. 한국의 자본주의 맹아론은 마르크스 경제학자 백남운과 같은 사람들이 중국의 영향을 받아 시작하였습니다.

마르크스주의적 전통에서는 소농이 부농과 빈농으로 분화한다고 주장합니다. 일제시대 이래 조선의 경제사 연구는 마르크스적 성향을 보여 왔습니다. 대한민국의 많은 경제학도는 혁명의 주체로서 빈농이 역사적으로 형성 발전해 온 과정을 추구하는 것을 소명처럼 생각하였습니다. 고인이 된 김용섭 연세대 사학과 교수는 일제의 식민주의 역사학 극복을 목표로 조선 후기 농업사를 연구해 '내재적 발전론'을 정립하였습니다. 특히 고인은 18~19세기 토지대장을 자세히 분석해 '경영형 부농'의 성장에 주목하였으며 이런 분석에 근거해 한국 농업의 내재적 발전론을 끌어내고 한국 근대성의 기점을 조선 후기로 끌어 올렸다는 평가를 받았습니다. 이를테면 자본주의 맹아, 즉 자본주의 싹이 조선 시대 후기에 발아하고 있었다고 본 것입니다. 하지만 조선 시대 말기의 농민은 표준적인 경작 규모의 소농(小農)계층으로 수렴(收斂)되고 있었다는 사실을 직시해야 할 것입니다.

조선 시대에서 근대 대한민국의 정치와 경제사 연구에서 쉽게 무시하고 지나가면 안 되는 사실 하나는 조선의 노비들입니다. 영남대 이수근 교수의 《경북지방고문서집성(慶北地方古文書集成)》이라는 책에 의하면 15~16세기 조선의 노비 숫자는 전체 인구의 40%에 이르는 것으로 보고되고 있습니다. 당시 조선 시대의 중앙 관료들은 보통 200-300구(口=노비를 세는 단위)의 노비를 소유하고 있었고 800구에서 1천 구의 노예를 소유한 관료도 있었고 심지어 1만 구의 노비를 소유한 예도 있었습니다. 지방 관료는 적어도 70~80구의 노비는 가져야 실제적 힘을 과시할 수 있었습니다. 고대 그리스나 로마나 미국 남부 농장에서도 100명의 노예를 소유하는 것이 힘들었다는 점과 비교되는 대목입니다.

당시 노비 1구의 재산 가치는 말 한 필의 가격, 혹은 666일의 노동 가치에 해당했습니다. 요즘 대한민국에서 노동자의 하루 일당을 5만 원이라고 친다면 노비 한 구의 가격은 3,300만 원쯤 되는 셈입니다. 당시 200구의 노비를 가진 사람은 그것만으로도 지금으로 환산하면 66억 원 정도의 재산을 가진 거나 마찬가지입니다. 고려 시대까지만 해도 왕실, 귀족, 사찰 등에서 일하는 소수의 가내(家內) 노비들이 있었지만, 많아야 전체 인구의 10%를 넘지 않았습니다. 조선왕조가 들어서면서 각각의 인간들에게 특정의 역(役)을 부여하고, 그에 따라 양반, 상민, 노비 신분으로 차별하는 신분제 사회를 만들었습니다. 이에 따라 고려 시대 중앙의 귀족, 관료, 중앙군들이 농촌으로 내려가 농장(老莊)을 만들면서 가난한 농민들이 농장에 딸린 노비로 전락하였습니다.

마르크스주의 '세계사의 기본법칙'을 따르는 이들은 통일신라 시대를 노예제의 전성기로, 고려 시대부터는 노예제의 쇠퇴기로 봅니다. 하지만 최근 수집된 고문서들에 의하면, 조선에서는 14세기부터 노예제가 확대되기 시작, 16~17세기가 노예제의 전성기였던 것으로 나타났습니다. 이런 현상을 마르크스주의의 사적(史的) 유물론으로 설명하는 것은 역사를 이론의 틀에 끼워 맞추는 '프로크루테스의 침대'의 전형이라고 해야 할 것입니다. 프로크루스테스는 그리스 신화에 나오는 인물입니다. 신화에 따르면 프로크루스테스는 그리스 아티카의 강도로 아테네 교외 언덕에 집을 짓고 살면서 강도질을 했습니다. 그의 집에는 철로 만든 침대가 있는데 그는 행인을 붙잡아 자신의 침대에 눕혀서 키가 침대보다 크면 잘라내고 작으면 억지로 침대 길이에 맞추어 늘여서 죽였다고 전해집니다. 그의 침대에는 침대의 길이를 조절하는 보이지 않는 장치가 있어 그 어느 사람도 키가 침대에 딱 맞는 사람은 없었다고 합니다. 조선의 역사적 사실들을 연구하는 학자들이 마르크스주의와 결별하지 않는 것은 무지하기 때문이거나 아니면 정직하지 못한 태도라고 볼 수밖에 없습니다.

17세기 후반부터 조선은 일본과 중국 간에 중계무역을 하면서 한동안 경제적 번영을 누렸습니다. 그에 따라 농촌에 시장(定期市)이 성립하고, 동전이 유통되었으며 집약농법이 성숙하고 상품생산이 촉진되었습니다. 당시 농가의 자립성이 높아짐에 따라 노비 인구가 감소하고, 소규모 가족과 세대(世帶)가 소농으로 자립하게 되었습니다. 노비 인구의 감소에 따라 농장은 서서히 해체되고 자립형 소농이 나타나게 되었습니다. 17~18세기에 안정과 번영을 누리던 상황은 19세기가 되면서 갑자기 악화합니다. 100년간의 안정과 번영으로 인구가 증가하면서 연료를 얻기 위해, 혹은 산을 개간해서 밭을 만들기 위해 산의 나무들을 남벌하면서 산림이 황폐해집니다. 그 결과 홍수나 가뭄에 대한 대응력이 떨어지면서 농업 생산성이 떨어지고 기근이 자주 발생하였습니다. 19세기 내내 경제 수준은 계속 악화하고, 민란이 거듭되지만, 조선왕조는 이를 극복할 만한 통치능력을 보여주지 못하였습니다. 1860년대에 조선 경제는 바닥을 치고 있었고 조선은 일제(日帝)의 침략 이전에 이미 망한 것이나 다름이 없었습니다. 발견된 고문서들에 의하면 관아나 사대부 집안 장부의 지질(紙質)이 점점 나빠지고, 책을 묶는 끈도 비단에서 종이로 바뀌고 있다고 합니다. 경제가 나빠지면 인간의 교양 수준도 저하되는지, 장부를 적은 글씨의 수준도 선비의 달필(達筆)에서 어린아이의 졸필(拙筆)로 저하되고 있는 게 현저하게 나타난다고 합니다. 일반적으로 직포업(織布業)이 농가의 가내부업(家內副業)에서 사회적 부업의 하나로 분리되어 농촌공업으로 성립하는 것을 자본주의 맹아의 출현으로 봅니다. 조선 역사에서는 아직 그런 흔적이 발견되지 않고 있습니다. 소농이 부농과 빈농으로 분화하는 대신, 소농으로 수렴한 것도 조선에서는 자본주의

맹아가 없었다는 사실을 보여주는 예라는 것입니다. 하버드대 교수인 카터 J. 에커트는 '한국인들이 그들의 역사에서 산업혁명의 씨앗을 찾고자 노력하는 것은 오렌지 나무에서 사과를 구하는 것과 같다'고 비판하였습니다.

한국의 적지 않은 학자들은 조선이 일본에 합병당하기 전에 조선의 역사가 정상적인 길을 걷고 있었다고 주장하고 싶어 합니다. 그러한 주장은 학자적 양심과 정직성으로서가 아니라 한국인의 왜곡된 민족주의 정서에 부응하려는 지적 아부라고 해야 할 것입니다. 그들에 의하면 18세기 이래 자본주의 맹아가 성숙함에 따라 봉건체제를 타파하기 위한 두 갈래 노력이 나타났습니다. 하나는 19세기의 민란과 갑오농민전쟁에서 볼 수 있는 것과 같은 '밑에서부터의 근대화 노선'이고, 다른 하나는 봉건적 지배계층이 시도했던 '위로부터의 근대화 노선'이라는 것입니다. 이러한 노력은 모두 일제의 침략으로 좌절되었지만, 해방 후 농민계급의 혁명적 노선은 북한이, 지배계급의 개량주의 노선은 남한이 계승했다고 주장합니다. 이 같은 맹아론의 정치학에 따르면, '1948년에 건국한 대한민국은 조선 봉건체제의 지배계급과 일제시대에 성장한 예속 자본가들이 그들의 기득권을 지키기 위해 민족분단을 무릅쓰면서 세운 반민족적, 반(半)봉건적 국가체제이며, 대한민국은 통일과 함께 해체되어야 할 잠정적인 위선(僞善)의 체제라는 결론에 도달하게 된다는 것입니다.

이러한 주장의 학자들은 고종을 자주적 개혁을 추진했던 개명 군주로 높이 평가합니다. 대한제국 시기에 고종이 일련의 자주적 근대화 노력을 했었다며 이를 '광무개혁'이라고 칭찬하기도 합니다. 이에 호응하는 정치인들도 있습니다. 전 서울시장 박원순씨나 대통령 문재인도 고종의 못다 한 꿈을 이뤄보려는 이들입니다. 고종 시대의 사료를 제대로 살펴본 사람이라면 그렇게 생각할 수가 없습니다. 고종의 화폐 주조(鑄造), 통신, 인삼세, 광업세, 어업세, 소금세 등 돈이 되는 것은 다 탁지부가 관할하는 국고가 아니라 황실재정으로 들어가게 해 놓았습니다. 군부에서 국방 예산이 모자라서 고종에게 도와달라고 하자, 고종이 돈을 내주었는데 그냥 하사한 것이 아니고 꾸어주었습니다. 한마디로 고종은 왕실의 유지와 존속밖에는 관심이 없었고, 왕국을 자신의 가산(家産)으로 생각했던 사람입니다.

1948년 대한민국의 건국에 대해서는 한사코 부정하는 소위 진보라는 사람들이 1897년 대한제국 선포를 알뜰하게 챙기는 것은 성리학과 부족주의적 민족주의의 변태(變態)라고밖에는 할 수 없습니다. 조선 말기에 추구했던 '독립'이 '일본으로부터의 독립'이 아니라 '중국으로부터의 독립'이었다는 사실을 알지 못하는 사람도 많습니다. 미국과 일본에 대해서는 큰소리치면서 중국에는 온갖 모욕을 당하면서도 겁먹은 강아지처럼 꼬리를 내리는 비굴한 행위는 조선 시대의 연장에서 현재를 감각하는 경향입니다. 맹목적으로 친중(親中) 입장을 따르는 정치인들이나 국회의원들은 그렇다손 치더라도 학자들까지 학자의 자존심마저도 지키지 않고 친중 노선을 추종하는 것은 이해할 수가 없습니다. 중국은 경제가 어느 정도 발전했지만, 아직도 '사적 자치의 주체로서의 개인'을 알지 못하는 우리가 존경할 수 없는 비(非)근대사회입니다.

2014년 7월 시진핑(習近平) 중국 국가주석이 서울을 방문했을 때 서울대를 방문하여 앉았던 도서관 자리에 금줄을 치고 성지화(聖地化) 표지를 해 놓았습니다. 이런 것은 한국인의 의식 속에 암묵적으로 자리 잡고 있는 소중화론적 경향이라고 할 수 있습니다. 정치인이나 학자들이 정직한 역사 이해나 학자적 양심으로는 중국을 지지할 수가 없습니다. 이곳 미국이나 대한민국의 정치인이나 학자들이 중국의 정치적 정책이나 노선을 지지하는 것은 인권이나 자유나 국민의 복지를 위해서가 아니라 정치적 이용가치 때문이거나 뇌물에 눈이 멀었기 때문입니다.

마르크스주의자들의 세계사 기본법칙이나 자본주의맹아론은 나름 논리적 정당성이 있는 것처럼 보이고 인권이나 자유나 보편 가치를 따르는 것처럼 이론과 논리를 펴지만, 그 열매는 경제적 파탄과 인권을 무시하는 결과에 이를 수밖에 없습니다. 그 증거들은 역사적 자료나 현실 정치에서 얼마든지 확인할 수 있습니다. 무엇보다 성경의 가르침에 의하면 하나님을 거부하는 무신론이 하나님의 형상대로 창조된 인간의 복지나 인권 신장에 기여할 수 없습니다. 참 신자라면 학문적 이론이나 역사의 교훈을 빌리지 않고도 그것이 자명한 영적 가르침임을 충분히 알 수 있습니다. 무신론자는 사람을 진정으로 사랑할 수 없다는 사실을 부정하는 그리스도인이라면 그 정체성을 의심해 보아야 합니다.

 "누구든지 하나님을 사랑하노라 하고 그 형제를 미워하면 이는 거짓말하는 자니 보는 바 그 형제를 사랑하지 아니하는 자는 보지 못하는 바 하나님을 사랑할 수 없느니라."(요일 4:20)

조선의 노비들

고대 한반도를 노예제 사회라고 하지는 않습니다. 그렇지만 노예제 사회가 아니라고 하여 노예제 사회보다 인종차별이 심하지 않았다고 할 수는 없습니다. 노예제 사회는 노예와 노예제 개념에 의해 규정됩니다. 노예란 다른 사람의 소유권 하에서 강제로 부림을 당하는 사람으로 주인이 물건처럼 매매할 수 있는 사람입니다. 국제연맹이 채택한 노예제 조약(Slavery Convention, 1926)에서는 노예를 "Slavery is the status or condition of a person over whom any or all of the powers attaching to the right of ownership are exercised"로 정의하였습니다. 노예제를 주인에 의해서 소유권과 관련된 권력의 일부 또는 전부가 행사되는 개인의 지위 또는 조건으로 볼 때 노예는 인간의 기본적인 권리마저 행사할 수 없는 존재입니다. 조선의 노비는 노예의 다른 이름일 뿐 노예보다 결코 나은 대우를 받지 못하였습니다. 노예제 아래에서의 노예나 조선의 노비는 모두 주인의 재산의 일부였기 때문에 그들이 어떤 대우를 받았느냐는 전적으로 주인의 인품에 따라 달랐습니다. 조선에서 남자 노비를 노(奴), 여자 노비를 비(婢)라고 하여 노비라고 불렀습니다. 조선 시대 노비는 고대 그리스나 로마의 노예처럼 주인이 때려도 되고, 죽여도 그만이었습니다. 옛 그리스나 로마 그리고 조선에서도 법은 노예나 노비를 주인이 사적인 감정과 판단으로 죽여도 된다고 허용하지 않았지만 그 법은 노예나 노비들의 인권과 생명을 실제로 보호하지는 못하였습니다. 노예나 노비는 주인의 부당한 폭력에 그 어떤 항변도 할 수 없었습니다. 조선은 노예제 사회가 아니었지만, 노비들은 노예제 사회의 노예보다 어떤 면에서는 더 가혹한 처우를 받았다고 할 수 있습니다. 일반적으로 노예는 전쟁 포로였지만 조선의 노비는 동족을 노비로 삼았기 때문에 출생 신분에 따른 원한이 더 깊었을 것입니다. 조선 시대보다 시기적으로 앞선 고려 시대가 오히려 노비에 대해 조선 시대보다 더 너그러웠습니다. 후삼국의 통합과정에서 양인들이 국가에 대한 의무 역할인 유역(有役)에서 이탈하거나 전쟁포로로 노비가 됨으로써 양천(良賤)이 뒤섞이고 양인과 천인이 혼인하는 일이 증가하여 고려 말에서 조선 초기에는 신분상의 혼란이 심하였습니다.

그러나 고려는 초기부터 양천교혼(良賤交婚)을 금지하였습니다. 이를 어기는 당사자는 물론 사실을 알고도 묵인한 노비의 주인도 처벌하였습니다. 특히 양인 여자와 남자 노비가 혼인하는 노취양녀(奴娶良女)는 사람이 지켜야 할 도리인 강상(綱常)의 윤리를 문란하게 한다는 이유에서 더욱 엄격하게 규제하였습니다. 그러나 양천교혼이 근본적으로 억제될 수 없었고, 이에 양인의 증가를 억제하기 위해 천자수모법(賤者隨母法)을 만들게 되었습니다. 천자수모법이란 아버지가 양인이고 어머니가 노비인 경우 그 자녀는 어머니의 신분을 따라 노비가 되게 하는 법입니다. 천자수모법 시행으로 노비의 숫자가 증가하고 양인의 숫자가 감소하게 되자 세금과 군역 부담자의 감소라는 예기치 못한 문제에 봉착하게 되자 태종 14년인 1414년에 양인의 수를 증가시키려는 목적으로 노비종부법(奴婢從父法)을 만들어 시행하였습니다. 노비종부법이란 양인남자(良人男子)와 천인처첩(賤人妻妾) 사이의 자녀에게 부계(父系)를 따라 양인이 되게 하는 법입니다. 그 후 또 이에 따른 폐단이 발생하자 그 법 시행과 폐지에 대한 논의가 거듭되다가 1432년(세종 14)에 폐지하고 종모법을 시행하였고 세조 때에는 부모 중 한 쪽이 노비이면 그 자녀는 모두 노비가 되게 하였습니다.

노비제에 대한 고려 시대와 조선 시대를 비교해보면, 고려 시대에는 노비의 숫자가 조선 시대보다 많지 않았고 노비가 양인이 될 수 있는 길도 열려 있었습니다. 고려의 노비들은 주인의 불법 행위를 고소할 수 있었지만, 조선 시대에는 부민고소금지법이 만들어져 일반 백성은 정부 관리들의 죄를 고발할 수 없게 하였고 노비고소금지법도 만들어져 노비들은 주인에게 어떤 부당한 일을 당하여도 호소할 데가 없었습니다. 고려 시대에서 조선 시대로 넘어와서도 한동안 노비에 대한 처우는 고려 시대와 별반 다르지 않았습니다.

전체적으로 볼 때 조선 시대는 고려 시대보다 노비 인구가 증가하였습니다. 조선의 노비 인구를 증가시키는 데는 왕과 고위 관료들과 양반들의 이기심이 결정적인 역할을 하였습니다. 노비의 숫자가 증가하는 것은 곧 양반들의 재산이 증가하는 것이고 노비의 노동을 이용하여 이익을 증진할 수 있기 때문에 노비 숫자를 증가시키는 법을 제정하는 왕은 훌륭한 왕이었습니다. 조선 시대에 증가한 노비의 숫자는 전체 인구의 30-40%에 이른 때도 있었습니다.

노비가 처음으로 생겨난 것은 전쟁포로나 반역이나 모반에 따른 형벌로 노비가 되었을 것입니다. 그렇게 노비가 되면 노비의 자식은 태어나면서부터 노비의 신분으로 태어났습니다. 조선 시대 초기에는 고려 시대처럼 노비가 양인이 되는 법이 있었지만 후에는 그 법이 폐지되고 부모 중 한쪽이 노비이면 그 자식은 무조건 노비가 되는 것으로 법이 바뀌었습니다. 조선 시대에는 필요에 따라 노비에 관한 법을 고쳐 양인의 수를 줄이거나 늘이기도 하였고 노비의 수는 줄곧 증가시켰습니다. 양인의 수를 줄이고 늘이는 것이나 노비 숫자를 늘리는 정책과 법을 만드는 데 있어서 노비들의 인권 문제가 제기된 된 경우는 거의 없었습니다.

세종은 성군으로 알려져 있고 실제로 세종은 한글 창시를 비롯하여 조선의 안정과 발전을 위하여 노력을 많이 하였으며 많은 업적도 남겼습니다. 세종 때에 문화와 인쇄술, 농법, 지리학, 천문학 등 과학기술이 크게 발전하였습니다. 1419년 대마도 정벌(세종1)도 세종의 업적입니다. 세종은 여진족을 몰아내고 압록강 유역에 4군을 두고, 두만강 유역에 6진을 설치하여 조선의 영토를 압록강과 두만강까지 넓혔습니다. 궁중에 집현전을 설치하여 젊은 학자들이 학문 연구에 몰두할 수 있도록 하였습니다. 집현전을 운영한 까닭은 훌륭한 학자를 키워 내고 활발한 학문 연구를 위해서였습니다. 집현전 학자들은 여러 가지 공동 연구를 수행하여 유교와 관련된 다양한 책을 펴냈습니다. 지도를 제작하고 금속 활자를 만드는 데 크게 기여하였고 또한 조선의 전통 음악도 발전시켰습니다. 조선 시대 궁중 음악은 향악, 당악, 아악으로 구분할 수 있는데 향악은 우리나라의 전통 음악, 당악은 통일신라부터 고려 시대까지 들어온 당나라 음악, 아악은 고려 때 송나라에서 전해진 궁중 음악입니다. 잔치 때는 주로 향악과 당악이, 제사 때는 아악이 연주되었습니다. 그러니까 중국 음악이 제사 때 사용된 것입니다. 세종은 아악을 정비하여 조선식 아악을 창제하게 하고 우리의 음악인 향악과 조화롭게 연주되는 방법을 찾아보라고 명하였습니다. 세종의 명을 받은 박연은 아악을 정리하고 편종과 편경 등 아악기를 만들어 조선의 소리를 낼 수 있었습니다. 그 외에 세종은 조선의 현실에 맞는 농사법을 소개한 「농사직설」을 만들어서 농업 발전에 이바지하였고 과학기술의 발전에도 큰 업적을 남겼습니다. 세종은 성품이 온건하여 무엇이나 무리하지 않았고 학술, 음악, 과학, 외교 등에 업적을 남겨 당대 양반들과 사대부들에게는 성군이었습니다.

세종은 사대부와 양반들에게는 성군이었지만 노비들에게도 성군이었을까 하는 의문이 드는 것은 세종이 만든 여러 노비 관련법에 일체 노비의 인권을 고려한 흔적을 찾아볼 수 없기 때문입니다. 노비에 관한 여러 법이 노비들의 처우와는 무관하고 단지 사대부와 양반들의 이익과 정권 차원의 필요만 고려되었기 때문에 인권 차원에서 볼 때 악법입니다. 세종이 노

무신론이 지배하는 사회

비와 양인의 혼인을 허용하였는데, 노비와 양인의 혼인을 허용한 법이 언뜻 생각하면 노비 인권의 신장법 같지만, 그 법의 의도는 결코 노비 인권을 위하는 법이 아니었습니다. 아버지가 노비라도 어머니가 양인이면 그 자녀가 양인이 되는 법은 노비 인구를 감소시켰는데 그 이유로 사대부들은 노비가 양인이 되는 그 법을 싫어하였습니다. 세종은 사대부들의 비위를 맞추려고 그 법을 폐지하고 부모 중 한쪽이 노비이면 그 자식은 무조건 노비가 되는 법을 만든 것입니다. 게다가 그전에는 금지되었던 노비와 양인의 혼인을 허용하자 노비의 숫자는 급속하게 증가하게 되었습니다. 노비와 양인의 혼인 허용법이 악법인 이유는 바로 노비 인구를 증가시키려는 의도로 만들어진 법이기 때문입니다. 그 법이 만들어진 이후 노비 인구가 급증하였습니다. 노비 인구가 증가하는 것은 사대부와 양반들의 재산이 늘어나는 것이기 때문에 그때가 그들에게는 더없이 좋은 태평성대(?)이었을 것입니다. 세종은 양반과 사대부들의 요구에 부응하여 이러한 법을 만들었기 때문에 그들에게는 성군일지 몰라도 인권과 자유의 차원에서 볼 때는 성군이라는 호칭이 어울리지 않습니다. 세종이 많은 업적을 남겼기 때문에 능력 있는 왕으로 평가되는 것은 정당하여도 성군이라고 하기에는 무리가 있습니다. 옛 성인을 현대적 개념의 잣대로 판단하는 것이 무리이기는 하지만 역사적으로 조선 시대보다 수천 년 전부터 성경은 인간의 존엄성과 인권과 자유를 가르쳤습니다. 고대 그리스나 로마에도 노예제와 함께 인권 의식이 있었습니다. 세종이 만든 여러 노비에 관한 법들은 자유를 호흡하려는 인간의 기본적인 욕구를 원천적으로 봉쇄하는 조치였습니다. 세종의 여러 업적은 높이 평가하더라도 신분이 낮은 노비들의 인권을 무시한 일들에 대해서는 지금이라도 비판해야 합니다. 세종은 노비제를 확대하였고, 기생제를 확충하였으며, 사대주의를 강화하였습니다. 명나라에 대한 세종의 사대주의는 자국민을 위한 전략적 사대라고 하더라도 노비나 기생에 대한 세종의 조치는 누구를 위한 것인지 따져보아야 할 것입니다. 세종은 1431년에 관비가 양인 남성과 낳은 자식 중 딸은 기생, 아들은 관노로 삼자는 형조의 건의를 수락했고, 1437년에는 국경지대의 군사를 위로할 목적으로 기생을 두라는 지시도 내렸습니다. 세종 시대는 기생의 전성시대였다고 할 수 있습니다. 기생의 전성시대를 만든 장본인이 세종이고, 무엇보다 세종은 노비와 기생은 피가 천하고 성적으로 난잡해 소생의 부계를 인정할 수 없는 금수와 같은 존재로 생각하여 천민에게 인권은 없었다고 생각하였습니다. 이는 세종만의 생각이 아니고 조선 시대 양반들의 생각이었습니다. 15세기 세종 시대에 한성 인구의 약 4분의 3이 노비였다는 사실이 무엇을 의미하는지 심층적으로 연구해 볼 필요가 있습니다. 세종의 아들인 광평대군과 영응대군이 거느린 노비의 수만 1만 명에 달했다는 사실을 우리는 직시해야 합니다. 세종이 다스린 30년간 이룩한 업적은 조선왕조 500여 년의 기틀이 되었다는 점에서 그를 더욱 존경하는 사람들이 많지만, 세종과 그 시대 양반들의 인권 의식이 조선왕조 500년을 넘어 대한민국에까지 이어지고 있다는 점을 생각하는 이들은 많지 않은 것 같습니다. 조선은 우리의 옛 나라이고 세종은 많은 업적을 남긴 유능한 왕이지만 조선인의 인권 의식은 철저하고 정직하게 비판해야 할 것입니다. 세종과 조선 시대 사대부와 양반들의 인권 의식과 그들이 노비들에게 가했던 악행들을 생각하면 일제 강점기의 조선인에 대한 일본인의 만행은 조족지혈이라 해야 할 것입니다. 우리가 정직하고 지혜로운 민족이라면 우리를 침략한 나라의 만행보다 우리 선조들의 동족에 대한 만행을 철저하게 비판해야 할 것입니다. 현대 한국인들은 조선 시대의 인권 의식으로 오늘을 호흡하고 있는 것은 아닌지 돌아보아야 할 것입니다.

 "그들이 이같은 일을 행하는 자는 사형에 해당한다고 하나님께서 정하심을 알고도 자기들만 행할 뿐 아니라 또한 그런 일을 행하는 자들을 옳다 하느니라 "(롬 1:32)

무신론이 지배하는 사회

미국 남부의 노예들

이 주제에 대한 세 번째 글에서 이미 미국 노예제에 대해 언급하였습니다. 앞에서 언급한 것은 정치 사회적 관점에서 노예제의 역사를 개괄적으로 살펴보고 노예에 대한 성경의 가르침과 하나님 나라 관점이 지향하는 바를 찾아보려고 하였습니다. 본 글에서는 미국의 노예제가 역사적으로 고대 다른 나라의 노예제와 다른 측면이 있음을 살펴보고 또한 노예 해방의 역사에서 진정한 노예 해방 차원의 조치들이 이루어지지 못했던 점들을 성경적 관점에서 지적해보려고 합니다.

17세기부터 19세기까지 서양에서는 거의 전부 납치를 통해 노예를 수급하였습니다. 고대와 마찬가지로 서양 국가들도 계속 전쟁을 하였지만, 고대 세계에서 그랬듯이 전쟁 포로를 노예로 삼지는 않았습니다. 서양의 노예가 고대의 노예와 다른 점은 노예 수급이 노예무역을 통해 이루어졌다는 사실입니다. 이런 무역은 주로 아프리카에서 이뤄졌으며 노예 상인들은 사람들을 납치하여 배에 태웠습니다. 강제로 배에 태워진 그들은 끔찍한 환경에서 공포에 떨며 이송되어 미국 등 다양한 나라들로 보내졌습니다. 이송 환경의 끔찍함 때문에 죽는 이들이 많이 생겼고 노예 상인들은 흑인들이 병들거나 죽는 것을 상품의 손상 정도로만 생각하였습니다. 노예무역은 백인들과 아랍인들 그리고 심지어 흑인들도 개입하였습니다. 그런데 흑인들은 백인들보다 아랍인들을 더 나은 사람들이라고 생각하였습니다. 노예무역을 하는 아랍인들도 있었지만 그들은 미국 백인들이 저지르는 악행에 덜 오염되었다고 생각하였습니다. 그런 이유로 아프리카계 미국인들은 이슬람교도가 되거나 모슬렘 이름을 받아들이는 경우가 많았습니다. 아프리카인들은 아랍인들을 자기들과 가까운 동료라고 생각하여 덜 나쁘다고 생각하였지만, 인권 존중에 대한 아랍인들의 역할은 결코 백인들보다 자비롭지 않았습니다.

탄자니아 잔지바르의 어둡고 아픈 노예무역의 역사는 아랍 상인들이 만든 역사입니다. 잔지바르는 탄자니아 동쪽 근해에 있는 두 개의 섬 웅구자섬(Unguja Island)과 북쪽 펨바섬(Pemba Island)으로 구성되어 있습니다. 인구는 100만 명 정도이고 면적은 한국 서울의 2.5배 정도 규모입니다. 동아프리카 인도양 해상에 있는 이 섬은 지정학적으로 매우 중요한 곳입니다. 북쪽으로는 아랍권에 연결되고, 서쪽은 아프리카 흑인 지역입니다. 수에즈 운하가 뚫리기 이전에 유럽인들이 아프리카 남단 희망봉을 돌아 인도로 가는 길목에 있습니다. 유럽인들이 아시아에 무역하기 이전에 잔지바르 섬에 페르시아인(이란인)들이 무역항을 건설했습니다. 잔지바르라는 이름도 페르시아어 잔지(Zanzi:검다)와 바르(bar:사주해안), 즉 '검은 해안'이라는 의미입니다. 페르시아가 쇠퇴하고, 아랍인들은 이곳을 아프리카 해상무역의 거점으로 삼았습니다. 1107년에 이곳에 이슬람 사원이 건립되었습니다. 1498년에는 포르투갈 탐험가 바스코 다 가마(Vasco da Gama)가 희망봉을 돌아 인도로 가면서 이곳을 방문해 유럽 사회에 알려졌습니다. 16세기에는 포르투갈이 이곳을 점령해 식민지로 삼았습니다. 아랍인들은 잔지바르가 서양인에게 넘어가게 내버려 두지 않았습니다. 1698년 아라비아반도 남쪽을 지배하던 오만(Oman) 술탄국이 잔지바르를 점령해 포르투갈 세력을 내쫓고 이슬람 국가를 건설했습니다. 그때로부터 오만 술탄국의 아랍인들은 잔지바르를 노예와 상아 거래의 무역 중심지로 만들었습니다. 잔지바르의 수도는 상아와 노예무역으로 동아프리카에서 가장 크고 부유한 도시가 되었습니다. 아랍인들은 곳곳에 요새를 지어 방어했고, 오만 술탄국은 수도를 아라비아반도 무스카트에서 잔지바르로 옮겼습니다. 아랍인들은 잔지바르 해안에 석조도시(Stone Town)를 건설해 번영을 구가했고 이 석조도시는 세계문화유산으로 지정되어 있습니다. 그 후 술탄 가문에 분열이 생기면서 1861년 잔지바르는 아라비아반도 오만에서 떨어져 나가 잔지바르 술탄국으로 독립했습니다. 독립한 후에도 술탄국은 노예 무역국으로 성장했습니다. 매년 잔지바르를 통해 실려 나간 노예가 4만~5만 명이 되었습니다. 이렇게 해서 돈을 번 잔지바르 술탄은 탄자니아 해안과 아프리카 동부 여러 지역을 강제로 점령하여 영지를 만들었습니다. 이 이슬람 왕국은 아프리카 대륙의 흑인들을 납치하여 섬으로 끌어다가 서양의 노예상에게 팔아넘겼습니다. 영국의 무역상들은 아프리카에 필요한 옷, 모자, 철봉, 스튜냄비, 총, 화약, 소금 그리고 장신구 등과 같은 물자를 배에 싣고 아프리카로 향했습니다. 어떤 영국 무역선 선장들은 아프리카 지도자들과 직접 거래 하는 것을 선호했으나, 18세기 말에는 대부분의 무역선 선장들이 서아프리카 해안에 있는 수많은 중개회사 중 한 곳을 이용하였습니다. 노예무역에는 아랍인들이 적극적으로 개입한 경우가 많았고 아프리카 지도자들이나 흑인 중개인들까지 흑인 노예무역에 개입하였습니다. 잔지바르의 아랍인들은 영국이 노예제 폐지를 한 후에도 노예무역을 계속하였습니다.

상식적으로 흑인 노예무역을 주도한 장본인을 유럽의 백인들이라고 생각하지만, 사실은 노예무역을 주도한 이들은 아랍인들이라고 해야 할 것입니다. 잔지바르의 노예무역의 오랜 역사가 그것을 증언해 주고 있습니다. 1890년 영국이 잔지바르 술탄국을 영국의 보호령으로 만들었을 때 영국의 노예제 폐지론자 데이비드 리빙스톤의 영향으로 잔지바르 술탄국이 노예무역을 폐지하였습니다. 흑인들을 노예로 만드는 일을 누가 주도하고 누가 참여하였건 간에 노예무역 상인이나 실제로 노예를 부린 자들이나 인간 존재에 대한 무지와 무책임으로 끔찍한 악을 저지른 책임을 면할 수는 없을 것입니다.

미국의 노예제도는 고대의 노예제도보다 더 나쁜 측면이 있습니다. 노예들이 팔려가는 과정에서 가족들은 흩어졌습니다. 그들은 글을 읽고 쓰고 배우는 것이 금지되었습니다. 미국의 백인 노예 주인 중에는 하나님이 아프리카 흑인을 노예로 만들었다고 믿거나 흑인에게는 영혼이 없다고 생각하기도 하였습니다. 노예제를 옹호하는 어떤 기독교인들은 아프리카 흑인들을 창세기 9:22을 근거로 함의 죄로 인해 하나님께 저주를 받은 함의 후손들이라고 주장하기도 하였습니다. 창세기 9:25-27을 보면 이 저주는 함의 아들 가나안에게 내려졌고 가나안은 아프리카가 아니라 이스라엘이 정복하기 전인 블레셋 사람들의 조상이었습니다. 노예제를 옹호하는 것은 성경이 금하는 것을 비성경적으로 합리화하는 주장일 뿐입니다. 미국 남부 노예들은 백인 주인의 집안일과 과중한 농장 노동을 하였습니다. 그들은 히브리 노예들처럼 법으로 보호받지 못하였습니다. 그들에게 자유를 제공하는 일은 없었고, 당연히 자유로운 삶의 책임을 훈련받지도 못하였습니다. 몇몇 기독교인들이 노예에 대한 이런 대우가 정당하다는 것을 성경으로 증명하려고 하였지만, 성경은 미국의 노예제를 명백하게 정죄합니다. 성경에서 납치는 중형에 해당합니다. 출애굽기 21:16은 "사람을 납치한 자가 그 사람을 팔았든지 자기 수하에 두었든지 그를 반드시 죽일지니라"고 하였고, 신명기 24:7은 "사람이 자기 형제 곧 이스라엘 자손 중 한 사람을 유인하여 종으로 삼거나 판 것이 발견되면 그 유인한 자를 죽일지니 이같이 하여 너희 중에서 악을 제할지니라."라고 하였습니다. 아이러니하고 슬픈 사실은 많은 노예가 기독교인이 되고 난 후에도 그들의 기독교인 주인들은 노예들을 그리스도 안에서 형제와 자매로 대하지 않았다는 것입니다. 노예들이 하나님께 예배를 드릴 수는 있었으나 예배가 인종별로 분리되었습니다. 미국 노예 역사에서 기독교 공동체 안에서 백인들이 흑인들을 대할 때 섬기는 지도자의 자세는 찾아볼 수 없습니다. 구약 성경은 동료 이스라엘인들을 가혹하게 다루는 것에 대해 경고하고 신약은 주인들에게 "위협하지 말라"고 꾸짖고 있습니다. 히브리 종에 대한 성경 구절들을 보면 노예는 궁극적으로 자유인을 지향하도록 준비되어야 했습니다. 미국의 노예 주인들은 이러한 원칙을 거의 지키지 않았습니다. 그렇다고 히브리 노예제를 긍정적으로 평가하는 것은 아닙니다. 성경은 어느 시대나 노예제도를 유지하라고 가르치지 않습니다. 성경의 더 큰 원칙은 노예제도의 유지와 양립 할 수 없습니다. 히브리 노예제도는 더 가혹한 인권 유린을 막기 위해 한시적으로 허용한 것입니다. 성경의 가르침은 어느 시대를 막론하고 노예제에 반대하는 충분한 기초를 제공합니다.

미국의 노예제에 대한 진지한 역사적 지적과 반성은 그 범죄에 대해 적절히 처벌된 적이 없었다는 점입니다. 노예제도가 끝났을 때 노예들은 이전에 노예를 소유했던 이들이나 노예무역에 관여했던 이들로부터 상당한 배상을 받았어야 했습니다. 구약 성경을 좀 더 문자적으로 해석하자면 노예 소유주나 노예무역상들은 사형에 처해야 합니다. 구약 성경의 사형에 해당하는 몇몇 범죄는 몸값 지불로 그 벌을 대신할 수 있었습니다(출 21: 30; 민 35:31-32). 이 경우를 적용하면 노예 주인이 그 목숨에 해당하는 상당한 몸값을 노예에게 주는 데 동의한다면 최선이 될 것입니다.

미국 사회는 수 세기 동안 노예에 대한 범죄를 묵인 한 것에 대한 책임이 있습니다. 노예 해방이 이루어졌을 때 전에 노예였던 자들은 미국 사회에 정착하거나 아프리카로 돌아가는 것, 이 둘 중 어느 것을 선택하든지 간에 그를 위해서 충분한 재산이나 교육을 받을 기회를 제공해 주었어야 했습니다. 이 둘 중 어느 것도 충분히 이뤄지지 않았습니다. 노예였던 이들은 아무 보상이나 도움도 없이 내보내졌으며 그 결과 이등 시민으로 폭력의 위험에 노출되었습니다. 이것은 노예 해방 이후에 벌어진 과거 노예였던 이들에 대한 2차 범죄였습니다. 노예 해방 이후 노예를 통해 이익을 얻었다고 생각되는 기업들에 대한 고소들이 있었지만 백 년이나 지난 후에 이러한 책임들을 평가하기란 쉽지 않습니다. 소수 집단 우대 정책 같은 것도 그 혜택의 수혜자를 도리어 주변인들이 이상한 사람처럼 생각하며 바라보기 때문에 또 다른 피해를 보는 경우가 되기도 하였습니다. 소수 집단 우대 정책은 대규모보다는 소규모에서 더 유익한 경우가 많습니다. 예를 들어, 교사가 불리한 조건에 있는 학생을 선발해서 그 학생이 더 격려받고 고등 교육으로 진학할 수 있도록 따로 지도한다면 이는 장려할만한 일입니다. 소규모 기업 고용주도 그렇게 할 수 있을 것입니다. 하지만 대학이 소수 집단 학생들을 다른 학생들의 수준에 맞추려는 노력 없이 그들의 인종에만 근거해서 점수를 계속해서 올려 준다면 그것은 그 누구에게도 도움이 되지 않을 것입니다. 어떤 흑인들은 그런 특혜 자체가 또 다른 인종차별이라고 생각합니다.

현대에 이르러 정부와 사회가 과거에 노예였던 이들의 후손에게 보상하려는 것은 여간 어려운 문제가 아닐 것입니다. 흑인들도 자유로운 노력에 따른 정당한 보상에 근거한 성공을 원하지 단순히 인종적 호의에 근거한 성공은 원하지 않을 것이기 때문입니다. 하지만 노예제도에 이어 해방 후의 분리 정책이나 차별의 역사는 여전히 백인과 흑인 간의 경제적 차이가 나는 이유 중 하나라고 사람들은 생각하고 있습니다. 정부와 사회는 이러한 인종적인 갈등과 간극을 좁힐 의무를 지니고 있습니다. 만족하지는 않지만, 그 간극은 좁아지고 있으며 우리는 이에 대해서 하나님께 감사해야 합니다. 국가 정책이나 사회적 인식을 통해 법적 사회적 차별을 점점 줄여가면서 자유 시장의 힘을 통해 진정한 성취를 보상받게 되도록 하는 것이 노예제에 대한 역사적 부채를 갚는 길일 것입니다.

지금 미국의 흑인들과 나머지 유색인들은 다양한 분야에서 전에 없는 고용의 기회를 얻고 있으며 그 분야들에서 많은 성취를 이루었습니다. 한

무신론이 지배하는 사회

때 흑인들에게 닥친 재앙이라고 생각되던 복지 개혁은 많은 이들에게 일터를 제공하였습니다. 이제 남은 과제는 누구나 자유 시장이 참된 자격 요건과 성취를 보상하게 하는 것과 삶의 기본적이고 필수적인 것들을 소유할 수 없는 모든 인종에게 그것을 제공하는 것, 그리고 사회의 각 방면에서 인종차별 없이 법과 질서를 유지하는 것이라고 할 수 있을 것입니다. 이러한 역사적 지평에서 교회는 예수 그리스도의 복음과 하나님 나라의 원리가 포괄적인 차원에서 선포되고 적용되도록 노력해야 할 것입니다.

 "상전들아 너희도 그들에게 이와 같이 하고 위협을 그치라 이는 그들과 너희 상전이 하늘에 계시고 그에게는 사람을 외모로 취하는 법이 없는 줄 너희가 앎이라."(엡 6:9, 참고 골 4:1)

편견과 차별대우

사람들은 편견을 갖지 않으려고 노력하기보다 오히려 자신의 편견을 신념처럼 소중히 여기며 중요하다고 생각하는 경향이 있습니다. 더욱 가관인 것은 다른 사람이 편견이라고 지적하기 때문에 더 소중히 여긴다는 점입니다. 이를테면 자신의 편견을 지적받을수록 자신의 편견에 대한 확신이 굳어지는 것입니다. 편견이란 공정하지 못하고 한쪽으로 치우친 생각을 의미하며, 상대에 공감하지 못하는 태도를 가리킵니다. 편견의 사촌이라고 할 만한 고정관념은 잘 변하지 않는, 주로 행동을 결정하는 확고한 의식이나 관념이나 어떤 집단의 사람들에 대한 단순하고 지나치게 일반화된 생각들을 의미합니다. 엄밀히 따지자면 편견이나 고정관념이라는 용어로 비판을 하려면 '잘못된'이라는 수식어를 붙여 사용하는 것이 어법상 맞습니다. 왜냐하면, 편견이나 고정관념이라는 용어는 중립어이기 때문입니다. 예를 들어 '사람은 심장을 갖고 있다.'라는 사실은 우리가 직접 확인하거나 관찰하지 않아도 그렇게 받아들이는 고정관념이며, 이 상식적 고정관념이 나쁘다고 할 수 없습니다. 하지만 편견이나 고정관념은 일반적으로 부정적인 쪽으로 사용하거나 이해하는 경향이 많으므로 그 용어의 중립성에는 별로 관심을 두지 않습니다.

본 글에서는 편견과 차별대우에 관해 이야기 해 보려고 합니다. 편견 (Prejudice)은 어떤 집단이나 그 집단 구성원에 대한 태도를 말하고, 차별대우(discrimination)는 다른 집단이나 그 구성원을 적대하여 취해진 행위를 말하는 것입니다. 그래서 편견은 가지고 있지만 차별대우는 보이지 않을 수도 있습니다. 반대로 차별은 하지만 편견을 갖지 않는 경우도 있을 수 있습니다. 존 도비디오(J. Dovidio)는 편견을 어떤 사회 집단 또는 그 집단 구성원에 대한 부당하고, 이성이나 의지보다 감성을 중히 여기는 주정적(主情的)이라고 정의하였습니다. 이 정의는 편견이 긍정적일 수 있다는 이유로 한계를 지닌 정의라고 비판받기도 합니다.

편견과는 달리 차별대우는 일반적으로 어떤 집단과 해당 구성원을 향한 부정적인 행위를 포함하고 있습니다. 사람들의 적대 집단에 대한 차별대우는 다양한 형태로 일어날 수 있습니다. 고든 올포트(G. Allport)는 차별대우에 5가지 단계가 있다고 주장하였는데, 나치 독일과 같이 특별한 경우에 이 단계가 급속히 증가하기도 한다고 하였습니다.

첫째 단계는 반항적 말투로 적대 집단을 향한 언어적 공격이고, 둘째 단계는 회피로 적대 집단을 체계적으로 회피하는 단계이며, 이 단계에서 어떤 경우에는 마치 나치 독일이 유대인들에게 다윗의 별을 가슴에 달도록 한 것처럼 그 집단 구성원이라는 정체성을 쉽게 식별할 수 있도록 만드는 단계가 포함되기도 합니다. 셋째 단계는 차별대우의 단계로서, 적대 집단은 다른 집단과 비교하여 시민권, 직업 등에서 의도적인 불이익을 당하게 되는 경우입니다. 넷째 단계는 신체적 공격을 가하는 단계로써 적대 집단 구성원들은 공격을 당하고 그들의 소유물이 파괴되기도 합니다. 다섯째는 몰살의 단계인데, 적대 집단의 모든 구성원을 몰살하려는 의도적 시도가 일어나는 단계입니다. 나치 독일의 홀로코스트, 폴 포트의 킬링 필드, 마오쩌둥의 문화혁명, 보스니아 내전, 르완다의 인종 말살, 아프리카 수단의 다르푸르 학살, 이라크와 시리아에서 일어난 학살 등이 모두 차별대우의 다섯째 단계에 속합니다. 그 외에도 공산국가나 제삼 세계 독재자들에 의한 인종 말살의 경우도 적지 않고 자유민주주의를 표방하는 국가 안에서도 첫째 단계에서 넷째 단계에 해당하는 차별대우는 셀 수도 없이 많습니다.

일반적으로 편견이 있지만 드러나게 차별하지는 않고 익명으로 차별하는 경우 또한 많습니다. 1935년에 있었던 일입니다. 미국의 공무원인 라피어(LaPiere)는 미국으로 여행을 온 중국인 부부를 위해 안내와 통역을 하며 250개의 호텔과 레스토랑을 방문하였는데, 이 부부가 서비스를 거부당한 것은 단 한 번 뿐이었습니다. 이 사실은 중국인에 대한 미국인의 차별이 거의 없었다는 뜻입니다. 그런데 라피어는 그들이 방문한 호텔과 레스토랑 주인들에게 중국인 손님을 받을 것인지를 편지로 물어보았습니다. 그 결과 그들이 실제로 방문했을 때와는 아주 다른 결과가 나왔습니다. 보낸 편지에 답장을 한 곳이 50%였고, 그중 90%가 중국인 손님을 받지 않겠다고 대답하였습니다. 이 경우를 통해 알 수 있는 것은, 편견이 드러나게 될 때 사회적 압력이 작동하기 때문에 내면에는 편견이 있지만 없는 것처럼 행동하다가 익명이 보장되면 정반대의 행동을 하게 된다는 사실입니다. 사람들은 남에게 자신이 편견을 가진 사람으로 보이기를 꺼리는 경향이 있으며, 실제보다 더 관대한 이미지로 자기 자신이 드러나고 평가되기를 바라는 것을 알 수 있습니다. 마음속에 가지고 있는 편견은 알 수가 없고, 비난하거나 탓할 수도 없습니다.

편견을 다시 또 세 종류로 나눌 수 있습니다. 첫째는 공공연한 편견입니다. 이는 대외적으로 특정 집단이나 대상에 대해 공공연하게 편견의 말과 행동을 서슴지 않는 것입니다. 인종 분리주의를 주장하거나 다른 인종과의 결혼을 반대하는 이들이 있습니다. 공공연한 편견은 아주 뻔뻔스럽고 나쁜 것이지만 대응하기는 오히려 쉽습니다. 문제는 두 번째 암묵적 편견입니다. 겉으로는 편견을 거부하는 것처럼 처신하지만, 위장이 가능하여 익명이 보장되면 주저 없이 편견의 태도를 나타내는 것은 공공연한 편견보다 대응하기가 더 어렵습니다. 이를테면 흑인에 대한 편견이 없다고 하면서 흑인 이름이 적힌 투고 글에 대해서 집요하게 신랄한 비판을

무신론이 지배하는 사회

하는 경우가 있습니다. 셋째는 자동적인 편견입니다. 이것은 두뇌와 지각 (perception)의 차원에서 편견이 드러나는 경우입니다. 차를 운전하여 흑인 밀집 지역에 들어가면 거의 자동으로 차 문을 잠그는 이들이 많습니다. 흑인의 무표정한 얼굴을 화난 얼굴로 오해하거나 흑인이 무엇을 들고 있으면 총이라고 판단하는 경우가 많습니다.

편견은 그것이 공공연한 편견이나 암묵적 편견이나 자동적인 편견 모두가 반사회적인 태도입니다. 편견이 많은 사회는 좋은 사회라고 할 수 없습니다. 친 사회적이지 못한 편견을 개혁하려면 편견을 지적하여 드러내고 편견에 대해 사회적 제재를 가해야 하는데 암묵적 편견이나 자동적 편견 같은 것은 지적하여 드러내기가 어렵고 사회적 제재를 가하기도 쉽지 않습니다.

2000년대까지만 해도 사람들은 편견이 소위 보수 우익들의 전유물이라고 생각하였습니다. 그와 관련하여 심리학자들은 일반화된 편견 (generalized prejudice) 또는 심리적 불관용(psychological intolerance) 같은 용어를 보수 우익들에게 적용하여 사용하였습니다. 백인이나 기득권자들에 의한 차별, 타자화, 근본주의, 공격성, 획일화, 다양성의 거부, 자기중심성, 우월주의, 선민사상 같은 것들을 모두 보수주의자들(conservatives)의 특징적 편견이라고 하였습니다. 2010년대 중반에 들어서면서 편견이 좌파와 우파 모두에게서 나타나다가 급기야는 편견이 좌파의 전유물처럼 되는 듯한 경향으로 흐르고 있습니다. 한국에서는 진보주의자들의 편견에 의해서 대통령이 탄핵 되었고 미국에서도 진보주의자들의 편견에 의해 대통령이 여러 번 탄핵위기에 몰리기까지 하였으며 대통령직에서 물러난 지금까지도 집요한 공격을 받고 있습니다.

과거에는 편견이 거의 백인이나 기득권자들에 의한 유색인종이나 소수 집단에 대한 것이었습니다. 그동안 종교인이나 학자들을 비롯하여 사회운동가들이나 정치인들의 노력으로 유색인종이나 소수자에 대한 편견은 많이 개선되었습니다. 유색인종과 소수자에 대한 법적 장애나 사회적 장벽도 현저히 줄어들었습니다. 아직 유색인종이나 소수자들은 비공식적인 방식으로 폄하되고 있는 것이 현실입니다. 인종들 간의 편견, 종교 간의 편견, 다른 성에 대한 편견, 다른 사상과 이념에 대한 편견 또한 여전히 존재하고 있습니다. 그런 편견들이 완전히 사라지는 상황은 인간 역사에서는 경험할 수 없을 것입니다.

우리는 끊임없는 노력으로 편견을 줄여가야 합니다. 편견과 폄하가 때로는 실제적이며 때로는 상상에 그치기도 하지만 실제적이든지 상상에 머물든 그것은 하나님 나라에서는 있어서는 안 되는 것들이고 인간 사회에도 결코 이로운 것이 아니기에 개혁되어야 할 대상들입니다. 때로 사람들은 깎아내리려는 의도는 없지만, 그들이 사용하는 언어가 자신들이 잘 알지도 못하는 유쾌하지 않은 의미를 담고 있기도 합니다. 인종적인 유머가 언제나 나쁜 것은 아니지만, 상처를 줄 가능성이 큰 경우라면 사용하지 말아야 합니다. 이러한 인종적 유머가 그 이면에 있는 진짜 적대감을 숨기는 일도 있습니다. 사람에 대한 편견은 그 사람에 대한 적절한 판단이 있기 전에 판단하거나 평가하는 것입니다. 모든 인간은 다르고 독특하지만, 또한 동일한 가치를 지니고 있습니다. 왜냐하면, 모든 사람은 하나님의 형상대로 지어졌기 때문입니다.

사람들 간에는 영적 도덕적 차이, 다른 은사(자연적 영적), 다른 종류의 훈련과 성취가 존재합니다. 우리는 종종 도덕적, 영적인 문제에 있어서 다른 이들을 평가하곤 합니다.

그 사람이 특정한 일을 함에 있어서 필요한 능력을 가지고 있는지를 평가하기도 합니다. 하지만 이런 평가는 증거에 근거하고 사려 깊은 사고에 근거해서 공평하게 내려져야 합니다. 편견에 사로잡힌 생각은 여러 증거를 공평히 검증하기도 전에 어떤 전제들 때문에 충분한 증거나 사고도 없는 채로 너무 성급하게 평가를 합니다. 개인에 대한 편견은, 때로는 그 사람이 속한 집단에 대한 평가에 근거하기도 합니다. 만약에 이것이 인종에 관한 판단이라면 우리는 이를 인종적 편견이나 인종차별이라 부릅니다. 만약에 이것이 성에 관한 것이라면 이것은 성차별이라고 부르게 됩니다.

인간의 지식이 언제나 그렇듯이 다른 사람을 평가하는 판단에는 윤리적인 요소가 들어있습니다. 성경은 우리가 다른 사람에 대해서 최선으로 생각하라고 가르칩니다. 구약 시대에 범죄를 판단할 때에는 두세 증인이 있어야 했습니다(신 17:6; 19:15;히 10:28), 그리고 이 원칙은 신약 교회의 제자들에게도 계속되었습니다(마 18:16; 고후 13:1, 딤전 5:19). 바울은 디모데에게 "하나님과 그리스도 예수와 택하심을 받은 천사들 앞에서 내가 엄히 명하노니 너는 편견이 없이 이것들을 지켜 아무 일도 불공평하게 하지 말며"(딤전 5:21)라고 말합니다. 야고보도 편견에 대해서 반대하였습니다(약 2:4; 3:17). 편견은 선입견을 나타내는 성경적 용어인데, 이는 어떤 사람이 그럴만하기 때문이 아니라 어떤 비이성적 선호 때문에 그를 나쁘게 대하는 것을 포함합니다. 따라서 바울은 다른 사람과의 관계에서 우리의 사랑을 "모든 것을 참으며 모든 것을 믿는다"(고전 13:7)라고 하였습니다. 아주 강력한 반대 증거가 있지 않은 이상 우리는 호의를 가지고 다른 사람을 평가해야 합니다. 법적인 관계와 마찬가지로 개인적인 관계에서도 입증의 책임은 언제나 기소하는 자에게 있습니다.

사람은 누구나 죄가 증명되기 전까지는 무죄합니다. 이것이 도덕적 영적 판단의 규범입니다. 물론 사람들의 은사와 능력에 관한 판단은 좀 다릅니다. 어떤 사람이 훌륭한 테니스 선수가 아님을 증명하지 못한다는 이유로 그가 훌륭한 테니스 선수라고 생각할 수는 없습니다. 그런 경우에는 판단하기 전에 약간의 증거를 요구하는 것이 필요합니다. 바울이 집사들의 자격 요건을 나열할 때 그는 그들을 "먼저 시험하여 보라"(딤전 3:10)고 하였습니다. 장로들도 그 직분에 오르기 전에 도덕적, 영적 성숙함을 먼저 증명해야 했습니다(딤전 1:7). 이 경우에도 우리는 우리의 편견이 아니라 그 사람이 성취한 것을 근거해서 판단해야 합니다.

우리는 종종 그 사람이 속한 집단에 근거해서 그를 판단하거나 평가하는 때도 있습니다. 어떠한 경우에는 어느 집단에 속했다는 것 자체가 실격 사유가 될 수 있습니다. 예를 들어, 어떤 사람이 무슬림이라면 그 사실 자체로 그는 장로교회의 장로가 될 자격이 없습니다. 범죄나 폭력적인 조직에 가입하는 것은 법으로 금지되어 있습니다. 이런 기관에 가입하는 것은 범죄를 돕는 것이며 정부는 이를 적법하게 처벌할 수 있습니다. 다른 경우들에서는 그 모임에 속했다는 사실과 그 개인 간의 관계는 그다지 선명하지 않습니다.

쿠란은 때로는 이슬람의 적들에 맞서는 폭력을 옹호하며 때로는 평화로운 공존을 격려합니다. 하지만 오늘 어떤 무슬림들은 자신들의 종교적, 정치적 목적을 위해 무고한 시민들에 대한 폭력을 정당화하기도 합니다. 진보주의자들은 무슬림을 서양 백인들의 편견의 희생자들이라고 생각하며 옹호합니다. 하지만 무슬림은 많은 부분애서 진보주의자들의 주장에 반대합니다. 무슬림들의 편견은 종교적 확신과 같아서 초기에는 전략적으로 입을 다물지만 결국은 이슬람 이외의 모든 것을 거부하고 제거하려는 목적을 가지고 있습니다.

유럽에서는 진보주의자들의 어리석은 판단에 의해서 무슬림이 받아들여졌지만, 지금은 무슬림에 대해 너그러운 그들조차도 생각이 많이 달라지고 있습니다. 많은 곳에서 무슬림은 이슬람 이외에 사람이나 종교나 정치나 문화에 대해 노골적이고 극단적으로 거부하는 본색을 드러내고 있습니다. 무슬림에 대한 진보주의자들의 실수는 공산주의에 대해서도 저질러지고 있습니다. 무슬림들이 자신들의 종교를 위해 극단적 편견을

무신론이 지배하는 사회

신념과 신앙으로 내세우며 그것의 정당성을 위해서는 테러와 폭력까지 서슴지 않지만, 이슬람은 그와 같은 극단적 무슬림은 12억 무슬림 가운데 1%도 안 된다는 사실만 강조하고 실제로 테러와 폭력을 예방하려고 노력하지 않습니다. 이슬람 사회에서는 이슬람이라는 오직 한 가지 편견만이 정당화되고 모든 다른 것은 거부됩니다. 자유민주주의 국가와 사회가 무슬림과 공존할 수 있다고 생각하는 것은 너무 순진한 생각입니다. 그리스도인은 극단적인 무슬림의 위험이나 공산주의의 위험이나 진보주의자들의 어리석은 편견을 간파하고 있어야 하고 또한 그들에게까지 복음과 하나님 나라를 전해야 하는 위험부담을 마다하지 않는 자들입니다. 하나님께서 바울을 이방인의 사도로 부르셨을 때, 바울은 이를테면 무슬림이나 공산주의나 진보주의 같은 위험을 감수하는 선택을 하였습니다.

"그들이 그리스도의 일꾼이냐 정신 없는 말을 하거니와 나는 더욱 그러하도다 내가 수고를 넘치도록 하고 옥에 갇히기도 더 많이 하고 매도 수없이 맞고 여러 번 죽을 뻔하였으니 유대인들에게 사십에서 하나 감한 매를 다섯 번 맞았으며 세 번 태장으로 맞고 한 번 돌로 맞고 세 번 파선하고 일 주야를 깊은 바다에서 지냈으며 여러 번 여행하면서 강의 위험과 강도의 위험과 동족의 위험과 이방인의 위험과 시내의 위험과 광야의 위험과 바다의 위험과 거짓 형제 중의 위험을 당하고 또 수고하며 애쓰고 여러 번 자지 못하고 주리며 목마르고 여러 번 굶고 춥고 헐벗었노라 이 외의 일은 고사하고 아직도 날마다 내 속에 눌리는 일이 있으니 곧 모든 교회를 위하여 염려하는 것이라." (고후 11:23-28).

고정관념

앞 글에서는 편견이 차별대우로 이어지는 사회적 폐단에 대하여 생각하였습니다. 차별대우가 극단적으로는 인종이나 적대 집단 구성원을 말살하는 데까지 나아간다는 사실에 소름 돋는 공포와 긴장감을 갖게 되었습니다. 차별대우가 적대 집단이나 그 구성원에 대하여 단순히 업신여기는 시선이나 불친절하고 거친 말투에서 집단 말살에 이르는 그 중간에 여러 다른 수준과 형태로 존재하고 발전한다는 점을 우리는 심각하게 인지하고 대처해야 합니다. 지금 이곳 미국이나 한국에도 편견에서 비롯된 차별대우가 정치와 언론을 통해 공공연하게 저질러지고 있습니다. 미국이나 한국 뿐 아니라 세계 거의 모든 나라와 사회에서 편견으로 인한 차별대우가 이루어지고 있다고 보아야 합니다.

민주주의가 발전하면 편견과 차별대우가 줄어들 것이라고 사람들은 기대합니다. 하지만 민주주의 종주국인 미국에서 편견과 차별대우가 확대되고 있는 것은 진정한 의미에서 민주주의가 퇴보하거나 왜곡되고 있기 때문일 가능성이 높습니다. 민주주의 사회는 공산주의나 사회주의 사회보다 모든 면에서 열린 사회이기 때문에 당연히 편견과 차별대우가 줄어들어야 정상이지만 그렇지 않은 것을 보아 민주주의가 심각하게 병든 것이 아닌가 의심하게 되는 것입니다. 어떤 병이나 문제라도 그것을 효과적으로 치료하고 개선하기 위해서는 증상보다 원인을 찾아 제거해야합니다.

차별대우의 전 단계는 편견이고 편견의 전 단계는 고정관념이라고 할 수 있습니다. 편견으로 인한 차별대우를 개선하려면 그 전 단계인 고정관넘부터 검토하고 접근하여야 합니다. 일반적으로 어떤 편견을 가진 사람은, 자신이 배척하는 소수 집단의 구성원들이 서로 유사하다고 생각합니다. 이를 외집단 동질성 편향(outgroup homogeneity bias)이라고 합니다. 이렇게 개개인의 고유한 특성을 고려하지 않고 범주화하는 사고방식이 바로 고정관념입니다. 더 정확히 말하자면, 어떤 집단에서 현저하게 나타난다고 여겨지는 부정적 특성을 그 집단의 모든 개인에게 개인 간 차이를 전혀 고려하지 않고 부여하는 단순한 인지적 관점입니다. 편견이 태도 및 정서에 속한다면, 고정관념은 인지에 속합니다.

고정관념 연구의 역사는 1922년까지 거슬러 올라갑니다. Lippman (1922)의 《여론》(Public Opinion)이라는 문헌에서 처음으로 고정관념이라고 할 만한 개념이 발견되고 있습니다. Lippman은 고정관념을 "반례를 목격하더라도 여전히 사라지지 않는 비합리적인 생각"이라고 하는데, 이는 고정관념이 본질적으로 외집단에 대한 모 아니면 도(all-or-none)라는 식의 생각이라는 관념을 견지하고 있음을 의미합니다. 이 생각은 이후 카츠(D.Katz)와 브랠리(K.W.Braly)의 민족성 연구로 이어져서, "모든 독일인은 근면하고 효율적이다"라는 주장은 게으른 독일인의 반례를 목격하더라도 바뀌지 않는다고 하였습니다. 이런 접근에 따르면 고정관념은 형편없이 비합리적이고 비논리적입니다. 이후 올포트(G.Allport)와 캠벨 (D.T.Campbell)로 이어지면서 고정관념이 단순히 모 아니면 도라는 식의 생각이 아니라 좀 더 복잡한, 일종의 확률적 추측(probabilistic prediction)의 과정이라는 생각이 나왔습니다. 이 관점에서 본다면 고정관념이 단일한 반례를 목격하고 나서 바뀌지 않는 것은 당연히 그럴 만한 이유가 있을 뿐 아니라 오히려 합리적인 대응이라는 것입니다. 즉 "독일인들은 다른 나라 사람들보다 근면한 사람들의 비율이 좀 더 높은 편이다"라는 식의 설명이 고정관념의 본질에 더 가깝다는 것입니다. 그러나 이 역시 문제가 있는 데, 이렇게 구분되는 민족적 특성은 종종 과대평가되고 과장되거나 왜곡되게 마련이라는 점이 제기되었습니다. 특히 고정관념이 타인을 그 범주에 맞게 일반화하는 인지적 과정임을 고려할 때 고정관념이 인지적 처리의 다양한 국면들 속에서 지속적으로 왜곡된다는 것입니다.

고정관념이 문제가 되는 것은 그것이 타인에 대해서 종종 나쁜 쪽으로 우리의 생각을 왜곡시킨다는 점입니다. 이로 인해서 행동 및 제도 수준의 차별이 발생하고, 실제로 피해를 보는 사람들이 생겨나고 있습니다. 편견이라는 정서적 및 태도 수준의 반응이 그 사회 구성원의 행복과 삶의 질을 저해하는데, 고정관념은 편견이나 차별과 같은 불관용이라는 것에 대해 그것을 정당화하고 합리화하는 논리로서 봉사하곤 합니다. 이로 인하여 수십 년 동안 사회심리학자들은 고정관념을 어떻게 바로 잡을 수 있을지 중점적으로 고민해 왔습니다.

고정관념은 타인에 대한 범주 정보(categorical information)만 주어져도 그 타인에 대한 대략적인 이미지를 그려낼 수 있다는 점에서 영향이 크다고 볼 수 있습니다. 이를테면 어떤 사람에 대해 아는 것이 전혀 없더라도, "그 사람, ○○○ 한대!"라는 정보 하나만으로 곧바로 그 사람에 대한 이미지를 상당 부분 그려낸다는 것입니다. 이렇게 되면 범주 정보가 그 사람에 대한 더 자세한 개인정보에 접근할 이유를 차단하게 될 수 있습니다. 또한, 하나의 대상에 대한 여러 범주 정보들이 경합할 때에도, 고정관념은 특정 범주 하나만을 신뢰하며 애용하도록 만듭니다.

유대인이나 아시아인은 수학을 잘할 것이라는 고정관념, 흑인은 랩과 운동을 잘할 것이라는 고정관념 등은 아마도 대표적인 고정관념일 것입니다. 사회심리학계에서는 "가난한 사람은 정직하고, 부유한 사람은 교활하다"는 고정관념을 연구한 것이 널리 알려져 있는데, 이에 대해 아론 케이(A.C.Kay)는 이것이 고정관념의 대상이 되는 사람들의 반발을 가라앉히기 위한 보상적(complementary)으로 나타난 고정관념이라고 지적했습니다.

무서운 사실은, 사람들이 고정관념을 갖게 되는 것만으로도 그 고정관넘으로 인한 피해자의 객관적인 성취나 능력을 저해시킬 수 있다는 것입니다. 대표적인 사례로 "쟤는 여자라서 수학 같은 건 못 해" 라거나, "쟤는 흑인이라서 IQ가 낮을 거야" 의 두 가지가 꼽히며, 이와 관련된 학계의 최초의 보고는 1995년에 나타났습니다. 더 무서운 사실은, 정작 당사자가 그 고정관념을 부정하거나 극복하려는 의지를 불태울수록 오히려 성취의 저하가 더 심하게 발생한다는 것입니다. 이러한 현상에 대해서 심리학자들은 고정관념 위협(stereotype threat)이라는 이름을 붙이고 열정적으로 연구하였습니다. 때로 실제로 어느 정도 진실에 부합하는 고정관념의 영향을 받더라도 더더욱 부정적 효과를 받게 되며, 긍정적 고정관념은 미약하게 그 대상자의 성취를 증가시키는 효과가 있다는 점도 밝혀졌습니다. 고정관념에서 벗어나는 사람들의 사례는 많이 있음에도, 그런 사례에 대해서 사람들은 자신의 틀린 고정관념에 대한 반례로 규정하는 게 아니라, 자신의 고정관념에 종속된 새로운 하위 고정관념을 만들어내어 기존 고정관념과 차별화하는 예도 있습니다. 우리가 특정 사회집단에 대해서 "유능하지만 냉담하다, 무능하지만 따뜻하다"와 같은 고정관념은 잘 형성하지만, 유능하면서 따뜻하다거나 무능하면서 냉담한 케이스는 잘 고려하지 않는 경향이 있습니다.

고정관념의 발생 원인에 대한 심리학자들이 주목하는 몇 가지 설명이 있습니다. 첫째는 인지적 자원의 효율적 사용입니다. 즉 고정관념은 세계를 지각하는 간단한 방법을 제공하여 정보처리의 인지적 노력이 더 적게 들도록 한다는 것입니다. 뱀 공포증 예를 들면, 모든 뱀이 인간에게 위험한 것은 아니지만, 일단 독사에게 물린 것을 목격하거나 실제로 물려 본 사람은 모든 뱀을 피하는 것이 이롭다는 판단을 내리게 됩니다. 개인적으로 특정 집단의 구성원 때문에 피해를 본 경우 그 집단 구성원 전체에 대한 편견을 갖는데 긴 시간이 필요하지 않습니다. 둘째, 때때로 고정관념은 외집단에 대한 적대감과 좌절감의 전치(轉置)로 인해 동기화되면서 발생할 수 있습니다. 특히 이는 희생양 만들기(scapegoating) 관련 연구자들에 의해 자주 제기되어 왔습니다. 사회의 문제나 부조리에 대해서 누군가 만만한 소수자 집단을 골라잡아 이들을 비난해야 할 동기적 필요성이 발생하고, 그 결과 그들에 대해서 부정적인 일반화를 시도한다는 것입니다. 이는 고정관념이 어느 집단에 대한 정당화될 수 없는 증오를 합리화하는 데 봉사하는 경우입니다. 셋째, 앞의 방법들에 반기를 들고 나타난 사회적 정체성 이론입니다. 이 방법에 따르면, 우리가 스스로에 대해 생각하는 방식, 즉 정체성의 일부는 우리가 소속하여 동일시하고 있는 다양한 사회집단에 의해서 결정된다는 것입니다. 이 경우 고정관념은 다른 집단의 구성원들로부터 자신을 확실하게 구분하도록 해 준다고 합니다. 집단들을 서로 구분하기 위해서 우리가 소속하고 있는 집단에 대한 고정관념은 비교하는 집단에 따라 어느 정도 변화하는 융통성을 보일 필요가 있다는 것입니다. 예를 들자면 성인과 청년을 비교할 때 사람들은 청년기의 반항을 일반적인 수준보다 강조하려는 경향을 보일 것입니다. 고정관념은 그 비교 대상에 따라 과장되거나 축소될 수도 있습니다.

인간의 경험은 아무래도 제한적일 수밖에 없습니다. 예를 들어 결손 가정의 문제 아이들을 대상으로 활동하는 사람은 결손 가정의 자녀들은 대부분은 문제가 있다는 편견이 생길 수 있습니다. 정신질환은 못 고치는 병이란 편견도 이와 관련이 있습니다. 증상이 가벼워 정상인과 별 차이가 없는 사람들은 증상을 요령껏 숨기다가 증상이 악화한 후 중증 환자가 되어 병원을 찾게 되는 경우가 많습니다. 그와 같은 이유로 병원에 입원한 환자들은 완치가 안 되는 경우가 많게 됩니다. 그런 환자를 다루는 병원 근무자는 성공적으로 완치한 사례는 거의 경험할 수 없고 최악의 경우만 많이 경험하게 되기 때문에 잘못된 고정관념을 갖게 될 가능성이 큽니다. 이처럼 고정관념은 과잉 일반화로 인하여 개개인에게 적용될 때에 대체로 부정확한 정보에 근거하여 이루어지게 됩니다. 고정관념은 지나친 단순화와 과장, 왜곡으로 점철되어 있으며, 같은 범주나 집단에 속해 있는 타인들 사이의 다양성 역시 극도로 축소하여 생각하게 됩니다.

물론 고정관념이 정확할 때도 있음을 우리는 부정해서는 안 됩니다. 고정관념이 언제나 아주 생뚱맞은 이야기를 하는 것은 아닙니다. 고정관념이 어느 정도는 집단이나 개인에 대한 진실을 반영하고 있을 수 있습니다. 1970년대 들어서면서 정치 사회적으로 수많은 항쟁과 시위, 인권운동 등이 대두되면서 인권과 사회적 소수자들이 강조되었고, 마침 정보처리이론을 통해 인간이 저지르는 수많은 편향과 오류들이 학계에 속속 보고되면서, "사회적 약자들을 향해서 우리가 잘못된 생각을 너무 많이 갖고 있는 것이 아닌가?"하는 자성이 나타났습니다. 이런 분위기 속에서 고정관념이 때로는 정확할 수도 있다는 생각은 그 입지를 잃어버렸고, 사실상 '고장 난 시계도 하루 두 번은 맞는 법이지'정도의 대접을 받게 되었습니다. 고정관념은 생각만큼 부정확하지는 않지만, 그렇다고 항상 정확한 것도 아니며, 단지 '부정확성'이 고정관념의 핵심 특성이라고 보기 어렵습니다. 많은 경우 고정관념은 부정적이고, 부정확하며, 자문화 중심주의적이고, 왜곡되어 있지만, 그것은 고정관념이 원래 그렇기 때문이 아니며 다른 제3의 변인이 존재하기 때문일 것입니다.

어느 사회나 개인 또는 집단에도 고정관념은 있게 마련이지만 그것을 이해하고 설명하는 이론에 따라 개인과 사회적 폐해를 줄일 수도 있고 확대할 수도 있습니다. 어떤 이론이라도 장단점이 있게 마련이지만 성경적 관점에서 볼 때 고정관념 또한 인간의 한계이며 약점임이 분명합니다. 인간의 한계와 약점을 극복하는 가장 확실한 방법은 사랑입니다. 아무리 좋은 이론과 방법이라도 사랑이 동기와 목적이 되지 않는다면 왜곡되고 악용될 수가 있고 고정관념도 사랑이 동기와 목적이 된다면 생명을 살리고 사회를 개혁할 수단이 될 수도 있습니다.

 "너희 모든 일을 사랑으로 행하라"(고전 16:14)

인종차별 오해

지금 사회적 집단들 사이의 관계 문제가 다른 문제들을 거의 다 덮어 버리는 경향이 있습니다. 여기서 말하는 집단이란 인종, 성, 국적, 신조, 성적 경향, 나이, 능력 등에 따라서 구분됩니다. 사회적 집단 구분은 일반적으로 막시스트나 극단적 진보주의자들이 사회 구성원을 억압자 집단과 희생자 집단으로 구분할 때 사용하는 집단 구분입니다.

그들에 의하면 억압자 집단은 일반적으로 백인, 중산층, 기독교, 이성애자 남성으로 정의됩니다. 그들이 제기하는 쟁점은 억압자 집단이 희생자 집단에 가하는 불공평하고 불공정 한 취급입니다. 최근에는 대부분의 윤리적 질문들이나 정치적 문제도 결국에는 이 문제로 환원됩니다. 그들은 낙태의 문제도 결국 "선택 "이란 용어로 규정하여, 성적 자율성에 근거해서 옹호합니다. 낙태를 금지하는 것은 성 차별이며 남성이 여성에게 가하는 억압이라는 것입니다. 진보주의자들은 희생자 집단을 향한 억압자 집단의 태도를 인종 차별 주의자, 성 차별 주의자, 노인 차별 주의자, 비만인 차별 주의자 등으로 다양하게 묘사합니다. 정당의 정책이나 개인의 주장이나 윤리적 문제도 그들이 구분하는 집단의 소속에 따라 판단되고 평가됩니다. 그들이 누구라도 일단 억압자 집단에 속했다고 판단하면 그가 아무리 법과 정의와 질서와 합리적 주장을 할지라도 결국은 인종차별이 되고 맙니다. 심지어 그 주장이 인종차별을 해결하려는 주장이라고 하여도 인종차별이 됩니다. 그렇게 되는데는 언론이 중요한 역할을 합니다. 지난 정부에서 트럼프 대통령이 인종차별을 현저하게 줄이는 정책으로 긍정적인 결과를 많이 만들어냈음에도 언론은 지금까지도 트럼프를 인종차별주의자라고 주장합니다. 지금 많은 사람들이 정치 지도자들의 주장이나 정당의 정책이나 언론의 보도를 드러난 대로 믿을 수 없는 정치적 사상적 이념의 이데올로기 쓰나미에 휩쓸려 가고 있습니다. 정치적, 사회적, 윤리적, 경제적, 환경적 문제들이 그 고유한 영역에서 합리적으로 정직하게 논의되지 못하고 별 상관이 없는 문제들과 뒤섞여 애매함과 혼란의 홍수가 되어 가치 질서와 사회적으로 중요한 문제들까지 표류하게 하고 있습니다. 이러한 문제와 경향에 대하여 언론이나 전문가들이 세심하게 분석하고 정밀하게 논의하는 경우가 거의 없는 것 같습니다.

불행하게도 이런 문제를 다루는 학자들과 언론의 태도는 애매함과 혼란뿐 아니라 논쟁을 위한 수사어나 감성적 언어로 전문 지식이 부족한 일반인들로 하여금 바른 판단을 할 수 없게 합니다. 다양한 의미의 인종과 성에 대한 표현과 진술까지 인종 차별이나 성 차별로 함부로 정죄하는 경우가 다반사 입니다.

성경적인 관점에서 본다면 특정한 인종, 성, 집단에 속하는 것 자체는 죄가 아니지만 동성애는 죄입니다. 일반적으로 기독교인이 동성애자들을 볼 때, 그들 자체는 하나님의 형상이며 그들 역시 귀한 존재이지만 동성애 행위는 타락하여 하나님의 심판 아래 있고 그리스도의 은혜에서 멀어진 것으로 보아야합니다. 동성애는 성적인 죄이고 다른 죄와 마찬가지로 회개해야하며 경건한 삶으로 개선하도록 그들에게 복음을 전해야 합니다. 동성애 행위를 특수한 권리인양 지지해서는 안 됩니다. 우리는 학교나 일반 문화에서 동성애의 영향으로부터 우리 자녀들을 보호하고 지킬 정당한 권리를 가지고 행사할 수 있어야 합니다. 이 글의 주된 목적은 동성애 문제가 아니기 때문에 더 이상 이야기 하지는 않겠지만 동성애를 인종차별 문제와 연계하여 교묘하게 다루는 혼란에 함몰되지 말아야 합니다.

"인종 차별 "은 "사람들을 그 인종이나 피부색 때문에 싫어하는 것"이라고 정의 되고 있는 데 종종 증오감과 같이 생각되기도 합니다. 물론 그 증오는 내적인 것입니다. 사람들은 증오를 감정적인 혐오감을 뜻하는 단어로 사용하지만 성경은 일반적으로 이 단어를 다른 방식으로 사용합니다. 성경은 다른 사람의 목적에 대한 실제적인 반대를 나타낼 때 이 용어를 사용합니다. 이런 경우 증오가 반드시 사랑과 반대되는 것은 아니지만 일반적인 논의에서는 혐오감을 뜻하는 것으로 사용됩니다.

　우리는 자신 안에 있는 이 혐오의 감정을 빨리 포착해야하며 다른 사람들을 비난 하는 것은 신중하고 사려깊게 천천히 해야합니다. 불행하게도 현재의 논의에서 이와 반대 경우가 자주 발생합니다. 사람들은 다른 이들을 인종 간의 증오감을 가지고 있다고 비난하기 바쁘며 그들은 거의 대부분 그런 증오감을 인정하지 않습니다. 이것이 바로 현재의 인종에 관한 논의에서 잘못되고 있는 것입니다. 누군가를 그의 조상이나 피부색만으로 싫어한다는 것은 죄악이며 비합리적인 것입니다. 개인은 자신의 조상이 누구며 어떤 사람들이였는지에 대해서 할 수 있는 것이 아무 것도 없으며 그들의 조상만으로는 절대로 그 사람을 가치있게 하거나 증오의 대상으로 만들 수 없습니다.

　"인종 간의 증오"의 한 형태는 그 인종 집단이 행했다고 생각하는 잘못들 때문에 특정 인종의 사람을 싫어하는 것입니다. 이것은 어떤 의미에서 인종 간의 증오가 아닙니다. 여기서 증오감이 발생하는 이유는 단순히 그들의 조상이 누구인가하는 이유로 만이 아니라 화해되지 않는 아픔 때문입니다. 미국의 아프리카계 흑인들은 백인들이 자신의 조상들을 노예로 삼은 역사 때문이 아니라 노예 해방 이후의 분리 정책의 역사 때문에 백인들에게 분한 감정을 갖습니다. 또한 백인들은 흑인 거주 지역의 높은 범죄율, 불법, 약물 복용 등의 이유와 이 모든 것이 백인 때문이라고하는 몇몇 흑인 지도자들의 주장 때문에 흑인들에게 분개합니다. 이 두 경우에 문제는 조상이나 피부색이 아니라 행동 양식입니다.

인종 간의 증오에 대한 궁극적인 해결책은 성경의 가르침 대로 회개하는 것입니다. 그리고 적대 인종에 대한 증오감을 버려야 합니다. 어떤 인종 구성원 일부의 행동들 때문에 그 인종에 속한 모두를 비난하는 것은 공정하지 못합니다. 특히 그들의 과거 행동이나 예상되는 미래의 행동 때문에 그들을 차별하는 것은 아주 나쁜 것입니다.

최근에는 인종차별의 또 다른 종류가 발생하고 있음도 간과하지 말아야 합니다. 어떤 사람들은 억압자 집단이 피억압자 집단을 싫어하거나 그들에 대해 분개 하는 것은 잘못된 것이지만 그 반대는 적절하고 심지어 정당하다고 말합니다. 마르쿠제의 억압적 관용이 이에 해당한다고 할 수 있습니다. 마르쿠제는 억압자 집단의 반발에 대해 억압적 관용의 정당성을 주장하였습니다. 반발의 날카로움을 무디게 하기 위해 억압적 관용이 필요하다고 하였지만 이는 자신들의 혁명을 달성하기 위해 폭력을 정당화한 억지 논리에 불과합니다. 지금 인종차별을 반대한다는 여러집단들의 인권 운동들이 과격한 폭력을 서슴없이 저지르는 것은 억압적 관용을 정당화 하기 때문이라고 할 수 있습니다. 이러한 현상은 그들이 말하는 억압자 집단과 희생자 집단이 전도(轉倒)된 것임을 보여주는 것입니다. 그들이 말하는 희생자 집단이 이제는 억압자 집단이 되었습니다. 더 정확하게 말하면 오늘날 억압자 집단은 이전의 희생자 집단이 아니라 그 희생자 집단을 이용하여 이득을 추구하는 집단입니다. 이 집단은 이전의 희생자 집단, 이를테면 사회적 소외 계층에 속하는 힘 없는 소수 집단의 인권과 경제적 이익을 위한다는 명분을 앞세우고 불쌍한 소외 계층을 위해서 하는 일이란 거의 명분을 세우는 정도이고 자기들의 사욕을 채우는데 수단과 방법을 가리지 않습니다. 이렇게 약자를 위하고 자유와 인권을 앞세우면서 실제로는 사욕을 추구하는 집단이 누구인지 간파해야 합니다. 정치적으로는 진보 좌파들이 보수 우파보다 더 노골적으로 사욕을 추구하는 자들입니다.

이들의 사욕은 경제적 이익 뿐 아니라 성적 범죄에 연루되어 있는 경우가 허다하고 그 비리를 감추기 위해 비리 사실을 알고 있거나 비밀 정보를 공개할 가능성이 있는 자를 제거하는 것으로 의심 받습니다. 클린턴의 비리와 그 비리에 연루 된 이들 중에 의문사한 이들이 수십 명 이르고 오바마와 힐러리의 비리 정보를 알고 있는 이들 중에 의문사한 이들도 있고 한국에서도 노회찬 의원 등 집권당의 비리와 관련 된 이들 중에 의문사한 이들이 여러 명 있습니다. 권력과 언론이 함께 그런 것을 보도하지 못하게 하기 때문에 비밀로 묻혀 있지만 좌파들의 가치관으로 미루어 생각할 때 그런 비리는 합리적 의문을 제기하기에 충분합니다. 독재자 스탈린은 "죽음은 모든 문제를 해결한다."고 하였습니다. 이는 정권이 자신들의 정치적 이익이나 위기를 벗어나기 위한 목적으로 걸림돌이 되는 사람을 암살하거나 반대파를 숙청하는 것은 필요하고 정당하다는 주장입니다.

그와 같은 가치관이 지배하던 구 소련의 가치관은 지금의 러시아 정치 지도자에게로 이어지고 있다고 볼 수 있는 여러 사건들이 있습니다. 블라디미르 푸틴 대통령의 정적인 보리스 넴초프 전 부총리가 푸틴 정권 이후 반정부 지도자로 활동하던 어느 날 갑자기 의문사를 당한 것이나, 영국으로 망명한 러시아 연방보안국의 전직 요원 알렌산드로 리트버넨코가 돌연사한 사건 등이 그 대표적 경우입니다. 정적 제거나 정권 위기 탈피를 위한 처형이나 돌연사는 북한에서 다반사로 일어나는 일입니다. 공산주의 정권에서나 일어날 것 같은 일들이 민주주의 국가에서도 수 없이 일어나고 있다는 사실을 사람들은 잘 알지 못합니다. 공산주의와 좌파들은 국가나 국민을 위해서가 아니라 사욕을 위해 살인을 저지르는 자들입니다. 정직하게 말한다면 공산주의자나 진보 좌파들이 사욕을 추구하는 것이 아니고 사욕을 추구하는 자들이 진보적 사상이나 이념을 이용하는 것이라고 해야할 것입니다. 진보 좌파들 중에는 사욕을 추구하지 않는 순수 좌파들도 있지만 거의 대부분의 좌파들은 깡패나 시정잡배 수준임을 우리는 목

무신론이 지배하는 사회

격하고 있습니다.

겉으로는 인권, 평등, 환경, 공익 등과 같은 명분을 앞세우면서 사욕을 챙기는 또 다른 부류의 집단이 있습니다. 극단적 환경론자들이나 노동운동가들이 오늘에는 억압자 집단이나 가해자 집단으로 돌변하는 경우가 적지 않습니다. 환경운동이나 노동운동은 누구나 쉽게 비판할 수 없는 대의명분 때문에 역설적이게도 비리의 온상이 되고 있습니다. 환경운동과 노동운동이 긍정적으로 기여한 부분이 많다는 사실을 비리를 은폐하는 수단으로 이용하는 자들은 성경이 지적하는 양의 탈을 쓴 이리처럼 악합니다. 고아원이나 양로원이나 장애자들을 위하는 일을 하면서 사욕을 채우는 이들을 우리는 한두 번 경험하고 목격한 것이 아닙니다. 물론 소수의 나쁜 이들 때문에 다수의 선한 이들이 오해를 받는 안타까운 부작용이 있음도 우리는 잊지 말아야 합니다. 하지만 문제는 철학이나 가치관이 잘못되었기 때문에 그 잘못된 가치관의 토대에서 시작된 선하고 좋은 일들은 악용될 위험이 아주 높다는 사실을 잊지 말아야 합니다.

성경적 관점에서 볼 때 인간이 하나님의 일을 하는 것은 마치 고양이가 생선을 맡아 관리하는 것과 같이 위험한 일입니다. 믿음 안에서 하나님의 일을 하는 것이 그렇다면 무신론자들이 선하고 이상적인 일을 하는 것은 더 위험하다고 보아야 합니다. 성경은 믿음의 사람들에게 날마다 자신을 쳐서 하나님과 진리에 복종시키고 자신을 죽이라고 요구하기 때문에 어느 정도 절제가 가능하지만 무신론자들은 그런 권위의 권고를 받을 데가 없기 때문에 상대적으로 통제가 더 어렵습니다. 인종차별의 문제가 얼마나 교묘하게 왜곡되고 있으며 그 해결을 위한 방법들이 위선이 아닌지 분별하는 것은 우리 모두의 책임입니다.

 "이와 같이 너희도 겉으로는 사람에게 옳게 보이되 안으로는 외식과 불법이 가득하도다."(마 23:28)

인종과 성의 우열
그리고 인종차이

　이슬람의 경전인 코란은 일부다처제를 허용하고 있고 무엇보다 심각한 인권 유린은 여자를 남자의 소유물로 취급하는 것입니다. 사람을 소유물로 취급하는 것이 노예제 가치관의 핵심입니다. 소유물은 인격체가 아니므로 주인이 마음대로 처분할 수 있습니다. 탈레반이 여성을 학대하는 것은 이러한 여성관에서 비롯되는 것입니다. 심지어는 여성을 악의 기원이라고 생각하기 때문에 여성을 학대하면서도 일체의 동정심을 갖지 않습니다. 노예제 아래서 노예도 악의 원인으로 취급되지는 않습니다. 여자를 악의 원인으로 생각하는 탈레반의 여성관은 폭력을 넘어 여성 증오까지 정당화하는 극단적이고 반인륜적입니다. 흑인 노예 역사가 인종차별의 극단이라면 이슬람의 여성 학대는 성차별의 극단이라고 할 수 있습니다. 일부다처제를 인정하는 것은 남녀 성비의 불균형 상황에서 오히려 여성을 위한 제도라고 주장하기도 하지만 일부다처제를 정당화하는 이들의 여성관이 노예제 아래서 노예의 인권보다 더 무시되고 있음을 잊지 말아야 합니다. 어떤 이유에서든 일부다처제 아래에서의 성차별 같은 것이 정당화되어서는 안 됩니다.

　인종차별이 언제나 증오를 나타내는 것은 아니지만 이 단어가 때로는 한 인종이 다른 인종보다 혹은 특정한 방식으로 열등하다는 어떤 믿음을 표현하고 있습니다. 일반적으로 한 인종이 다른 인종에 비해 열등하다는 믿음은 분명히 비합리적입니다. 인류가 가지고 있는 모든 능력과 장애, 모든 다양한 덕과 악덕들을 생각해 볼 때 한 인간이 다른 인간에 비해 "일반적으로 우월하다"는 것은 무슨 의미 인지도 분명하지 않습니다. 만약에 우리가 우월한 인종이 어떤 것인지에 동의한다고 하더라도 도대체 이러한 우월성은 어떻게 측정되며 검증될 수 있을까요? 이런 논의를 할 때 우리는 때로 한 인종의 사람들이 다른 인종의 사람들보다 더 "지능적"인지 관심을 기울입니다. 하지만 지능이란 극도로 복잡한 문제입니다. 지능에는 다양한 종류가 있습니다. 누구라도 어떤 것에 능숙하다면 그를 "지능적"이라고 부를 수 있습니다. 과학자뿐 아니라 운동선수나 음악가에 대해서도 지능적이라는 표현을 사용할 수 있습니다. 아이큐와 다른 지능 검사들은 지능 그 자체를 측정하는 것이 아니라 학업적 성취를 위해 적합한 특정 종류의 지능만을 측정합니다. 그런데도 이런 논의에서 우월성은 때로 도덕적 우월성을 나타냅니다.

성경은 모든 인류를 하나님 앞에서 죄인의 상태에 둡니다. 로마서 1-3장의 주장은 모든 인종, 즉 유대인이나 이방인이나 하나님 앞에서 동일하게 죄인이라고 합니다. 바울은 자신들의 조상들 때문에 하나님과의 관계에 있어서 자신들이 더 높은 위치에 있다고 믿는 유대인들을 꾸짖었습니다. 그리스도의 몸 안에 있는 다양한 영적 은사에 대한 성경적인 가르침(롬 12장; 고전 12장)은 인류에게 있어서 자연적 은사를 바라보는 유사한 방식을 제시해 줍니다. 어떠한 개인이나 인종도 모든 능력을 소유하고 있지 않습니다. 상대적으로 약한 능력이 큰 능력만큼이나 사회에 있어서 꼭 있어야 하는 필요한 것들입니다. 사실 사람들이 가장 우월하다고 하는 것들이 하나님의 눈에는 그렇지 않을 수도 있습니다.

어떤 인종이 특정한 면에서는 다른 인종보다 일반적으로 우월하다고 믿는 것이 잘못은 아닙니다. 미국 중서부의 한 대학 운동팀의 감독은 흑인 운동선수가 평균적으로 백인들보다 더 잘 달리고 높이 뛴다고 말했다가 해고를 당했습니다. 이 경우에 감독의 관점은 사실일 가능성이 상당히 크며 그는 그렇게 표현할 자유가 있어야 합니다.

한 인종이 다른 인종보다 우월하다고 하는 것은 옳지 않지만 모든 인종이 모든 특정한 능력에 있어서 모두 똑같다는 것도 역시 설득력이 없습니다. 은사의 다양성에서 보면 개인이나 인종들 그리고 나라들은 모든 능력이나 기술에 있어서 같지 않습니다. 오늘 일반적인 논의에서 한 인종이나 국가의 사람이 다른 이들보다 우월하다고 말하는 것은 이단적이라고 간주되고 있습니다. 아이큐에 미치는 유전적 영향을 연구하는 과학자들도 종종 인종차별주의자라고 치부되기도 합니다. 이러한 경우는 인종차별주의자라는 단어를 잘못 사용한 예입니다. 모든 사람이 똑같다는 전제는 거짓이며 결국 과학의 진보에 해가 될 것입니다. 사람의 능력과 장애에 영향을 미치는 유전적 요인이 다른 많은 것들과 함께 존재한다는 것은 분명하며 과학은 이를 자유롭게 연구할 수 있어야 합니다.

어떤 종류의 인종적 우월성이나 열등성은 개인들에게 불리하게 작용하지 말아야 한다는 것을 기억해야 합니다. 미국 프로 농구팀에서 뛸 수 있는 백인들보다 흑인들이 비율적으로 더 많다는 것은 사실입니다. 하지만 흑인들만 선수 선발 경쟁에 참여해야 한다는 주장은 정당하지 않습니다. 아마도 달리기나 점프 같은 종목에서 최고의 흑인들과 경쟁 할 수 있는 백인들이 몇 되지 않는다고 하더라도 경쟁은 합리적인 선 안에서 모든 이들에게 열려 있어야 하고 우리는 이러한 보편성에 대한 예외를 발견할 때 놀랄 필요가 없습니다.

일반적으로 남자가 여자들보다 토목 공사의 일을 더 잘할 것이라고 확신할 수 있습니다. 하지만 어떤 여자들은 이런 종류의 일을 어떤 남자들보다 더 잘할 수 있습니다. 집단적인 우월성이나 열등성이 존재한다고 하더라도 우리는 이것을 개인들에 대한 편견을 합리화하는데 사용해서는 안 됩니다.

인종차별주의라고 불리는 또 다른 형태의 믿음은 특정한 인종 집단의 비정상적으로 많은 수의 사람들이 특정 종류의 잘못에 대해서 죄가 있다는 믿음입니다. 한 집단이 다른 집단에 대해서 가지는 윤리적 우월성에 대한 믿음이 분명히 존재합니다. 그러한 믿음을 무조건 인종차별이라고 할

무신론이 지배하는 사회

수는 없습니다. 우리는 지금 현실에서 그러한 문제에 당면하고 있습니다.

미국의 남쪽 국경에는 수많은 사람이 불법으로 미국에 들어오고 있습니다. 현 정부가 그것을 승인하거나 묵인하고 있어서 딱히 불법이라고 할수도 없습니다. 어찌 되었건 정식 입국 절차를 거치지 않고 미국에 들어오려는 이들이 다 전과자들은 아니지만, 그 사람들 가운데는 폭력과 범죄에 관련된 이들이 적지 않습니다. 또한, 아프가니스탄 정부가 탈레반에게 무너지면서 자신들의 나라에서 탈출하는 난민들이 전 세계로 흩어지고 있습니다. 지금 8천여 명의 아프가니스탄 난민들이 일부는 이미 미국으로 들어왔고 나머지는 들어 올 예정입니다. 그들 중에는 100여 명의 테러와 관련 있는 것으로 의심받는 아프가니스탄인들도 포함되어 있다고 합니다. 인도적 차원에서 난민을 받아주는 것은 너무나 당연한 일입니다. 그러나 그들 중에 IS나 알카에다 같은 요원들이 포함되어 있다면 동정심이나 도덕적 판단만으로 난민을 대하는 것은 지혜롭지 못합니다. 유럽의 여러 나라가 아프가니스탄 난민들에 대한 동정심이나 도덕적 판단으로 입국 허용을 주저하는 것이 이 때문입니다.

이를테면 순수 난민 8천여 명 중 테러리스트가 100명이 포함되어 있다면 이 숫자는 단순한 자연수로 카운트할 수가 없습니다. 비 이슬람계 사람들은 자살테러리스트 중에 이슬람 극단주의자들이 많다는 사실을 심각하게 생각하는 반면 이슬람 지도자들은 극단적 자살테러리스트가 전체 이슬람의 1%도 안 된다는 점을 강조합니다. 16억명이 넘는 이슬람 인구 중의 1%의 테러리스트는 결코 적은 수가 아닙니다. 이러한 경우는 특정 집단이나 범죄나 테러범죄자의 수가 전체 수보다 상대적으로 많지 않다는 사실만으로 안일하게 대처할 수 없습니다.

뉘른베르크(Nuremberg) 국제군사재판에서 피고들은 주로 독일인들이었고, 최근에 벌어진 테러들은 대부분 무슬림이며, 흑인 밀집 지역의 범죄율과 사생아 출산 비율이 불균형적으로 높고, 오늘날 사무직 범죄를 저지르는 자들이나 대형 경제사범 중에는 백인이 많습니다. 이러한 형태의 인종적 범죄 통계를 근거로 도덕적 기준의 인종적 우열을 가린다는 것은 무의미한 일입니다.

특정 국가집단에 특정한 종류의 죄가 넘치며 이 때문에 그 나라들에 심판이 임한다는 사실에 대해서 성경은 반대하지 않습니다. 가나안 족속들은 우상을 섬겼으며 그들의 문화는 사악함의 극치로 치달았습니다. 이스라엘도 가나안 족속보다 나은 것이 없었습니다. 하지만 하나님께서는 역사의 한 시점에서 가나안 족속들의 죄가 가득 찼다고 판단하셨습니다. 기독교인들은 종종 이러한 역사적 사실을 믿는 것만으로 인종차별주의자라고 취급됩니다. 미국에서 국경 수비를 더 강화하자고 하는 주장은 반 히스패닉이라고 공격당하고, 폭력 범죄에 대한 더 강력한 처벌을 부르짖으면 반 흑인적이라고 낙인이 찍힙니다. 아이러니하게도 법과 질서라는 말 자체를 인종차별주의의 암호라고 공격하는 이들도 있습니다. 불법 선거를 방지하기 위한 법을 만드는 것도 인종차별로 비난합니다. 특정 정당의 이러한 왜곡된 주장에 대해 언론까지 분별없이 날뛰고 있습니다. 소위 희생자 집단은 자신들이 사회의 문제에 불균형적으로 더 많이 개입되어 있음을 스스로가 인식하고 반성해야 합니다.

이러한 문제들에 관해서 우리는 더욱더 정직하고 솔직해져야 합니다. 제시잭슨 목사는 흑인 인권 운동가이지만 흑인들의 범죄가 증가하는 것에 대하여 두렵다고 고백한 적이 있습니다. 이러한 고백은 자신이 속한 집단의 사람들을 비판적으로 보는 것이기 때문에 쉽지 않지만 사실과 진실을 왜곡하면서까지 자신이 소속된 집단을 두둔하는 것은 지도자의 바른 태도가 아닙니다. 현실을 있는 그대로 인식하는 것은 잘못이 아닐 뿐 아니라 건강한 시민의 의무입니다. 그렇지만 그 현실을 인종적인 편견에 대한 평계로 사용해서는 안 됩니다. 모든 이탈리아계 미국인들이 마피아와 연결되는 것이 아닌 것처럼 모든 멕시코계 미국인들이 불법체류자들이라고 생각하면 안 됩니다. 우리는 우리 자신이 속한 집단의 고유한 죄를 겸손하게 인식하고 회개해야 하며 이를 회개하기를 서로 권해야 합니다. 다른 인종이나 국가의 죄를 다루는 것보다 우리 자신이 속한 인종이나 국가의 죄를 다루기가 더 쉽고 믿음이 가는 일입니다.

인종차별주의라고 불리는 또 다른 믿음이 있습니다. 그것은 인종적인 문제에 있어서 우리가 무엇을 해야 하는가에 대한 믿음입니다. 몇 가지 예를 이야기할 수 있습니다. 첫째는 타 인종과의 결혼은 잘못된 것이라는 믿음입니다. 구약에서 하나님은 이스라엘인들이 다른 나라의 사람들과 결혼하는 것을 금하셨습니다. 하지만 이는 종교적이었지 인종적인 자격 요건은 아니었습니다. 이스라엘 자체가 야곱의 육신의 아들들뿐 아니라 다른 많은 애굽인들, 미디안 족속들 그리고 라합과 롯 같은 가나안 족속들이 모두 포함된, 이를테면 혼합된 무리였습니다. 이스라엘의 하나님을 고백하는 이들은 누구라도, 남성이라면 할례를 행한 자들은 누구나 이 결혼에 합당한 자들이었습니다. 성경에 인종 간 결혼 그 자체를 금지하는 원리는 없습니다. 우리는 이러한 타 인종과의 결혼에 대한 성경의 가르침을 선명하게 인식하고 받아들이며 또 설명할 수 있어야 합니다.

둘째는 인종들은 분리되어야 한다는 믿음입니다. 분명히 성경은 인종 간의 물리적인 분리나 남아공에서 있었던 아파르트헤이트 (apartheid:남아공의 극단적인 인종차별 정책과 제도) 같은 것을 요구하지 않습니다. 만약에 어떠한 성경적 원리도 인종 간 결혼을 금지하지 않는다면 성경은 인종 사이의 분리 또한 요구하지 않는 것입니다. 물론 세상에는 적대감이 너무나 심해서 인종 집단 간의 분리가 일단은 유일하게 실행 가능한 해법인 경우도 있습니다. 보스니아, 중앙아프리카, 팔레스타인, 아르메니아와 아제르바이잔 같은 곳의 인종 갈등에 대한 해법은 분리 외에 다른 해법을 찾을 수가 없습니다. 이 지역들에서 인종 간의 분리를 옹호하는 것은 인종차별주의라고 비난받아서는 안 될 것입니다. 우리는 이러한 분리 그 자체를 목적이나 최종적 해법으로서 생각해서는 절대로 안 됩니다. 그렇다고 성경이 제시하는 것이 통합된 사회라고 할 수도 없습니다. 인종 간에 사랑과 존중이 존재하는 사회라는 의미에서는 분명히 통합된 사회가 목표가 될 수 있습니다. 마틴 루터 킹의 꿈과 같이 사람들이 피부색보다는 그들의 성품에 의해서 판단 받는 사회라는 의미에서도 역시 그렇다고 할 수 있습니다. 이 세상에서 인종적 차이들이 사라지거나 사람들이 자신들과 비슷한 종류의 사람들과 어울리는 것을 선호하지 않는 사회는 존재하지도 않을 것이며 그래서도 안 된다고 생각합니다.

셋째는 2개 국어 상용에 반대하는 것입니다. 복지나 이민 정책에 대한 제한 등과 같은 정치적으로 정당하지 않은 관점들, 이것들은 복잡한 정치적, 사회적 문제들입니다. 이러한 관점을 가지는 것이 소수자들에 대한 증오감과 같다거나 그들의 이익에 반대하는 것으로 취급되어서는 안 됩니다. 많은 경우에 인종 차별주의라고 불리는 행동은 다른 이들의 것보다 자신의 인종이나 국적과 연결됩니다. 우리 모두는 자신과 비슷한 사람들과 같이 있고 싶어하는 자연적인 경향성을 지니고 있습니다. 우리는 문화를 공유하고, 자신을 가장 잘 이해하고 적대적이 되지 않을 사람들 그리고 좋은 친구가 될 가능성이 높은 이들과 함께 사는 것을 선호합니다. 이러한 경향성이 정죄되어서는 안 됩니다. 인간을 가족 관계 안에 두시고 우리의 가장 친밀한 관계가 유전적으로 가까운 이들이 되게 하신 분은 하나님이십니다. 우리는 배우자나 친한 친구를 찾기 위해서 자신의 문화적 집단으로 들어갑니다. 인종적, 문화적 집단들 사이에서보다 자신의 소속 집단 내부에 더 높은 차원의 상호 이해와 공감이 존재하기 때문입니다. 일반적으로 우리는 우리가 속한 집단의 사람들과 함께 긴장을 풀고 농담하고 교제하며 예배하는 것이 더 효과적이고 쉽다는 것을 느낍니다. 흑인들이 서로를 Soul brothers라고 부르는 것은 우연이 아닙니다.

 "지극히 높으신 자가 민족들에게 기업을 주실 때에, 인종을 나누실 때에 이스라엘 자손의 수효대로 백성들의 경계를 정하셨도다"(신 32:8)

무신론이 지배하는 사회

인종과 문화적 분리는 장벽이 아니다

이른 아침 사람들은 집을 떠나 직장으로 나가 온종일 일을 하고 일이 끝나면 서둘러 집으로 돌아갑니다. 어떤 사람들은 친구들과 함께 술집에 가기도 하고 연극이나 영화를 관람하기 위해 극장에 가기도 하지만 결국에는 모두 집으로 돌아갑니다. 그 누구도 일이 끝난 후에 자기 집으로 돌아가는 것을 비난하지 않습니다. 자기 집을 다른 사람의 집보다 선호하는 것이나 자기 가족을 다른 가족보다 더 사랑하는 것을 인종차별이라 하거나 편견이나 선입견이라며 문제 삼는 사람은 없을 것입니다. 그 누구도 사람들이 자기 집과 가족을 다른 사람의 집과 가족보다 더 선호하고 더 사랑하는 것에 대하여 왜 그런지에 대하여 의문을 갖거나 문제를 제기하지 않습니다. 왜냐하면, 그렇게 하는 것이 너무나 자연스럽고 당연하기 때문입니다. 인간의 이러한 성향은 하나님께서 모든 인간에게 주신 복입니다. 사람이 이러한 성향 안에서 편안함과 행복을 구가하는 것은 가치 질서를 따르는 것입니다. 가정을 우선시하는 것은 모든 가치에 우선합니다. 가정을 희생하면서 공익을 위하는 것이 일면 가치 있는 일이기도 하지만 그런데도 가정의 가치는 거의 모든 가치에 우선합니다. 가치 질서에서 우선순위를 유지하고 지키는 것은 매우 중요합니다. 그러기 위해서는 가정의 창조적 정체성이 잘 유지되어야 합니다. 오늘은 동성결혼 합법화로 인하여 가정의 창조적 정체성이 심각하게 훼손되고 있습니다. 가정의 창조적 정체성이 무너지면 인간에게 가장 편안함과 행복을 보장하는 토대가 허물어지는 것입니다. 여기서 모든 인간관계에서와 정치 사회적 갈등이 비롯되지만, 사람들은 그것을 쉽게 간파하지 못합니다.

중요한 사실은 가치 질서에서 가정의 지위와 역할이 사회 모든 집단의 토대와 모델이라는 사실입니다. 성경은 하나님 나라 백성의 삶의 지평을 이러한 차원과 맥락에서 제시하고 있습니다.

세상에는 여러 종류의 인종과 문화적 분리가 존재합니다. 이 중에는 아주 자연스럽게 형성된 것이 많습니다. 마치 집과 가정이 그렇듯이 자연스러운 인종과 문화 분리 현상이 발생합니다. 우리 사회에서 많은 인종분리와 문화적 분리가 발생하는 것은 인종차별주의라기보다 자연스러운 인간 삶의 형식입니다. 예를 들면, 흑인들과 백인들은 서로 다른 교회에서 예배를 드리는 경우가 많습니다. 대부분은 백인 기독교인들이 흑인 기독교인들을 싫어한다거나 혹은 흑인 기독교인들이 백인 기독교인들을 싫어하는 것이 아닙니다. 백인들이 자신의 집단에 대한 우월성을 믿거나 흑인들에 대한 불평 때문만도 아닙니다. 서로에 대해 그와 같은 동기들이 존재하는 때가 전혀 없다는 뜻이 아니라 예배란 서로를 가장 친밀한 차원에서 이해하는 것이 중요한 영적 교제이기 때문에 인종별 교회가 자연스럽게 형성되는 것입니다.

교회는 유기체인데, 성경은 유기체를 인간의 몸으로 설명합니다. 가족은 유기체의 원 모델이고 교회는 가족과 같습니다. 교회는 하나님의 가족입니다. 교회의 핵심 기능과 거의 모든 사역과 역할은 유기적 소통을 지향하는데 그 소통은 민족적 한계 안에서 더 잘 이루어집니다. 흑인들과 백인들은 예배를 드릴 때 서로 다른 언어를 사용하는 경향이 있습니다. 특히 그 다름은 음악이나 설교 방식에서 현저하게 나타납니다. 그 차이와 다름에서 영적 혹은 도덕적 우열을 가리는 것은 지혜롭지 못합니다.

거의 모든 흑인과 백인은 자신과 같은 인종과 함께 예배드리는 것을 선호합니다. 흑인과 백인이 혼합된 교회 안에서는 인종별 선호도에 부응하기 위해 많은 노력을 기울이고 서로 다른 성향을 폄하하지나 않을까 해서 신경을 쓰게 됩니다. 하지만 아무리 노력하고 애를 써도 인종별 선호도의 갈증을 충족시키기에는 역부족일 것입니다. 그러한 현상의 자연스러운 결과가 인종별 분리 교회입니다.

이러한 현상은 백인과 흑인 사이의 차이에만 머무르지 않습니다. 미국에는 영국, 네덜란드, 독일, 스칸디나비아, 한국, 중국, 멕시코, 스페인 등의 혈통 사람들의 교회가 있습니다. 이 각각 민족적 교회들은 그 방식이나 강조점에 있어서 구분됩니다. 일반 문화에서는 이민자들의 가족들이 영어를 배워가며 민족적인 차이들은 점점 줄어들고 덜 중요하게 됩니다. 하지만 교회 안에서 각 민족은 그들 자신의 고유한 특성을 고수합니다. 그 고유한 특성은 많은 이들이 지키고 싶어 하기 때문에 형성되고 고수되는 것입니다. 각 민족의 고유한 특성을 형성하고 고수하는 것은 교회가 지향하는 목적인 유기적 교통에 긍정적으로 부응한다고 보아야 합니다. 각 인종이나 민족의 고유한 특성이 사회적 시각으로 볼 때 분리주의처럼 보일 수 있지만, 그것은 인종차별은 아닙니다.

복음은 인종적 장벽을 깨뜨리고 극복한다는 사실을 우리는 오해하거나 왜곡하면 안 됩니다. 하나님께서는 복음을 통해 모든 방언과 족속과 나라의 사람들을 불러서 한 위대한 당신의 새 가족으로 만드셨습니다. 복음은 유대인과 이방인의 장벽을 관통하여 온 세계에 전파되었습니다. 할례받지 않은 이들이 그리스도 안에서 하나님과 온전한 관계를 맺을 수 있게 되었습니다. 교회는 교회 안에서 다양한 민족적 집단을 서로 사랑하고 하나님의 은혜를 나누어 받을 자로서 받아들여야 합니다. 하지만 초대 교회에서 모든 가정 교회들이 유대인과 이방인을 모두 대표해야 한다고 주장하거나 가르치지 않았습니다. 교회가 세계로 퍼져나가며 회중들은 언어의 차이에 따라 분리되었습니다. 성경 어디에도 이것이 잘못이라고 말하지 않습니다.

유기체의 신비는 각각의 지체가 고유한 역할을 하지만 어느 지체도 그 지체 자체를 위해 존재하거나 일하지 않고 다른 지체를 위해 존재하고 일한다는 사실입니다. 유기체인 인간의 몸을 비롯하여 교회와 하나님 나라와 나아가 세상 모든 집단도 이 유기체의 신비한 역할을 지향하도록 창조되었습니다. 만물이 창조주이신 하나님의 뜻을 따라서 유기적제 역할을 잘 수행하는 것이 하나님께서 보실 때 아름답고 선한 것입니다. 이러한 유기적 역할은 인종과 문화의 분리 때문에 제한을 받거나 불가능해지지 않습니다. 개인과 집단도 각자의 위치와 소속을 유지하면서 "유대의 자유"(freedom of association)를 누릴 수 있습니다.

연합과 하나 됨은 반드시 물리적으로 한 집단에 소속되는 것을 의미하지 않습니다. 진정한 평등은 각각의 다른 집단들이 유대를 통해 유기적 역할을 할 때 더 원만하고 성숙 된 모습으로 이루어지는 것입니다. 모든 민족 집단에서 친구를 찾아야 할 의무가 있는 것은 아닙니다. 그렇다고 한 교회에서 네덜란드인 혹은 아프리카계 미국인 혹은 영국인들이 다수가 된다고 해서 잘못이라고 생각하지도 않습니다. 물론 여기에는 몇 가지 단서가 붙어야 합니다.

첫째는 교회 성장 이론에는 "동일 집단의 원리"가 있습니다. 이는 교회가 자신들과 민족적으로, 문화적으로, 경제적으로 동일한 사람들에게 다가가야 한다는 원리입니다. 이 원리는 복음을 문화 집단 안에서 소통하는 것이 집단 간에 소통하기보다 훨씬 더 쉽다는 것입니다. 이 이론을 따라가면 결론은 문화 간 복음 전도는 시간 낭비이기 때문에 교회의 노력은 자신들이 더 효과적으로 소통할 수 있는 이들에게 집중되어야 한다는 것입니다. 이 이론에는 나름의 매우 강한 설득력이 있습니다. 확실히 스페인어를 하는 사람들은 스페인어를 하지 못하는 이들보다는 그 언어를 사용하는 이들에게 더 효과적인 전도자가 될 수 있습니다. 만약

무신론이 지배하는 사회

에 내가 스페인어를 배울 능력이 없다면 스페인 사람을 전도하는 데 시간을 사용하는 것은 지혜롭지 못할 것입니다. 음악, 의상, 음식 등과 같은 다른 문화적 요소들은 그 문화권의 사람들이 훨씬 더 잘 사용할 수 있습니다. 하지만 우리가 잊지 말아야 하는 사실은 복음 사역에는 언어와 문화를 초월하는 성령의 초월적 개입이 있다는 것입니다. 언어 사용이 원활하지 못하고 문화를 이해하는 것이 부족해도 성령께서는 그런 것을 극복하여 회심하게 하시고 믿음을 갖게 하십니다. 그렇다고 언어의 소통과 문화의 이해를 게을리해도 된다는 의미는 아닙니다. 우리는 우리의 교회들이 민족적 모임이 되지 않게 하려고 모든 배경의 사람들에게 하나님의 사랑을 전해야 합니다. 우리의 선배 기독교인들이 문화의 한계에 도전하지 않고 자신들의 공동체의 편안함을 벗어나서 다른 인종과 문화 가운데로 들어가지 않았다면, 복음을 다른 문화, 인종, 국가에 전하기 위해서 위협을 감수하지 않았다면, 예수님의 지상 명령을 수행하지 못했을 것입니다. 하지만 모든 개별 기독교인이 문화를 넘어서 증인이 되도록 부름을 받았다고 생각하는 것은 옳지 않습니다. 우리는 교회의 전체적인 사역을 지원하기 위해서 부름을 받았습니다. 교회의 사역은 하나님 나라를 지향하기 때문에 문화 간 그리고 인종 간의 유대의 자유를 만들어 내게 됩니다.

둘째, 교회들은 자신들의 주위에 특정한 비율의 모든 민족과 국가집단을 두려고 노력해야 할 필요는 없습니다. 하지만 교회는 인종과 문화를 불문하고 모든 사람을 환영해야 합니다. 한 교회 안의 소수 인종은 지도자의 자리를 탐내거나, 교회 안에서도 소수자 우대 정책 같은 것을 요구하거나, 특수한 정치적 태도를 보이기를 바라는 것이 아닙니다. 어떤 조사에 의하면 여러 인종이 섞여 있는 교회 안의 소수 인종은 주류 인종들과 같은 수준의 환영을 받기를 기대하는 것으로 나타났다고 합니다. 이런 경향은 백인이 주류인 교회의 흑인 기독교인들에게서 두드러지게 나타나고 있습니다. 어떤 흑인 가족이 새로 이사를 하여 백인이 주류인 교회에 처음 출석 하였는데, 그 주간에 목사가 심방을 하여 멀지 않은 곳에 흑인교회가 있는 데 이 교회보다 그 교회에서 더 편안함을 느낄 것이라고 말해 주었다고 합니다. 이 흑인 가족은 진정한 환영을 받지 못한 것에 상처를 입었다고 합니다. 아마도 백인 교회 목사는 인종차별적인 마음으로 그렇게 하지는 않았을 것입니다. 그 목사는 최선의 의도로 진심어린 충고를 했을 것입니다. 거의 모든 사람은 자신과 같은 인종과 부류의 사람들과 예배드리기를 선호한다는 것은 사실입니다. 그 백인 목사는 그러한 사실을 일반화시켜 그 흑인 가족이 흑인교회에서 예배드리기를 선호할 것으로 생각해서 그 지역의 흑인교회에 관한 정보를 줌으로 그들에게 도움을 주려고 했을 것입니다. 하지만 도와주려고 한 그 백인 목사의 시도는 그 흑인 가족을 인종차별 하는 것으로 받아들여졌습니다. 혹자는 흑인 기독교인이 이 목사를 이해하려 하지 않고 악한 의도를 뒤집어씌웠다고 비난할 수도 있을 것입니다. 하지만 역사적으로 보면 인종의 문제에 관해서 백인 기독교인들은 흑인들에게 특별히 더 주의를 기울일 의무가 있고, 많이 가진 자와 많이 배운 자는 그러지 못한 이들에 대해 더 배려하고 주의를 기울여야 합니다. 이것은 하나님 나라 원리로서 그리스도인의 마땅한 의무입니다.

이러한 맥락에서 볼 때 백인 교회는 모든 이들을 환영하는 것의 중요성을 어느 다른 교회보다 더 강조하고 노력해야 할 필요가 있습니다. 또한, 모든 교회는 교회에 들어오는 모든 이들에 대한 주된 반응이 강한 긍정과 진정한 환영이 되어야 합니다. 흑인은 흑인교회를 찾고, 히스패닉은 히스패닉 교회를 찾고, 중국인은 중국 교회를 찾고, 한국인은 한국교회를 찾는 것은 자연스러운 현상입니다. 하지만 우리는 동시에 다른 인종을 진정으로 사랑하는 기독교인이기 때문에 그들이 우리 안에 머물 수 있음을 그들이 믿을 수 있게 해야 합니다. 성경이 모든 회중에게 다문화주의나 다민족주의를 요구하는 것은 아니지만, 이러한 일이 일어날 때 우리는 기뻐해야 합니다. 왜냐하면, 교회가 다민족이 될 때 이는 하나님 나라의 상징이 될 것이며 이는 교회가 더 다양한 사람들에게 더 잘 다가갈 수 있는 새로운 은사를 성령께서 교회에게 주시게 될 것이기 때문입니다.

"유대인들에게 내가 유대인과 같이 된 것은 유대인들을 얻고자 함이요 율법 아래에 있는 자들에게는 내가 율법 아래에 있지 아니하나 율법 아래에 있는 자 같이 된 것은 율법 아래에 있는 자들을 얻고자 함이요 율법 없는 자에게는 내가 하나님께는 율법 없는 자가 아니요 도리어 그리스도의 율법 아래에 있는 자이나 율법 없는 자와 같이 된 것은 율법 없는 자들을 얻고자 함이라 약한 자들에게 내가 약한 자와 같이 된 것은 약한 자들을 얻고자 함이요 내가 여러 사람에게 여러 모습이 된 것은 아무쪼록 몇 사람이라도 구원하고자 함이니 내가 복음을 위하여 모든 것을 행함은 복음에 참여하고자 함이라"(고전 9:20-23)

페미니즘의 과유불급(過猶不及)

　　인류 역사에서 여성은 오랫동안 불평등한 처우를 받아왔습니다. 가부장제와 종교는 이러한 불평등을 심화시키는 데 주도적인 역할을 해왔음을 부인할 수 없습니다. 철학도 이러한 사조와 틀을 거스르지 못하였고 남자와 여자의 역할의 차이가 곧 여자에 대한 불평등을 정당화하는 것처럼 취급하였습니다. 또한, 철학은 오랫동안 여성을 학문의 주체로 인정하지 않았습니다. 근대에 이르러 사회적 배제와 불평등을 사회구조의 문제로 파악하기 시작하는 사상이 생겨났습니다. 사회계약론과 같은 계몽주의 사상은 자연권으로서 인권을 주장하였고 이는 미국의 독립 선언과 프랑스혁명 시기에 인간과 시민의 권리 선언 등을 통해 선포되었습니다.

　　18세기 말 인권이 보편적 가치라고 확신한 이들조차 어린이, 광인, 수형자 또는 외국인들은 무능하므로 정치 참여가 불가하다고 여겼습니다. 인권 선언을 주창한 사람들의 이러한 배제 대상자 가운데는 여성도 포함되어 있었습니다. 장자크 루소는 그의 작품 《에밀》에서 "성(Sex)을 제외하고는 여성도 남성과 다름없는 인간이지만, 그 성별 차이 때문에 다른 모든 것이 따라온다. 다른 도덕, 다른 교육, 지식과 진리에 이르는 다른 차원, 그리고 남성에게 주어진 것과 다른 사회정치적 기능 등등 …"과 같이 서술하여 여성을 남성보다 열등한 존재로 묘사하였습니다. 루소는 성의 분업을 정당화하는, 이를테면, 젠더 담론으로 여성에 대한 억압을 정당화하였습니다.

　　루소와 동시대인이었던 메리 울스턴크래프트(Mary Wollstonecraft, 1757

년-1797년)는 루소의 이러한 주장에 대해 자연권이 내세우는 평등과 인권에 어긋나는 비합리적이라고 비판하였고, 그의 저서《여성의 권리 옹호》가운데 많은 부분을 루소의 주장을 반박하는데 할애하였습니다.

여성주의 철학은 여권 신장 운동과 함께 발전했습니다. 제일 먼저 부각된 것은 참정권의 문제로 여성주의 운동가들은 민주주의의 근간을 이루는 참정권 행사에 여성을 배제하는 것에 맞서 오랫동안 투쟁하였습니다. 프랑스에서 여성의 참정권이 제일 먼저 논의된 것은 1900년 국민회의였고, 1919년 하원을 통과하였으나 상원에 의해 부결되었고, 1945년이 되어서 여성 참정권이 보장되었습니다. 러시아는 러시아 혁명의 여파로 비교적 이른 시기인 1917년에 여성의 투표권을 인정하였습니다. 미국에서는 1919년이 되어서야 백인 여성에 대한 참정권이 주어졌으나 유색인종을 포함하는 모든 여성에게 참정권이 부여된 것은 1965년이었습니다. 영국에서는 1928년이 되어서야 여성에게 남성과 동등한 참정권이 인정되었습니다. 국가가 아닌 조직에서 의사 결정 구조에 여성의 참여를 배제하는 것은 오늘에도 여전히 문제가 되고 있습니다. 대한민국에서는 한국YMCA가 여성 회원에 대해 총회원의 자격을 주지 않은 것이 위법이라는 판결이 난 것은 2009년의 일이었습니다.

20세기 초에 이르기까지 여성성에 대한 논의는 주로 생물학적 성 구분에 기댄 것이었습니다. 1949년 출간된 시몬 드 보부아르(Simone de Beauvoir, 1908년 - 1986년)의《제2의 성》은 여성주의의 새로운 장을 열었습니다. 보부아르는 이 책에서 생물학적 성(Sex)과 사회적 성(Gender)을 명확히 구분하고 여성에게 강요되는 성 역할은 생물학적인 것 때문이 아니라 사회적이라고 주장하였습니다. 즉, 여성은 생물학적으로 그렇게 태어났기 때문이 아니라 남성중심적 사회의 시각을 통해 남성이 아닌 타자(他者)로 만들어진 여성성을 내면화하게 된다고 하였습니다. 이러한 의미에서 보부아르는 "여성은 태어나는 것이 아니라 만들어진다."고 하였습니다.

이후의 여성주의는 여러 다른 형태들로 분화하게 됩니다. 이 분화한 형태의 흐름을 이전 시기, 즉 제1세대 여성주의가 벌인 참정권 운동과는 다른 흐름을 형성한다는 의미에서 여성주의의 "제2의 물결"이라고 합니다. 현대 여성주의는 여러 가지 사회적 상황과 종교 신념 성/젠더의 역할 등에 따른 생각에 따라 수많은 사조를 보이고 있습니다. 그 가운데 철학과 관련이 깊은 사조들로는 다음과 같은 것들이 있습니다. 자유주의적 여성주의, 마르크스주의 여성주의, 급진적 여성주의, 사회주의적 여성주의, 생태여성주의 등이 있으며, 실존주의, 해체주의, 포스트구조주의, 포스트모더니즘과 같은 다양한 철학 사조 역시 여성주의 철학과 영향을 주고받습니다.

여성주의라는 이러한 광범위한 여성 해방 운동의 일환으로 여성 신학이 생겨난 것은 교회가 이 문제에 대해 방관만 할 수 없음을 의미한다고 할 수 있습니다. 여성 신학은 해방신학의 한 유형으로 발전했지만, 그 영향력과 도전의 강도는 매우 급진적이며 혁명적일 뿐 아니라 매우 다각적입니다. 그 이유는 여성 신학이 바로 성이라는 인간의 본질적인 범주를 다루고 있기 때문입니다. 여성 신학의 이성에 대한 사고의 전향은 종전과는 전혀 다른 새로운 역사관, 인간관, 문화관, 세계관을 낳게 하고 결국은 여성들을 위한 종교를 만드는 데까지 이르게 합니다. 여성주의자들은 종래의 모든 학문 영역이 남성 중심으로 이루어져 왔다는 전제 아래, 그 모든 분야에 대한 여성 중심의 연구를 활발히 하여 물리학, 생물학 등의 자연과학 영역뿐 아니라 고고학, 문화인류학, 고전 문헌학 등을 여성의 관점에서 연구하여 인류의 기원, 문명의 발생 및 인류의 역사도 재 기술하고 있습니다. 여성 신학은 이러한 다방면의 연구 결과들을 마음껏 사용하면서 새로운 형태의 기독교 신학을 제시하고 있을 뿐만 아니라 여러 종교, 이단, 마법, 주술 등 모든 사용 가능한 종교적 자료들을 이용해 여성주의적 영성(feminist spirituality)을 추구하고 있습니다. 최근의 여성 신학은 초기의 해방신학의 사회정치적 색채보다는 뉴 에이지 경향을 강하게 띠면서 생태 신학과 결합하고 있으며, 종교 다원주의를 부르짖으며 전 세계적으로 그 그물망을 펼치고 있습니다. 참으로 여성 신학의 도전은 다각적이며 심각한 것으로서 기독교 뿐만 아니라 세계의 다른 주요 종교들도 다 함께 당면한 문제입니다.

여성주의 제2의 물결은 신마르크스주의의 급진적인 아젠다들과 결탁하면서 제1세대 여성주의 운동의 범위와 목적을 한참이나 멀리 벗어나고 있습니다. 여성주의가 남녀 간의 차이는 인정하되 차별을 타파하자는 데 초점이 모아진다면 이는 여성 뿐만 아니라 남성을 위해서도 바람직한 일이 될 것입니다. 문제는 여성 차별의 적(適)이 지나친 남성중심주의(男性中心主義)이지 남성이 아니라는 것을 기억해야 할 필요가 있습니다. 무엇보다 여성주의는 전통적인 여성관 자체를 남성중심주의에 의해 만들어진 것이기 때문에 여성에 대한 모든 설명과 아름다움에 대한 묘사까지도 거부하므로 여성의 창조적 정체성을 심각하게 파괴한다는 사실입니다.

교회는 전통 신학에 대해 여성 신학이 도전하는 것들을 세속적이고 자유주의적인 여성들의 반항으로 일축해 버리며, 외면할 것이 아니라 그들의 반항적인 독소를 바로 파헤쳐 그 위험성을 경계하는 것과 더불어 그 뒤에 숨어있는 많은 상처와 아픔을 짊어지고 주님 앞에서 회개하며 우리 자신들이 바로 성경의 이름으로 그 많은 죄악을 저지른 장본인이 아닌지 말씀 앞에 뼈아픈 자성의 태도를 보여야 할 것입니다. 이미 교회 안에 여성주의가 들어와 있거나 영향을 받고 있습니다. 여성신학이 자신과 기독교 신앙을 접목하려 하고 있는데, 이는 처음부터 기독교 신앙의 변질을 가져올 수밖에 없습니다. 왜냐하면, 여성주의에 기초한 여성 신학의 기본 전제들이 기독교 본래의 신본주의 신학의 기본 전제들과 출발과 토대가 다르기 때문입니다. 그러나 그들이 지향하는바 여성 해방이라는 목표는 성경의 본래 목적인 인간 구원의 맥락에서 볼 때 쉽게 거부할 수 없을 뿐 아니라 형식상으로는 여성 해방이 기독교 구원의 하나의 당위이기도 합니다. 하지만 그들은 구원의 복음 안에 여성 해방의 단초들을 발전시켜 결국은 신앙의 본질 자체를 변형시킬 것이 자명합니다.

제1세대 여성주의가 여성도 인간으로서 정치, 경제, 사회적으로 동등한 권리를 가져야 한다는 신념과 주장으로 출발하였습니다. 이러한 페미니즘은 근대 민주주의의 출발점인 시민혁명의 근간이 된 천부인권론에서 미처 담지 못한 공백을 채우는 사상이라는 면에서 긍정적이었습니다. 천부인권론이라는 보편적 인권개념은 은폐된 성차별의 영역을 발견하여 드러내는 계기가 되었는데 이것이 바로 페미니즘의 출발이 되었습니다. 현대로 올수록 페미니즘은 여성차별 뿐만 아니라 엄격한 성 역할 구별로 억압을 느끼는 성 정체성이 사회가 허용하는 범주와 맞지 않아 갈등하는 이들까지 포함하는 쪽으로 확장하게 되었습니다. 페미니즘 사상은 근대 사상사의 흐름 속에서 분화와 발전을 거듭하여 단수가 아니라 복수 feminisms로 쓰기도 하여 자유주의, 사회주의, 급진주의, 실존주의, 생태주의 등의 수식어로 사용되고 있습니다. 세월이 흘러 여성에 대한 불평등이 개선되고 여권이 신장 되자 페미니즘은 자유주의, 사회주의, 급진주의, 실존주의, 생태주의 등의 욕구와 목표 그리고 아젠다를 공유하거나 그러한 사상들보다 더 급진적인 주장들을 하기에 이르렀습니다. 지금의 급진적 페미니스트들은 남성을 적으로 간주하고 여성을 나타나는 호칭 사용을 거부하고 여성 성에 대해 긍정적인 묘사, 이를테면 아름답다거나 매력적이라거나 하는 표현도 성차별이라고 하여 거부합니다. 심지어 머리를 짧게 깎아 전통적인 여성의 이미지까지 스스로 거부합니다. 페미니스트의 주장과 행동은 단순히 여성 인권을 위하는 것이 아니라 하나님의 창조 질서를 거부하는 무신론의 극단까지 거침없이 자행하고 있습니다. 현대 페미니스트들은 미인선발대회를 여성의 상품화라고 반대하고 낙태 금지는 여성의 자유와 권리를 침해하는 것이라고 반대합니다.

우리가 살아가는 포스트모더니즘(postmodernism) 시대는 20세기 후반 이후를 주도한 문명 코드이자 글로벌 세계를 장악한 문화의 가면을 쓴 마르크스주의로써 공산주의보다 더 심각하게 이 세계를 위협하고 있습니다. 마르크스주의의 인류 문명사 위협은 포스트모더니즘에서 끝나지 않는데, 마침내 젠더주의를 통해 기사회생하여 다시금 21세기에 암울한 그림자를 던지고 있습니다. 특히 젠더주의의 사상적 뿌리인 급진 페미니즘(radical feminism)은 마르크스주의의 지대한 영향으로 세력을 공고히 다져왔습니다. 젠더주의에 자양분을 주었던 68혁명과 성 정치, 성 혁명 이론은 모두 마르크스주의와 긴밀하게 관련되어 있습니다. 종교개혁으로 건설된 근대 서구 기독교 세계에 총체적으로 반발한 포스트모더니즘을 직접적으로 부각시킨 68혁명은 네오-마르크스주의(Neo-Marxism)의 영향으로 반체제, 반문화, 반기독교의 기치를 올린 이후 히피(hippe) 문화와 베트남 반전(反戰) 운동을 통해 국제화, 조직화한 좌파 단체들과 결탁하였습니다. 구소련과 동유럽에서 무너졌지만, 북미와 서유럽에서 젠더주의가 강행하는 패륜적 성 혁명을 통해 재기에 성공함으로써 다시금 지구촌을 디스토피아(dystopia)로 몰아가고 있습니다. 마르크스주의와 젠더주의의 긴밀한 연관성에 대해 많은 사람이 의구심을 갖지만, 사실상 그 둘의 커넥션은 이미 여러 사상적 경로를 통해 이루어졌고 많은 정치 사회 활동을 통해 입증되고 있습니다. 이 시대사조 속에는 막강한 위세를 떨치는 마르크스주의 망령이 전방위적으로 드리워져 있고 그 파도를 타고 페미니즘은 파죽지세로 보편 가치와 전통문화 그리고 기독교를 지우고 있습니다. 과유불급이라고 하는데, 여성주의는 더는 여성 자신에게는 물론 인류에게 긍정적으로 이바지할 수 없습니다.

"여호와 하나님이 이르시되 사람이 혼자 사는 것이 좋지 아니하니 내가 그를 위하여 돕는 배필을 지으리라 하시니라/ 여호와 하나님이 아담에게서 취하신 그 갈빗대로 여자를 만드시고 그를 아담에게로 이끌어 오시니 아담이 이르되 이는 내 뼈 중의 뼈요 살 중의 살이라 이것을 남자에게서 취하였은즉 여자라 부르리라 하니라 이러므로 남자가 부모를 떠나 그의 아내와 합하여 둘이 한 몸을 이룰지로다."(창 2:18,22-24).

인종차별 문제가
인권 문제를 덮고 있다

지금 미국의 바이든 행정부는 거의 모든 국민에게 코로나 백신을 의무적으로 맞도록 하려는 의도로 일단 공무원과 군인과 100명 이상 기업체 근로자에게 백신을 맞도록 행정명령을 내렸습니다.

이러한 행정부의 조치가 개인의 자유와 권리를 침해하는 조치라고 비판하는 이들이 적지 않습니다. 공중 보건 전문가인 하버드 의대 공중 보건학 교수인 마틴 쿨도르프(Martin Kulldorff), 옥스포드대 교수 수네르타 굽타(Sunetra Gupta), 스탠퍼드 의대 교수인 제이 바타치리아(Jay Bhattacharya) 세 사람이 정부의 코로나 봉쇄 정책을 풀고 위험군만 집중 보호하자는 내용의 크레이트 배팅턴 선언(The Great Barrington Declaration)을 지난 2020년 10월 13일에 발표하였습니다. 이 선언문은 "봉쇄 정책이 가져올 신체적, 정신적 건강에 미치는 피해에 대해 '심각한 우려'를 가지고 있다"며 "봉쇄 정책을 풀고 '집단면역'에 도달할 때까지 코로나19 사망과 사회적 피해를 최소화하는 접근 방식을 취해야 한다"는 내용을 담고 있습니다. 이 선언문은 미국 매사추세츠주 그레이트 배링턴에서 처음 작성돼 '그레이트 배링턴 선언'이라는 이름이 붙었습니다. 이들은 선언문에 동의하는 의료 및 공중 보건 과학자와 의료 종사자들과 시민들의 서명을 받고 있는데, 수만 명의 의료 및 공중 보건 과학자가 여기에

서명했고 40만 명이 넘는 시민들도 서명하였습니다. 이들 전문가들은 선언문에서 정부의 봉쇄 정책이 단기 및 장기 공중보건에 파괴적인 영향을 미치고 있다고 평가했습니다. 전문가들은 "코로나19 봉쇄로 아동 예방 접종률 감소, 심혈관 질환 예후 악화, 암 검진 감소, 정신건강 악화 문제가 발생하고 있다"며 "이는 수년 내 많은 사망자를 발생시킬 것이며 결국 사회의 노동자 계급이나 젊은 세대들이 책임을 짊어지게 될 것"이라고 말했습니다. 코로나19에 대처하는 정부의 방식이 개인의 기본권인 자유와 인권을 침해하고 있다는 지적에 바이든 대통령과 민주당은 적잖게 당혹스러워하면서도 그 정책을 강하게 밀고 나갈 모양입니다.

최근 들어 미국이 중국의 인권 문제를 지적하고 있지만 그것은 어디까지나 정치적인 입장에서이지 인간을 존중하여 천부적 인권을 보호하기 위해서가 아닙니다. 인종차별 철폐나 여성주의 운동은 나름의 명분이 분명하기 때문에 그 운동 자체가 인권을 유린하고 묵인해도 잘 드러나지 않기 때문에 지적하기가 여간 까다롭지 않습니다. 뿐만 아니라 인권운동을 하는 자들이 인권을 짓밟고 여성주의자들이 여성 폭력을 묵인하고 조장하는 경우가 많습니다. 어떤 운동이 명분이 있고 동기가 순수한 것 같아서 지지하고 따르다 보면 그 운동이 지향하는 목적에 반하는 행동을 하게 되는 경우가 허다합니다. 인권운동, 인종차별 철폐 운동, 경제정의, 환경운동, 페미니즘 등에 그러한 폐해가 자주 발생합니다. 이것은 인본주의가 피해갈 수 없는 함정입니다. 아무리 명분이 좋고 동기가 순수해도 그 일을 하는 사람이 누구냐가 중요합니다. 철저한 무신론의 프랑스혁명에서 출발하여 68혁명을 통하여 신마르크스주의의 세례를 받은 인권운동은 인권 유린을 묵인할 뿐만 아니라 스스로 인권을 짓밟는 자충수를 두고 있습니다.

거의 모든 인류의 역사가 인권 유린의 역사인데, 자연과학이 발전하고 인권이 신장 된 금세기도 인권의 파괴와 침해로 특징되는 세기라고 할 수 있습니다. 두 번의 세계 대전에서 약 6천만 명의 사람이 죽었습니다. 6백만 명의 유대인이 히틀러에 의해 강제 수용소에서 온갖 잔혹한 방법으로 학살되었습니다. 또한, 수백만의 반체제 인사들이 시베리아 강제 수용소에서 스탈린에 의해 처형되었습니다. 솔제니친에 의하면 1923년 이래로 6,500만의 러시아인들이 그들의 지도자에 의해 죽었고 그들의 헌법은 자유를 약속하고 있지만, 오히려 반체제 인사를 효과적으로 침묵시키고 있다고 합니다. 우간다의 이디 아민은 1971~9년까지 약 75만 명의 우간다인을 죽였습니다. 크메르 루즈 (Khmer Rouge)는 1979년까지 무자비한 대량학살을 자행하였습니다. 라틴 아메리카는 탄압과 혁명이 만연한 대륙입니다. 아르헨티나, 칠레, 멕시코 등에서 해마다 처형되거나 실종되는 사람들이 수만 명에 달합니다. 남아프리카의 인종 차별기구는 흑인들을 위하여 임의로 정한 "Home- lands"로 흑인들을 강제로 분리했습니다. 이러한 비인도적 정책에 의해 구금자들은 경찰이 지키고 있는 가운데 의문사하는 경우가 다반사입니다.

이러한 잔학 행위는 공산주의나 사회주의 국가에서만 일어나는 일은 아닙니다. UN 인권위원회는 매년 수천 건의 인권 범죄 처리 진정서를 받습니다. 소수민에 대한 부당한 처사는 과거에도 있었고 현재도 남아있습니다. 동아프리카의 아시아인, 브라질의 인디언, 호주의 원주민, 인도의 불가촉천민, 터키와 이란과 이라크의 Kurds, 중동의 팔레스타인들, 북미의 인디언, 캐나다의 에스키모 등이 있으며, 난민들의 곤경과 문맹, 민족주의, 가난, 기아, 그리고 질병에 의한 인간 비하가 있습니다. 또한, 컴퓨터의 발달로 개인 정보유출과 그로 인한 피해와 사생활의 침해 문제가 있습니다. 무엇보다 아직도 고질적 고문이 계속해서 행하여지고 있습니다. 에밀리오 카스트로(Emilio Castro) 박사는 "고문은 고문하는 사람의 인간성을 죽이며, 고문받는 사람의 개성을 파괴한다."고 하였습니다.

일반적으로 인권은 보편적이고 절대적인 인간의 권리 및 지위와 자격을 의미합니다. 즉, 인권은 사람이 사람답게 살 수 있는 권리가 있다는 생각이며, 법의 관할 지역이나 민족이나 국적 등 지역적인 변수나, 나이와 관계없이 적용되는 보편성을 지닌다고 정의되고 있습니다. 인권의 본질과 정당성 그리고 그 내용 자체는 오늘 철학과 정치학에서 열띤 논쟁의 대상이 되고 있습니다. 그러나 인권은 보편적으로 국제법과 국제규약에 정의되어 있으며 수많은 국가의 국내법에도 규정되어 있습니다. 많은 인간사회의 특수한 배경 속에서 인권이 정의되는 구체적 표현은 다양하며 문명권에 따라 다르게 나타날 수 있습니다. 특히 인권의 정의에서 '권리'나 '인간'이라는 개념의 범위에 대해서도 논쟁이 끊이지 않고 있으며, 그 해석이 체제나 사람에 따라 달라 법제와 의견의 차가 발생하고 있습니다. 주권 국가에 있어서 "인권"은 정부의 일방적 권력 남용과 억압에 대항하여 인간이 요구할 수 있고 보호와 보장을 받을 수 있는 보편적 권리입니다. 이는 사람이 사람답게 존엄한 생활을 영위할 수 있는 권리, 개인의 자유와 평등, 독립성의 보장, 또 인류의 이익에 정부의 권한 행사가 부합할 책무 등을 뜻합니다. 이러한 인권은 보편적이므로 모든 인간에게 구분 없이 적용됩니다.

이러한 인권은 일반적으로 생명권리, 적절한 삶의 수준을 보장받을 권리, 고문을 비롯한 부당한 처우에 대한 보호, 사상과 언론 및 표현의 자유, 이동의 자유, 자기 결정의 권리, 교육에 관한 권리, 그리고 정치, 문화에 참여하고 향유할 권리 등을 포함합니다. 이러한 규칙들은 유엔 회원 국가들의 국제법적, 정치적 결정에 근거하고 있으며 '국제 인권 기구'들에 의해서 보장되고 발효됩니다. 전쟁 중에도 인권은 타협 불가능한 권리로서 생명을 보호받을 권리, 포로 지위에서 해방될 권리, 고문으로부터 보호받을 권리와 신규 범죄법을 소급 적용받지 않을 권리가 있습니다.

많은 학자는 현대적 개념으로서의 인권개념이 근대의 프랑스혁명 성공으로 탄생했다고 봅니다. 과거 봉건 시대의 인간 대다수는 신분제의 족쇄에 얽매여 있는 등 보편적 자유의 개념 자체가 희박했던 만큼 모든 인간이 동등한 가치와 권리를 가진다는 사상은 성립할 수 없었습니다. 그런데 이후 발생한 프랑스혁명은 불평등한 사회 모순을 혁파하고〈자유, 평등, 박애〉라는 이념을 전 세계에 전파하는 계기가 되었는데, 이는 세계인권선언 제1조에 '인간은 태어날 때부터 자유롭고 평등하며, 인류는 서로 '형제애'로 서로를 대해야 한다고 하였습니다. 이 때문에 프랑스혁명을 다른 변화들과 비교하여 제1차 인권혁명이라고도 합니다. 최초로 보편적 인권의 가치를 천명한 프랑스 혁명의 역사에 따라 지금도 여러 선진국에서는 저항권을 명시하고 있습니다.

그 후에도 인권의 진화는 계속되고 있습니다. 1968년의 세계적인 68혁명은 여성과 학생, 아이, 소수자, 이주민 등을 인권의 주체로 강조하였습니다. 이때로부터 백인과 강자와 남성중심주의가 비판되기 시작하였습니다. 그리고 인권의 요체인 평등권의 내용이 더욱 강화되었습니다. 단지 법 앞의 평등이나 기회의 평등이 아니라 전면적 사회보장제도의 확충으로 상당한 수준의 결과적 대우의 평등을 주장하게 되었습니다. 사회를 운영하고 인간과 집단을 둘러싼 관계를 형성하고 조율하는 방식 등 모든 영역에 평등원칙이 적용되었습니다. 사람들은 이것이 프랑스혁명의 우애 정신의 괄목할만한 진보라고 하였습니다.

우리가 눈여겨보아야 하는 점은 68혁명의 인권운동은 인종차별과 성차별 문제를 다룸에 있어서 마르크스주의의 혁명 방식을 도입하고 있다는 사실입니다. 인권 유린과 인종차별 그리고 성차별에는 가해자 집단과 피해자 집단이 있다고 전제하고, 가해자 집단은 기독교, 백인, 남자로, 피해자 집단은 이슬람, 유색인종, 소수자, 여자로 설정하였습니다. 마르크스주의의 혁명 방법을 빌린 인권운동과 인종차별과 성차별 철폐 운동은 점점 그들의 활동에서 인권이라는 말을 많이 사용하지 않습니다. 왜냐하면, 마르크스주의는 인권 유린의 주범이기 때문입니다. 그들은 기독교를 공격하기 위해 마르크스주의와 이슬람과 손을 잡았기 때문에 인권 유린의 죄에서 사회주의나 공산주의를 면제시켜 주었고 성차별의 죄에서 이슬람의 죄도 면제해주었습니다. 인종차별 철폐와 인권 회복 운동을 하는 이들 중에 중국이나 북한의 인권을 지적하는 이들이 없고, 여권운동 하는 이들 중에 이슬람의 여성 폭력을 지적하는 이들이 거의 없습니다. 여성 폭력의 대표적인 경우가 이슬람이고 인권 유린의 대표적인 것이 공산주의와 사회주의인데 인종차별 철폐 운동과 페미니스트들은 여성 폭력의 극단적인 행위를 자행하는 이슬람과 공산주의나 사회주의 국가를 피해자로 취급하고 있습니다. 중국이나 북한의 인권 유린 문제와 이슬람의 여성 폭력에 대해 언급하는 것은 금기처럼 되고 있습니다. 인종차별과 성차별 철폐 운동은 아이러니하게도 인권 문제를 덮고 있습니다.

"또한 그들이 마음에 하나님 두기를 싫어하매 하나님께서 그들을 그 상실한 마음대로 내버려 두사 합당하지 못한 일을 하게 하셨으니 곧 모든 불의, 추악, 탐욕, 악의가 가득한 자요 시기, 살인, 분쟁, 사기, 악독이 가득한 자요 수군수군하는 자요 비방하는 자요 하나님께서 미워하시는 자요 능욕하는 자요 교만한 자요 자랑하는 자요 악을 도모하는 자요 부모를 거역하는 자요 우매한 자요 배약하는 자요 무정한 자요 무자비한 자라 그들이 이같은 일을 행하는 자는 사형에 해당한다고 하나님께서 정하심을 알고도 자기들만 행할 뿐 아니라 또한 그런 일을 행하는 자들을 옳다 하느니라"(롬 1:28-32)

장애인

철학을 그리스어로 필로소피아(φιλοσοφία)라고 하는데 이 단어는 '사랑하다'는 의미를 가진 필레인(Φιλειν)과 '지혜'를 의미하는 소피아(σοφία)가 합쳐져 만들어진 단어라는 사실을 모르는 사람은 아마도 거의 없을 것입니다. 그런데 같은 그리스어로 '농담'이 '웃음 사랑'이라는 사실을 아는 사람은 많지 않은 것 같습니다. '농담'의 그리스어를 필로겔로스(Φιλόγελως)라고 하는데, 철학의 그리스어처럼 필로겔로스는 '사랑하다'는 뜻의 '필로'와 '웃음'이라는 뜻의 '겔로스'가 합쳐져서 된 단어입니다. 이를테면 고대 그리스에서 지혜를 사랑하는 것이 철학이었고 웃음을 사랑하는 것이 해학이었던 셈입니다. 그들에게는 웃음도 학문이었으니까 필로겔로스는 소학(笑學, 웃을笑+ 배울學)이라고 부를 수도 있었겠다는 생각을 하게 됩니다. 영어에서는 필로겔로스를 주로 '웃음에 대한 사랑'(Love of Laughter)이라고 번역합니다.

농담이라는 뜻의 이 필로겔로스는 히에로클레스와 필라그리우스가 엮은 현대에 전해진 가장 오래 된 고대 유머 모음집이기도 합니다. 히에로클레스는 서기 5세기 초에 신플라톤주의 철학자로 활동했습니다. 그는 어떤 이유에서인지 고향 알렉산드리아에서 쫓겨나 콘스탄티노폴리스로 이주했고 거기에서 권력자들에게 맞서다가 당국에 기소되어 유죄판결을 받고 벌로 채찍질을 당한 뒤 알려지지 않은 지역으로 유배를 떠났습니다. 그가 법정으로 끌려가서 유죄판결을 받고 채찍으로 두들겨 맞아서 피투성이가 되었는데, 그는 자신의 피를 손바닥에 담아 판사에게 뿌리면서 "이 외눈 괴물 퀴클롭스야, 와서 이 포도주를 마셔라. 방금 사람고기를 먹었으니 목마르지 않겠느냐?"라고 했습니다.

히에로클레스가 한 이 행동은 자신에게 채찍질하라고 선고한 판사를 사람고기를 먹는 외눈 괴물 퀴클롭스라고 모욕하고 있습니다. 또 자신의 피를 포도주라고 부르면서 기독교의 성찬식도 비웃고 있습니다. 그 때는 콘스탄티누스 대제가 기독교를 국교로 선포한 이후였기에 그가 반기독교적으로 권력에 저항하는 말과 행동을 해서 당국에 기소되어 처벌되었을 것으로 추측하기도 합니다. 유배를 마치고 알렉산드리아로 돌아온 히에로클레스는 제자들에게 자신의 철학을 가르치고 필로겔로스 외에도 여러 책을 썼습니다. 그는 점성술이나 운명론이 이성적인 신의 섭리보다는 비이성적인 이유에 근거를 둔다며 반대했습니다. 같은 이유로 마법이나 초자연적 치료법도 신의 섭리적 질서를 대신하려는 헛된 시도라는 이유로 반대했습니다.

비록 그는 자신의 책에서 기독교에 대해 한 번도 언급한 적이 없지만, 몇몇 학자들은 그의 책들에서 자신의 그리스철학 전통과 콘스탄티노폴리스에서 만났던 기독교 신앙 사이의 화해를 시도했다고 평가하기도 합니다. 하지만 또 다른 학자들은 그의 스승이 그랬던 것처럼 히에로클레스 역시 신플라톤주의자로서 그리스의 옛 종교와 철학을 일관되게 지지하고 기독교를 거부했다고 주장합니다. 사람들이 기독교와 신플라톤주의를 혼동하는 것은 기독교처럼 신플라톤주의도 단 하나의 신적존재가 존재 계층의 최상위에 있다고 전제하기 때문입니다. 그러나 신플라톤주의 신은 기독교의 하나님과 완전히 다릅니다. 기독교는 초기부터 신플라톤주의와 많은 논쟁을 통해 서로 영향을 주고받으며 그 교리를 발전시켜왔고 지금까지 그 영향이 남아있습니다. 이야기가 본 글의 주제를 벗어나서 핵심 주제로 돌아가겠습니다.

본 글의 주제는 고대로부터 인간은 장애인을 농담과 해학의 대상으로 삼았다는 사실을 통해 그들의 인간관과 인권의 문제를 성경적 관점에서 살펴보는 것입니다.

히에로클레스의 〈필로겔로스〉에 실린 농담 중에는 노예와 여성과 다른 사람의 장애나 질병을 소재로 하는 것들이 많습니다. 이는 인권에 대한 인식이 미개했음을 보여주는 예라고 할 수 있습니다. 타인의 인종, 성별, 신체적 정신적 결함, 특정 기준을 충족하지 못하는 외모나 학력이나 경제력을 혐오, 비하, 희롱하는 농담이나 유머나 해학은 인종과 문화를 넘어 어디서나 발견되고 있습니다. 농담이나 유머나 해학 등이 정치적으로 올바르지 않은 것을 소재로 하는 경우도 많지만, 사회적 약자를 조롱하는 농담이 상당히 많습니다. 고대 그리스에는 많은 영지와 노예와 하인을 소유한 부자나 학자들에 대한 비아냥의 농담도 많았습니다. 그 농담 속에서 '학자'들은 보통 사람보다도 더 멍청하고 엉뚱한 말과 행동을 일삼는 것으로 묘사되고 있습니다. 이런 농담과 해학은 오늘 더 개발되어야 할 것 같습니다.

옛 조선 시대의 탈춤에서도 주요 풍자대상이 고약한 양반이나 관리들이었는데, 안타깝게도 각설이 타령이나 소위 병신 춤 같은 민속 농담이나 해학은 장애인을 소재로 삼는 경우가 많았습니다.

여성을 비하하고 혐호하거나 장애를 희화화 하거나 노예제를 당연시하거나 특정 인종이나 민족 등 소수자를 비하하고 혐호하는 내용들은 당시 사람들에게는 자연스러운 것이었지만 지금의 수준에서 평가하면 원시적이고 야만적입니다. 그러한 고대의 농담과 해학은 반면교사로서 역사적, 인류문화사적 가치를 지닌다고 할 수 있습니다.

호메로스가 '올림푸스 산의 신들은 연회를 즐기면서 웃는 데 열중했다'라고 시를 썼을 때, 사람들은 자연스럽게 신들을 웃게 하는 그 즐거움이 무엇인지를 궁금해했습니다. 신들이 연회 시간에 웃으며 즐겼던 이야기가 헤파이스토스를 절름발이로 만든 우스꽝스러운 사고에 관한 이야기였다는 것을 알게 되자 많은 이들이 실망했습니다. 호메로스의 작품 속에 등장하는 신과 여신들은 호메로스가 살았던 시대의 사상과 관습을 보여줍니다. 그에 관한 이야기는 훗날 중세 서양의 궁전에서 왕과 귀족들을 웃기기 위해 우스꽝스러운 광대를 고용했던 사례의 초기 형태라고도 할 수 있습니다.

신체적 기형이 유머러스하다는 생각이 어떻게 발전했는지를 추적하는 것은 매우 흥미롭습니다. 일반적으로 인류의 문명이 성장하는 가운데 거쳐온 다양한 단계들로 판단해 볼때 신체적 기형이나 장애를 유머러스하게 생각하던 단계는 인류 문명의 초기 단계에 속한다고 할 수 있습니다. 하지만 인간 장애를 재미와 해학으로 즐기는 것은 문명의 초기 단계만이 아닙니다. 지금도 사적 영역에서는 장애를 웃음거리로 묘사하거나 즐기는 경우가 많습니다. 꼽추 병이나 사팔뜨기 사시인 사람을 흉내 내며 낄낄거리고 재미있어 하는 때도 있습니다. 조선 시대의 장애인 복지가 지금보다 나았다고 하기도 하지만 장애인이 있는 거의 모든 가정은 장애인이 있다는 사실을 숨겼습니다. 집안에 장애인이 있다는 사실은 혼인에 방해가 되기 때문이었습니다. 장애인 가족을 숨기는 행위는 장애인에게 더 견디기 힘들고 가혹한 환경을 만들었습니다. 장애인을 웃음거리의 소재로 삼는 것은 장애인에 대한 가혹한 인권 유린입니다.

장애인을 웃음의 소재로 삼는 것도 나쁘지만 장애인을 제거해야 할 대상으로 취급했던 독일 나치의 만행이나 장애인의 존재를 숨기는 가족의 처사는 더 악한 죄악입니다. 장애인 가족의 존재 자체를 숨기는 것을 악하다고 하는 지적을 지나치다고 생각하는 이들이 있을 수도 있지만, 가족에 의해서 유령인간 취급을 받는 것은 장애인 인권 유린을 조장하는 단초라고 할 수 있습니다. 따라서 장애인 인권에 대한 문제는 사회적 책임 문제이기 이전에 가족의 책임이라고 보아야 합니다. 또한, 나치의 장애인 제거

정당성에는 마르크스주의와 자본주의가 다 같이 기여한 면이 있음도 기억할 필요가 있습니다. 생산성이 떨어지고 자원만 축내는 장애인을 귀찮은 존재로 취급한 마르크스주의나 자본주의의 이상은 그들이 기대한 대로 그들 자신을 행복하게 하지 못했습니다. 인간의 즐거움과 행복은 하나님의 뜻을 따라 이웃을 사랑할 때 주어지는 것이지 그 의무로부터 도피하는 자는 결코 하나님 나라의 특혜를 누릴 수 없습니다.

즐거움과 웃음은 창조주 하나님께서 인간에게 주신 복인데 인간이 죄를 범하므로 잃어버렸습니다. 하나님께서 죄 지은 인간을 용서하시고 구원하시는 은혜를 베푸셔서 잃어버린 즐거움과 웃음을 허락하셨습니다. 마지막에 하나님 나라에서 즐거움과 웃음은 완전히 회복되겠지만 지금 이 땅에서도 그것을 어느 정도 맛보고 누리며 살 수 있게 하셨습니다. 예수를 믿어 구원을 얻고 하나님 나라에 속하여 사는 이들은 즐거움과 웃음을 누리며 살지만 아직은 고통과 걱정근심을 아울러 가지고 살아갑니다. 하나님 나라 백성은 하나님께서 창조하신 만물을 통해서 즐거움과 웃음을 얻지만, 인간 장애를 웃음과 즐거움의 소재로 삼지는 않습니다.

장애인에 대한 성경의 관심은 특별합니다. 장애가 죄의 결과이기도 하지만 하나님의 하시는 일을 드러내기 위한 장애도 있습니다. 어떤 경우의 장애든지 예수님께서는 불쌍히 여기시고 고쳐주셨습니다. 장애인에 대한 예수님의 배려와 태도와 사랑은 그를 믿는 자들이 따라야 할 본입니다.

또한, 성경은 장애를 타락한 인간의 모습과 수준으로 묘사합니다. 이러한 관점에서 보면 모든 인간은 장애인입니다. 구약의 선지자는 복음을 듣게 될 자들이 사회적 장애인들과 육체적 장애인들이라고 하였고 예수님께서는 직접 그러한 장애인들을 복음과 하나님 나라에 초대하셨습니다. 바울은 그러한 사실을 교회 안에서 직접 확인해보라고 제안하였습니다.

하나님께서 보실 때 모든 인간은 장애인인데, 인간이 장애인을 농담과 해학의 소재로 삼는 것은 장애인이 장애인의 인권을 무시하는 자학행위나

무신론이 지배하는 사회

다름없다고 할 수 있습니다. 이 세상에서 장애에 대한 차별은 끝이 나지 않겠지만 하나님 나라에서는 장애인이 환영받는다는 사실을 깊이 생각해 보아야 합니다.

"주 여호와의 영이 내게 내리셨으니 이는 여호와께서 내게 기름을 부으사 가난한 자에게 아름다운 소식을 전하게 하려 하심이라 나를 보내사 마음이 상한 자를 고치며 포로된 자에게 자유를, 갇힌 자에게 놓임을 선포하며 여호와의 은혜의 해와 우리 하나님의 보복의 날을 선포하여 모든 슬픈 자를 위로하되 무릇 시온에서 슬퍼하는 자에게 화관을 주어 그 재를 대신하며 기쁨의 기름으로 그 슬픔을 대신하며 찬송의 옷으로 그 근심을 대신하시고 그들이 의의 나무 곧 여호와께서 심으신 그 영광을 나타낼 자라 일컬음을 받게 하려 하심이라."(사 61:1-3)

"종이 돌아와 주인에게 그대로 고하니 이에 집 주인이 노하여 그 종에게 이르되 빨리 시내의 거리와 골목으로 나가서 가난한 자들과 몸 불편한 자들과 맹인들과 저는 자들을 데려오라 하니라 종이 이르되 주인이여 명하신 대로 하였으되 아직도 자리가 있나이다 주인이 종에게 이르되 길과 산울타리 가로 나가서 사람을 강권하여 데려다가 내 집을 채우라 내가 너희에게 말하노니 전에 청하였던 그 사람들은 하나도 내 잔치를 맛보지 못하리라 하였다 하시니라."(눅 14:21-24)

우생학

    흔히 결혼을 인륜지대사(人倫之大事)라고 합니다. 인륜이란 사람과 사람 사이의 관계라는 뜻이고, 지(之)는 '의'라는 뜻의 조사이고, 대사란 큰일이라는 뜻입니다. 큰일이란 물리적 규모를 가리키는 것이라기보다는 중요한 일이라는 뜻입니다. 혼인을 통하여 집안이 흥할 수도 있고 반대로 망할 수도 있기 때문에 그 중요성에서 인륜지대사라고 한 것입니다. 사람들은 자녀가 좋은 가문의 자녀와 혼인하기를 원하고 그렇게 하려고 갖은 방법을 다 동원합니다. 좋은 가문을 세우려면 좋은 자손이 태어나야 하고, 좋은 자손이 태어나려면 좋은 유전자를 지닌 배우자와 결혼을 해야 합니다. 유전은 과학적으로 상당할 정도로 증명된 사실이기 때문에 신앙이나 지식의 유무에 상관없이 일반적으로 수긍하고 받아들입니다. 현대 의학을 공부한 의사가 환자를 진단하고 치료할 때 중요하게 생각하는 것이 가족의 병력인 것도 유전을 인정하기 때문입니다. "왕대(王竹) 끝에 왕대 나고 세대(細竹) 끝에 세대 난다"는 속담도 유전을 믿는 데서 비롯된 속담이라고 할 수 있습니다. 옛날부터 혼사를 할 때는 매우 다각도로 상대방과 그 집안을 검색하였습니다. 개인과 가문이 혼인을 통하여 부와 명예를 쌓으려는 욕망을 성취하려 했다면 학자들과 정치인들은 머리 좋고 외모가 잘 생긴 젊은이들을 결혼시켜 우수한 후손을 많이 배출하여 사회와 국가의 위상을 높이려 했습니다.

고대 그리스의 철학자도 그와 같은 생각을 하였습니다. 플라톤은 그의 국가론에서 우수한 종족을 얻기 위해 국가가 인간의 종족번식을 감시하고 통제하여야 한다고 믿었습니다. 즉 적령기에 도달한 청춘 남녀들의 여러 가지 자질을 정량적으로 분석하여 생물학적 관점에서 우수한 유전적 형질을 가진 남녀들이 서로 결혼하도록 의도적으로 제어하여 국가의 인구를 조절한다는 내용입니다. 플라톤은 만성적 허약과 방종에 의해 질병에 걸린 인간들은 의학적 치료의 대상이 아니며, 도덕적 타락은 추방이나 처형의 이유가 되고, 우수한 자손의 번식을 통한 도시 국가의 이상 실현을 위해 우수한 계급의 현명한 결혼을 주장했습니다. 뿐만아니라 그는 "가장 훌륭한 남자는 될 수 있는 대로 가장 훌륭한 여자와 동침시켜야" 하며, 이렇게 태어난 아이는 양육되어야 하지만, 그렇지 못한 아이는 "내다 버려야 하며, 고칠 수 없는 정신병에 걸린 자와 천성적으로 부패한 자는 죽여버려야 한다."라고 주장하기까지 하였습니다.

또한 아리스토텔레스 역시 시민계급을 중심으로 이상적 공동체를 설계해야 하며, 하층 계급의 다산으로 인한 과잉 인구는 빈곤이나 범죄, 혁명의 중심지로 자라날 가능성이 많기 때문에 하층계급의 출산율은 엄격히 제한되어야 한다고 주장하였습니다.

이러한 생각은 고대 문명에 광범위하게 퍼져 있었습니다. 로마, 아테네 그리고 스파르타 문명에서는 우수 종족 보전을 위하여 태어날 때부터 약하거나 기형인 영아의 살해를 허용하였습니다.

르네상스 시대, 플라톤을 찬양했던 이탈리아의 인문주의자 캄파넬라도 그가 쓴 《태양의 도시》에서 "우월한 젊은이만이 자손을 남길 수 있도록 통제되어야 한다."고 주장했습니다.

이러한 생각이 우생학(優生學)이라는 학문의 형태를 갖추게 된 것은 1883년 영국의 프랜시스 골턴(Francis Galton)에 의해서입니다. 그는 인류의 유전학적 개량을 목적으로 여러 가지 조건과 인자 등을 통계학적으로 연구하기 시작하였습니다. 그는 우생학 연구를 위하여 영국에서 좋은 유전자형질(Greater social and genetic worth)을 가진 인간과 나쁜 유전자형질(Less social and genetic worth)을 가진 인간을 분류하였습니다.

골턴의 우생학은 19세기 후반부터 20세기 초반까지 인기를 끌어 영국에서부터 시작하여 미국, 캐나다, 그리고 대부분의 유럽 국가까지 많은 나라에 전파되었으며, 우생학을 지지한 유명인 중에는 루즈벨트(Teddy Roosevelt), 웰스(Herbert George Wells), 쇼(George Bernard Shaw), 처칠(Winston Churchill), 벨(Alexander Graham Bell), 크릭(Francis Crick), 폴링(Linus Pauling), 케인즈(John Maynard Keynes), 윌슨(Woodrow Wilson), 쇼클리(William Shockley) 그리고 히틀러(Adolf Hitler)등이 있습니다.

우생학(Eugenics)은 그리스어로 좋은, 우월한(good, well)의 뜻을 가진 "eu" 와 태생, 자손(offspring)의 의미를 지닌 "genos"의 합성어입니다.

전통적 우생학이나 의도적인 선택적 육종은 수천 년 동안 농작물과 가축의 유전적 특성을 개량하기 위해 수행되었었고 그 연구 범위는 생물학, 해부학, 유전학, 역사학, 사회학, 고고학, 족보학, 심리학, 통계학, 정치학 등으로 매우 광범위하였습니다. 이러한 우생학이 20세기 초에 사회 운동으로서 큰 인기를 얻게 되며 세계 곳곳에서 정부, 기관 및 영향력 있는 사람들에 의해 채택되어 추진되고 실행되었습니다.

이러한 사실들을 통해 우리는 우생학에 대한 골턴의 생각이 19세기에 갑자기 나타난 것이 아니라는 것을 알 수 있습니다. 이렇게 오랜 전통을 가진 우생학적 담론이 골턴의 정교한 유전적, 통계적 방법에 따라 체계화되었습니다. 그는 광범위한 가계 조사 자료를 통계적으로 정리하여 인간의 지적, 도덕적 능력이 환경의 영향과 관계없이 유전적으로 결정된다고 주장하기에 이른 것입니다. 골턴은 자기 생각을 그의 사촌인 다윈의 진화 이론과 결합해 유전자에 의해 형질이 결정된 개개인들 사이의 경쟁과 선택을 통해 인간의 진화가 일어난 것이라고 주장하였습니다. 그에 따르면,

이러한 선택은 자연선택도 있었지만, 그것은 매우 느리게 진행되기 때문에 사회가 적극적으로 개입하여 인위적인 선택을 수행해야 한다고 하였습니다. 이러한 인위적 선택은 지적, 도덕적으로 우월한 사람이 더 많은 자손을 남기도록 장려되는 것과 열등한 사람은 되도록 자손을 남기지 못하도록 억제하는 것이었습니다.

골턴은 1865년,《유전적 재능과 특질》이란 논문에서 처음으로 우생학적 전망을 개진하면서 인간은 스스로의 진화에 책임이 있다고 주장했습니다. 우생학이 형성되던 당시에는 인위선택을 통해 육종가들이 동식물에서 원하는 형질을 선택적으로 강화하는 연구가 일반화되어 있었습니다. 골턴은 이를 사회로 확장하여, 인간도 인위적으로 개선될 수 있으며, 이는 문명화에 가장 중요한 토대가 될 것이라 믿었습니다. 그는 인간종에 해가 되는 계층은 축소하고, 이로운 계층은 증가시키기 위해서는 다윈의 주장처럼 단순한 생식이론이나 유전 원리 같은 지식만으로는 어려우므로 적극적인 정책적 수단의 필요성을 주장하고 나섰습니다. 인간이라는 정원에 있는 잡초를 제거하기 위해서는 진화에 대한 과학적 조사보다 진화의 방향을 인위적으로 통제하는 것이 더욱 필요하다는 주장이었습니다. 생존에 유리한 개인들과 불리한 개인들의 비율을 적절하게 조절하는 실천적이고 적극적인 활동을 통해, 인간의 열등한 유전 형질이 확산하는 것은 인종을 퇴화시키는 사회적 공포이므로 제거해야 하며, 고차원적 수준의 능력을 소유한 전문직 계층의 출산율 저하 경향을 적극적으로 조절할 필요가 있다고 주장했습니다.

그가 다윈의《종의 기원》을 읽은 뒤, 인간 개선을 목적으로 우량종 육성이란 용어를 사용했고, 1883년에 선택적인 출산을 의미하는 '우생학'이라는 용어를 창안하여 이를 "인종을 개선하는 과학"이라 정의했던 것입니다. 골턴의 주된 관심은 현명한 결혼을 통해 인류의 유전적 개선을 도모함으로써 사회적 진보와 문명화를 달성하는 데 있었습니다. 이후 골턴은 "미래 세대 인종의 질을 개선 또는 저해하는, 사회적으로 통제 가능한 수단에 관한 연구"인 우생학의 다양한 가설과 이론, 그리고 방법론을 활용해 과학적 근거가 있는 학문으로 정착시키려 했습니다. 이처럼 골턴의 우생학은 단순한 과학적 차원의 논의가 아니라 항상 사회적 실천을 수반했던 연구 분야였습니다. 우생학의 성립과 발전 과정에서 골턴이 제기하고 구체화한 가정들, 즉 첫째, 정신적 능력도 유전의 대상이라는 판단, 둘째, 유전 능력에 대한 자의적인 범주 설정과 주관적인 가치판단, 셋째, 계급 및 인종 사이의 우열의 차이는 유전적으로 고정된 것이고, 생물학적 약자들과 부적격자들은 진화와 유전 과학에 기초하여 제거해야 할 필요성이 있다는 가정들은 정치 지도자들의 관심을 불러일으켰고 또한 정치적 입장과 관계없이 우생학 운동의 전 과정을 통해 지속적으로 영향을 미쳤습니다.

골턴은 우생학을 창안하기 오래전부터 유전적 특질, 특히 지적 능력의 차이에 관심을 기울이고 있었습니다. 이는 골턴 자신의 가계에 관한 관심, 즉 외조부인 이래즈머스 다윈과 사촌인 다윈의 영향에 기인합니다. 이들의 영향을 어려서부터 직간접적으로 받았던 골턴은 인간의 타고난 본성이 양육보다 인간의 형질을 규정하는 우선적 요인이라 생각했고, 이는 유전성의 강조를 내세우며 인간 개선을 도모하는 잘난 태생에 대한 과학, 그것을 실현할 방법과 그 과학적 기초를 '우생학'이라고 불렀던 것입니다. 골턴의 주장은 기독교적이었던 당시 영국 사회에서 거센 반발을 불러일으켜 결국 성공하지 못하고 쇠퇴하였지만 20세기의 전반기(1900년~1950년)까지 크게 성장하여 사회의 여러 분야에서 힘을 발휘하였습니다. 영국, 미국, 프랑스, 독일, 덴마크, 스웨덴, 노르웨이, 일본 등의 선진 자본주의 국가에서는 각종 우생학 단체가 만들어졌으며, 전문 학술지까지 발간되었습니다. 특히 미국, 독일, 덴마크, 스웨덴 등에서는 우생학이 법률로 제정되어 수많은 사람이 강제 불임 수술과 거세를 당했으며 심지어 학살당하기도 하였습니다.

우생학이 광범위한 대중적 여론과 연결고리를 갖는 사회적 운동으로 발전할 수 있었던 계기는 1904년 5월 16일에 있었던 제1회 영국 사회학회에서 〈우생학: 정의, 전망, 목적〉이란 강연이었습니다. 그 강연이 있었던 같은 해 런던유니버시티 칼리지에 우생학 기록 사무국(ERO)이 창설되었고, 1907년에는 이것이 발전하여 국가 우생학을 위한 골턴 연구소로 확대 개편되었습니다. 1907년 런던에서 우생학 교육 협회(EES)가 설립되어 우생학이 활발한 대중운동 차원으로 발전해 나갔습니다. 명확한 유전 이론이 설립되지 않은 상황에서 인종 개량의 방법을 고민하며 사회적 실천을 추구했던 생물학의 응용과학이자 이념이었던 골턴의 우생학은 이후 30여 개의 나라에서 대중화됨으로써 20세기 전반 서구 역사에 지우기 힘든 흔적을 남겼습니다.

인간 유전의 전제 위에 세워진 우생학은 인간의 존엄성이나 인권 같은 것에 대한 일말의 고민이나 연구도 이루어지지 않았음을 알 수 있습니다. 인간의 생물학적 유전이나 지적 도덕적 유전까지도 어느 정도 인정을 한다고 하더라도 그것을 인위적으로 조작하여 더 나은 사회나 국가를 건설할 수 있다고 생각하는 것은 미신적 과학의 바벨탑이라 할 수 있습니다. 무엇보다 하나님의 형상으로 지음 받은 인간이 타락으로 인하여 갖게 된 육체적 정신적 결핍을 존재할 가치가 없는 이유라고 판단하여 제거하거나 차별하는 것은 창조주 하나님의 뜻에 대한 무지요 인간 생명과 인권을 짓밟는 죄악입니다. 예수님께서는 18년 동안 사탄에게 매이고 꼬부라져 펴지 못하는 복합 장애인 여자를 하나님 나라 백성이라는 의미의 아브라함의 딸이라고 하셨습니다.

 "그러면 열여덟 해 동안 사탄에게 매인 바 된 이 아브라함의 딸을 안식일에 이 매임에서 푸는 것이 합당하지 아니하냐"(눅 13:16)

미국에서의 우생학 폐해

　우생학이 나타나기 시작한 19세기 말부터 미국은 인종문제로 큰 어려움을 겪고 있었습니다. 영국으로부터 독립할 때부터 이미 미국에는 흑인이 많았고 19세기 이후에 동, 남부 유럽인과 중국인, 일본인 등의 이민자들을 많이 받아들였습니다. 미국의 정치적, 경제적인 권력을 가진 사람들은 영국에서 이주해 온 앵글로색슨족이었으며, 이들은 다른 인종의 수가 많아지자 서서히 자신들의 정체성을 자각하며 그들을 배척하기 시작하였습니다. 흑인은 물론 중국, 일본인 등의 황인종, 백인이지만 앵글로 색슨족이 아닌 폴란드, 이탈리아, 그리스인 등은 자신들과 다른 문화와 관습을 가지고 있으며 이로 인해 정신박약, 범죄, 매춘, 알코올 중독 등이 미국 사회 내로 급속히 확산되고 있다고 생각하였습니다. 이러한 인종 문제 속에서 자연스럽게 인종주의적 우생학이 나타났으며, 1900년대 루스벨트 대통령은 우생학을 미국 전체로 널리 확산시키는 데 크게 이바지하였습니다. 하버드 대학교 재학시절부터 인종주의적 편견이 있던 그는 대통령 취임 후 "미국의 성공은 앵글로색슨족의 우월한 피 때문이다."라는 식의 발언으로 인종주의를 선전했습니다. 그리고 루스벨트의 절친한 친구였던 우생학자 그랜트 또한 새로운 이민자들과 미국 앵글로색슨족의 혼혈은 생물학적 퇴화를 일으킬 것이라는 주장을 펼치며 인종주의적 이론을 퍼뜨리는 일에 일조하였습니다.

그 후 제1차 세계대전을 겪은 미국인들은 앵글로색슨족이 국제적인 대규모 전쟁에서 승리하기 위해 인종의 질을 더욱 향상시켜야 하며 자신들의 피에 다른 종족의 피가 섞이는 것은 인종의 퇴화를 일으킬 것이라는 생각을 하게 되었습니다. 제1차 세계 대전은 미국에서 인종주의적 우생학을 더욱 강화했으며 마침내 1924년에는 이민 제한법이 통과되었습니다. 우생학자들은 통계적인 방법을 이용하여 이민자들이 나쁜 유전자를 가지고 있으며 이들의 빠른 수적 증가가 미국 사회에 위협을 가져온다는 주장을 하면서 이민 제한법의 통과에 과학적 기초를 제공하였습니다. 이 시기 우생학은 가계도 연구, '우생학적으로 뛰어난 가족 선발 대회', 지능 검사들을 통해 더욱 활발히 전파되었으며 각종 대규모 재단의 지원을 받았습니다. 덕데일, 고더드 등의 우생학자들은 "칼리카크 가족"과 같은 가계도 연구를 통해 범죄, 사기, 매춘, 지적장애 등의 형질이 한 가족 내에서 계속 유전된다고 주장하였습니다. 이 연구서들에서는 우생학적으로 열등한 가족과 우월한 가족의 도덕적, 신체적, 인종적 차이가 잘 드러나 있으며 그러한 차이는 여러 주에서 개최된 우생학적으로 뛰어난 가족 선발 대회의 기준이 되었습니다.

이와 같은 대중적인 선전과 연구 그리고 대규모 재단의 막강한 금전적인 지원으로 인해 강제적인 불임 수술을 허가한 법은 여러 주에서 쉽게 통과되었습니다. 19세기 미국에는 영국, 프랑스와 같이 정신 이상자, 실업자, 부랑자들을 수용하는 시설이 존재해 왔으나 우생학적으로 열등하다고 지목된 이민자들을 모두 수용하는 데에는 너무나 큰 비용이 필요했습니다. 샤프, 옥스너 등의 의사들은 수용소 대신 불임 수술이 더 경제적이라고 주장했으며, 실제로 1907년부터 소수의 수감자를 대상으로 은밀한 불임 수술을 시행해 왔습니다. 이후 1930년대의 대공황기 때 수용소를 운영할 돈이 더욱 부족해지면서 불임 수술을 지지하는 여론이 강해졌고 결국 약 30개 주에서 불임 수술법이 통과되었습니다. 이러한 상황 속에서 흑인

지식인들은 유전적 결정론과 백인 중심의 인종주의를 비판했습니다. 본드, 존슨 등과 같은 흑인 지식인들은 당시 흑인이 백인보다 여러 방면에서 열등하다는 점은 인정하였지만, 그것이 유전적으로 결정되었다는 주장은 거부하였습니다. 그들은 환경의 개선과 교육을 통해 다음 세대 흑인들의 지적, 도덕적, 신체적 형질들은 개선될 것으로 생각하며 라마르크적 우생학을 받아들였습니다.

프랑스의 생물학자 라마르크(Lamarck)는 기린의 목이 길게 진화된 과정을 사례로 '용불용설'을 주장했습니다. 용불용설은 사용하는 신체 기관은 발달하고, 사용하지 않는 신체 기관은 퇴화한다는 학설입니다. 라마르크는 하나의 생물이 어떤 행위를 통해 얻은 획득형질이 유전된다고 생각했습니다. 태어날 때부터 오른손으로 물건을 집거나 글을 쓰기 시작하면 오른손잡이로 살아가는 것이, 생물이 후천적인 행위를 통해서 얻게 된 성질, 즉 '획득형질'입니다. 다윈도 라마르크의 학설을 부분 인정했으나 라마르크의 학설은 다윈의 자연선택설에 가려져서 거의 폐기처분 되다시피 했습니다. 그 후 후성유전학이 주목받으면서 잊힌 라마르크의 학설도 주목받게 되었습니다. 후성유전학은 환경이나 행동으로 인해 변화된 유전자 정보가 후손에게 유전되는 과정을 연구하는 학문입니다. 후성유전학은 환경적 요인을 받지 않는 유전자가 인간의 모든 것을 결정한다는 '유전자 결정론'을 반박하는 이론으로 나름의 기여를 하였습니다.

현대인의 삶에도 유전자 결정론의 뿌리는 매우 깊고 넓게 뻗어 있습니다. 지금도 학술지나 언론에 '비만 유전자', '공부 유전자' 같은 단어가 심심찮게 등장하기도 합니다. 현대 의학의 인간 DNA 판독은 또다시 유전자 결정론에 힘을 실어줄지도 모르겠습니다.

아무튼, 흑인 지식인들은 유전자 결정론에 반기를 들고 흑인 자신들의 정체성과 존엄성을 중시하여 고다드의 지능 검사 결과를 비판하였고 여러 주에서 흑인과 백인의 결혼이 금지되었을 때에도 격렬하게 반발하였습니다. 이때 그들은 백인과 결혼하여 후손들의 유전적 형질이 향상하길 바란 것이 아니라 그러한 법 자체가 흑인의 존엄성과 문화적 정체성을 무시하는 처사라는 점에 분노하였습니다. 그들의 반 인종주의적 활동이 세계 제2차 대전 이후 미국에서 골턴의 우생학이 쇠퇴하는 데 많은 기여를 한 것으로 보아 흑인 지식인들의 주장은 장기적인 관점으로 보았을 때 강제적 불임 수술 폐지에 무시할 수 없는 요소로 작용했다고 볼 수 있습니다.

우생학의 결정적 쇠퇴를 불러온 것은 역설적이게도 우생학의 이론을 이용하여 대량학살을 저지른 독일 나치의 만행이었습니다. 독일의 우생학 운동은 인종위생, 강제불임, 안락사, 집단학살과 밀접한 연관을 가지며 전개되었습니다. 인종위생 운동은 19세기 말 독일 사회의 급격한 산업화 과정에서 파생된 제반 사회문제와 노동자계층보다 엘리트계층의 출산율이 상대적으로 저조한 것에 대한 사회다윈주의적인 관심에 주된 근거를 두고 있습니다. 초기의 인종위생운동은 생물학에 엄밀한 지적 기반을 두었고 인종적 정치적 색깔은 두드러지지 않았습니다.

1933년 나치의 집권 이후 인종위생 운동은 흑인, 유대인, 동부 유럽인들을 인종적으로 구분하고 열등시하는 정치적 운동으로 급속히 변질하였습니다. 1933년, 선천성 정신질환, 조현병, 간질, 선천성 시각장애인, 알코올 중독, 헌팅턴씨병 있는 사람을 대상으로 도입한 강제불임법을 통과시키며, 이는 1937년 모든 독일 유색 아동을 대상으로 확대해서 나치 말기까지 약 350,000명의 생식능력을 제거했습니다. 당시 독일은 정부가 개인의 죽음을 통제해야 한다고 주장하며 안락사를 적극적으로 옹호하고 나섰던 때였습니다. 1920년 출판된《살 가치가 없는 생명에 대한 살생 허용》이라는 책은 나치 체제하에 우생학 운동에서 광범위하게 적용되었습니다. 이 책은 불치병 환자뿐만 아니라 정신 질환자, 박약아, 선천성 불구아도 이 개념의 범주에 포함했습니다. 본격적인 안락사 프로그램은 1930년대 말 신체나 정신장애를 지니고 태어난 아동 학살로 시작하였습니다.

초기에는 3살 미만의 아동을 대상으로 하였으나 1941년 17살, 그리고 1943년에는 유대인을 비롯한 이른바 바람직하지 않은 인종의 건강한 아동까지 포함하였습니다. 자국민 장애아동을 대상으로 시작한 안락사 프로그램은 이렇게 그 대상 나이와 종족을 계속 확대해서 결국 타 종족의 건강한 성인을 대상으로 한 집단학살 프로그램으로까지 치닫게 됩니다. 독일이 소련과 폴란드를 침공했을 때 수많은 유대인, 집시, 정신 질환자가 이 프로그램으로 총살당하였고, 결국 강제 수용소에서 노동력이 없거나 병이 들면 반사회적이라는 이유로 수백만 명이 살인 가스로 대량 학살당하는 인류역사상 유례없는 참극이 저질러지게 되었습니다.

나치는 우생학 이론을 이용해 열등 인간을 제거하고 우등한 인종을 보호 확산시키려 하였지만, 그들에 의해 열등 인간으로 분류된 유대인, 장애인, 부랑자, 집시 등의 대학살로 인하여 우생학은 오히려 쇠퇴하기 시작하였습니다. 세계 제2차 대전 이후 대부분의 나라에서 '우생학'이라는 단어 자체가 나치 대학살을 연상하게 하는 나쁜 함의를 갖게 되었기 때문입니다. 그리하여 강제적인 불임 시술과 거세, 학살은 1945년에서 1950년을 기점으로 대부분 중단되었으며, 각국의 우생학회는 이름을 바꾸고 우생학 학술지도 폐간하거나 유전학 학술지라는 이름으로 변경하였습니다. 나치의 만행은 우생학을 추악한 단어로 만들기에 충분했습니다.

1920년대 미국에서 이민 제한법과 강제불임법이 통과되자 우생학에 대한 사회학자, 인류학자, 생물학자들의 비판 목소리가 높아졌습니다. 이들은 범죄, 매춘 등의 사회문제는 가난, 문맹 등과 같은 불리한 사회여건의 결과이지 유전자의 문제가 아니며, 인종 간의 차이도 생물학적이라기보다는 문화적 차이의 결과로 보아야 한다고 주장했습니다. 1930년 로마 가톨릭교회도 교황의 교서를 통해 우생학을 공식적으로 반대한다고 발표하였습니다. 이러한 거센 반대의 결과 구미 대부분의 나라에서 우생학 운동의 사회적 정치적 영향력은 크게 제한받게 되었습니다.

무신론이 지배하는 사회

골턴이 우생학으로 인류를 향상할 수 있다고 믿었던 방법은 두 가지입니다. 그 두 가지는 긍정적인 우생학(Positive Eugenics)과 부정적인 우생학(Negative Eugenics)입니다. 긍정적인 우생학은 적합한 사람들 사이의 출산을 장려하기 위해 교육, 세금 등의 인센티브 및 출산 장려금을 사용하는 반면, 부정적인 우생학은 결혼 제한, 격리, 성적 거세 그리고 가장 극단적인 형태로 안락사를 통해 출산을 억제하는 것이었습니다. 이러한 우생학은 유럽을 비롯하여 세계 여러 나라에서 유행하였고, 미국에서 더 광범위하게 수용되어 19세기말과 20세기 초까지 단종법의 성립과 이민 제한의 근거로 사용되었습니다.

독일 나치가 우생학을 극단적으로 악용하여 인류에게 세기의 충격을 주었기 때문에 그 외의 나라에서 저질러 진 폐해는 가려져서 사람들의 관심을 받지 못하였습니다. 미국의 경우도 예외가 아닙니다. 미국을 청교도의 나라라고만 이해하는 것은 오해입니다. 한 나라의 역사를 기록하고 공부할 때는 공과(功過)를 분명하게 해야 그 폐해를 예방할 수 있습니다.

"무지한 말로 이치를 가리는 자가 누구니이까 나는 깨닫지도 못한 일을 말하였고 스스로 알 수도 없고 헤아리기도 어려운 일을 말하였나이다." (욥 42:3).

유전공학,
포스트 우생학을 경계해야

　19세기 말부터 20세기 초까지 미국에서 우생학의 이름으로 저질러 진 인종차별의 폐해는 엄청났습니다. 당시 미국의 주정부는 대략 100,000명의 정신이상, 정신박약, 기형, 그리고 범죄자들이 번식하지 못하도록 막기 위해 마치 개나 고양이에게 중성화수술을 시키듯, 바람직하지 않은 특성들이 다음세대에 전달되지 않도록 하기 위한다는 명분으로 강제적인 불임시술을 행하였습니다.

　물론 이러한 단종법은 미국에 한정된 것만은 아니었습니다. 독일은 1932~33년에, 캐나다의 브리티시 콜럼비아주는 1933년, 노르웨이 스웨덴 덴마크는 1934년, 핀란드는 1935년에 같은 법을 통과시켰습니다. 1930년대에 특히 독일의 단종법은 미국 우생학자에 의해서 기록된 "캘리포니아의 단종법(sterilization law)의 성공"에 영향을 받아 만들었다고 하며, 그 결과 나치 정권하에서 40만 명 이상이 본인의 의지와는 상관없이 거세당하였으며, 약 7만 명이 살해되었습니다.

　우생학 정책에 대한 평가와 비판은 "부정적"또는 "긍정적"정책이든 상관없이 선택의 기준이 그 당시 정치권력에 속한 그룹에 의해 결정되었기 때문에 쉽게 오용되었던 것입니다. 부정적인 우생학의 이러한 오용은 인간에게 주어진 하나님의 창조적 번식명령을 노골적으로 거부한 것이며 기본 인권을 유린한 것입니다.

우생학 정책의 또 다른 문제는 인간의 유전적 다양성의 손실을 초래하여 유전적 변이가 낮아 근교약세 (inbreeding depression, 近交弱勢)를 유발한다는 점입니다.

제2차세계 대전이 끝나자, 여러 나라에서 많은 차별적 우생학 법들은 나치 독일과 관련이 있다고 하여 폐기 되었습니다. 나치의 만행으로 우생학의 심각한 폐단들이 사람들에게 널리 인식되자 공식적인 우생학의 이름과 활동은 자취를 감추게 되었습니다.

그동안 우생학에 대해 우호적이던 사회학자, 인류학자, 생물학자들이 우생학을 비판하기 시작하였습니다. 이들은 범죄, 매춘 등의 사회문제는 가난, 문맹 등과 같은 불리한 사회여건의 결과이지 유전자의 문제가 아니며, 인종 간의 차이도 생물학적이라기보다는 문화적 차이의 결과로 보아야 한다고 주장했습니다. 여기서 우리가 눈여겨 보아야 할 점은 우생학을 비판하는 학자들의 비판에서 인권 문제가 제기 되는 것이 아니라 사회 문제의 원인을 유전자에서 사회적 환경 때문으로 바꾼 것입니다. 우생학이 사회 문제를 생물학적 유전에서 그 원인을 찾았다면 우생학이 사라진 후부터는 사회 문제의 원인을 사회 환경에서 찾게 되었다고 할 수 있습니다. 사회 문제와 인간 문제 원인과 그 해결책을 우생학이나 사회 환경에서 찾는 것은 양자 모두 인간의 한계를 보여주는 것입니다. 성경은 인간과 사회 문제 원인과 해결책을 창조 질서와 복음 안에서 제시합니다.

현대에 우생학은 존재하지 않습니다. 하지만 우생학이 토대와 근간으로 삼았던 유전학은 점점 발전하고 있으며 유전학이 사회에 미치는 그 영향력은 과거의 우생학을 능가하고 있다고 할 수 있습니다. 그렇다면 현대 유전공학은 종전의 우생학과 어떻게 다른지를 분석하고 관찰하고 평가해 보아야 할 것입니다.

종전의 우생학은 전쟁과 함께 붕괴되었지만 1953년 DNA 나선구조의 발견은 새로운 우생학의 탄생을 촉진하게 됩니다. 20세기 말에 유전공학의 유전자, 게놈 그리고 생식기술의 눈부신 발전으로 생명윤리에 관한 수많은 문제들이 제기되면서 우생학에 관한 관심을 효과적으로 다시 부활시켜 어떤 과학자들은 "현대 유전학은 우생학의 뒷문"이라고까지 말하기도 합니다. 최근의 유전학 및 생식기술의 발전은 질병 또는 건강 상태와 관련된 결함 있는 유전자를 고치는 데 중점을 둔 "인간 유전 공학" 또는 "현대 우생학"이라고 불리는 새로운 형태의 우생학의 문을 열었습니다. 즉 인간 유전 공학은 관찰 할 수 있는 형질이나 표현형을 바꾸려는 목적으로 개인의 유전자 구성이나 유전자형을 조작하는 과학입니다.

　　인간 유전공학은 유전적 장애와 결함의 교정을 말하는 부정적인 유전공학(negative genetic engineering)과 개인의 유전적 특성을 향상시키는 긍정적인 유전공학(positive genetic engineering)의 두 가지 범주로 나누어 연구되고 있습니다. 부정적인 유전공학의 예로는 유전적 결함을 교정하기 위한 비생식 세포 또는 체세포의 유전자도입(Somatic cell gene transfer)이 있고 긍정적인 유전공학의 예로는 운동선수의 경기력을 향상할 수 있는 인체내 특정 호르몬이나 기타 천연물질의 생성을 촉진할 수 있도록 하는 유전자도핑(Gene Doping)이 있습니다. 도핑(doping)은 운동 선수들이 경기력 향상을 위해 약물을 복용하는 행위를 말합니다. 유전자도핑은 인체에 해롭지 않도록 조작한 바이러스 안에 지구력 향상 등에 도움을 주는 유전자를 담아 원하는 세포로 보내는 방식입니다. 인위적으로 세포에 주입한 유전자가 기능하면서 지구력 향상에 필요한 단백질과 효소를 만들어내게 됩니다.

　　2003년에 휴먼 게놈 프로젝트가 완료된 후 개인의 유전정보를 해독 하는데 소요되는 시간과 비용이 크게 줄면서 과학자들은 "우리는 모든 의학이 게놈 의학 시대로 들어서고 있다."라고 말합니다. 게놈 프로젝트가 이렇게 발전하자 돈 많은 20명이 자신의 게놈 해독을 위하여 각각 10만 달러를 냈습니다. 그 중에는 셀레라 제노믹스 창업자 벤터(Criag Venter)와 DNA구조 공동 발견자 왓슨(James Watson)이 포함되어 있습니다. 우리에게 잘 알려진 인물로는 스티브 잡스(Steve Jobs)가 있는데, 그는 췌장암 진단을 받고 2011년에 자신의 암 치료법을 찾으려고 두 번이나 유전자 정보를 분석하였지만 안타깝게도 기회를 놓치고 말았습니다. 그의 유전자 정보 분석에 참여했던 한 의사는 그가 조금만 일찍 유전자 정보를 분석했었다면 췌장암을 치료할 수 있었을 거라고 하였습니다. 당시만 하더라도 게놈 해독 비용이 비싸서 부자들이나 할 수 있었지만 최근에는 게놈 해독 가격이 급격하게 떨어져 대략 1000여 불 정도에 할 수 있다고 합니다. 이렇게 되자 대부분의 현대 과학자들은 모든 신생아에 대한 전체 게놈해독을 통해 우생학의 새 물결을 추구하고 있습니다.

이러한 의학의 발전은 의사와 부모에게 자녀의 건강에 잠재적으로 예방 가능한 질병의 진단에 많은 정보를 제공 할 것이라고 합니다. 그러나 신생아에 대한 전체 게놈 해독의 도입은, 가령 신생아가 어떤 돌연변이를 가지고 있을 때, 의사들은 나중에 어떤 문제를 일으킬 수 있을지 확실하지 않은 상황에서 해독 결과를 과연 부모들에게 알려야 하는가 하는 문제에서부터 유전적 차별, 예를 들면, 결혼, 취직, 보험 등과 같은 분야에서 익명성 상실을 야기하는 윤리적 문제를 내포하고 있습니다. 아마도 멀지 않은 미래에는 사람들이 취직할때 이력서와 추천서 뿐만 아니라 자신의 유전자 프로파일을 제출해야 할지도 모를 일입니다. 또한 잘생긴 외모와 늘씬한 체격, 높은 지능이 대접을 받는 사회에서 모든 부모들은 자녀들을 더 똑똑하고, 더 강하고, 더 잘생긴 외모를 갖게 하기 위하여 자녀들의 유전자를 조작하고 싶은 유혹을 받게 될 것이 분명합니다.

오늘 착상전 유전 진단 (PGD)의 진보는 사회를 "우생학의 새로운 시대"로 내 몰고 있으며, 현대 우생학은 나치 우생학과는 달리 "아이들은 점점 더 주문 제작된 소비자 제품"과 같은 소비자 중심의 시장기반이 돼가고 있는 것이 아닌가 하는 우려를 낳게 합니다. 현재 시술되고 있는 PGD 기법은 여성의 난소를 자극하여 난자 생산을 늘린 후 난자를 정자와 결합해 수정시키고 사흘에서 닷새가 지난 시점에서 배반포라고 하는 세포를 제거하여 특별한 유전성 질환 테스트를 수행합니다. 이때 정상으로 판정된 배아만을 선별해서 환자의 자궁에 이식하는데, 이 기법으로 원하는 성별이나 눈이나 머리색깔을 가진 아기의 출산도 가능하며, 실제로 이렇게 해서 태어난 아기들의 경우 대부분 남아들이 많다고 합니다. 더구나 최근에는 크리스퍼(CRISPR-Cas9 또는 CRISPR)라고 부르는 혁신적인 유전자 편집기술이 개발되었습니다. 크리스퍼(CRISPR-Cas9)기술을 이용하면 매우 정확하게 분자가위로 잘못된 유전자를 잘라내고 바람직한 유전자로 바꾸는데 최장 수년씩 걸리던 것이 며칠로 줄어들며 동시에 여러군데의 유전자를 저렴한 비용으로 교정할 수도 있게 되었습니다. 만일 적절한 가격에 단순한 의료 절차를 통해 유전자 결함을 갖지 않으며, 키 크고, 체격이 좋고, 지능이 높고, 아름다운 아기를 가질 수 있다면 그렇게 하고 싶은 유혹을 거절하기란 결코 쉽지 않을 것입니다.

또한, 만일 모든 사람이 그러한 비용을 감당할 수 없을 때 몇 세대 후에는 과연 어떤 일이 벌어질 것인지 상상해 본다면, 유전자 변형에 의해 변하지 않은 정상적인 사람들은 아마도 과학에 의해 창조된 슈퍼맨과 슈퍼우먼들과 좋은 학교, 스포츠, 직장, 그리고 결혼 등에서 경쟁 할 수 없게 될 것입니다. 그들은 모든 면에서 열등해져 하류 계층에 놓이게 되고 계속하여 그들의 후손들도 사회계층에서 상승의 소망 없는 운명에 처하게 될 것이며, 그때는 인종차별이 아니라 유전자차별이라는 공포의 공상과학영화 같은 세상을 맞게 될 것입니다.

유전자편집 기술은 특히 서구에서 많은 법적, 윤리적 논란을 낳고 있지만, 그러나 공산주의나 사회주의 또는 진보적인 사람들에게 법적이고 윤리적인 문제나 인권문제 나아가 생명의 존엄성 문제는 그다지 중요하지 않습니다. 그 대표적인 나라가 바로 중국입니다. 미국을 비롯한 서구 나라들에서 인간 생명의 존엄성과 윤리적 문제로 제동이 걸리는 유전자 편집 문제가 중국에서는 일체 문제가 되지 않습니다. 유전자 편집 기술 같은 첨단 유전자 공학의 발전된 기술이 무신론자의 손에 들어가는 것이 얼마나 가공할 위험인가를 깊이 생각해야 합니다.

유전자 편집 기술의 발전이 공산주의나 사회주의 국가에서만 문제가 되는 것이 아님을 잊지 말아야 합니다. 진보적인 무신론자들은 유전공학의 유전자 편집 기술을 통해 우성 인간을 상품처럼 생산하는 것에 대해 아무런 문제 의식을 갖지 않습니다. 그러한 유전공학, 즉 포스트-우생학은 인간의 존엄성을 파괴할 뿐만 아니라 인간이 인간을 임의로 조작하여 인간이 인간에 대하여 신이 되려는 극단적 교만의 악을 저지르는 것입니다. 인류 역사에서 인간이 저지른 수많은 범죄가 있지만 인간이 저지른 죄악 중에 가장 치명적인 악이 창조주 하나님처럼 되려는 것입니다. 오늘 하나님처럼 되려는 인간의 교만은 창조 질서를 부정하는 정책들과 사회운동으로 전통적인 가치와 문화를 지우고 있습니다.

 "어리석은 자는 그의 마음에 이르기를 하나님이 없다 하는도다 그들은 부패하고 그 행실이 가증하니 선을 행하는 자가 없도다."(시 14:1)

전체주의

하나님은 인간을 창조자인 하나님께 의존하여 살도록 창조하셨습니다. 하나님께 의존하여 살도록 창조된 인간이 하나님으로부터 독립하려는 것을 성경은 죄라고 합니다. 인간이 하나님의 명령을 어기고 죄를 범하여 하나님을 떠났지만, 그렇게 하여 의존적 존재가 독립적 존재로 변한 것이 아니라 의존의 대상이 달라졌을 뿐입니다. 하나님으로부터 독립한 인간은 하나님 대신 자기 스스로를 의지하게 되었는데, 그 방법은 무기와 폭력과 집단입니다. 그 대표적인 예가 바벨탑 사건입니다. 하나님께 의존적인 존재가 바벨탑을 쌓아 하나님 대신 그 탑을 의지하려고 하는 시도는 하나님 나라에 역행하는 것이기 때문에 하나님이 친히 막으셨습니다. 무력으로 자신을 보호하려는 바벨탑 국가에 하나님의 형상인 인간의 존엄성은 존재하지 않습니다. 그런데도 인간이 하나님을 떠났기 때문에 인간의 존엄성을 포기하면서 무력적인 집단을 의지하게 된 것이고 이것이 바로 인류 최초의 전체주의라고 할 수 있습니다. 전체주의에서는 인간이 하나님으로부터 받은 자유와 양심과 존엄성을 전체주의 제단에 희생 제물로 받친 것과 같습니다. 하나님을 떠난 인간에게 의지할 데가 없이 혼자라는 의식은 그 누구도 떨쳐 버릴 수 없는 두려움입니다. 인간의 모든 제도와 정치, 철학, 사상, 이념, 과학, 문화는 본래 인간의 의존 대상인 하나님을 대체하려는 시도의 결과물들입니다.

조지 오웰은 그의 저서 "1984"에서 "혼자 있는 인간, 다시 말해 자유로운 인간은 언제나 패배한다. 모든 인간은 언제나 죽게 마련이고, 죽음은 가장 커다란 패배이기 때문이다. 하지만 인간이 철저하고 완전하게 복종함으로써 자신의 존재를 버리고 스스로 당의 일부가 될 만큼 당의 일에 적극적으로 나선다면, 그때는 불멸의 전능한 존재가 된다."라고 하였는데 이는 전체주의를 의미하는 것입니다. 인간이 하나님께로 돌아가기 전에는 전체주의에 대한 유혹에서 벗어날 수 없을 것입니다.

제2차 세계대전은 전체주의가 일으킨 전쟁으로 더 완벽한 전체주의 국가를 지향했지만, 아이러니하게도 그 전쟁은 사람들에게 전체주의의 폐해와 그 허구를 극명하게 가르쳐 주었습니다. 전체주의(Totalitarianism)는 개인의 모든 활동이 이념, 종교, 민족, 국가 같은 전체 대중의 존립과 발전을 위해서만 존재한다는 이념 아래 개인의 자유를 억압해야 한다고 주장하는 극단적인 대중주의 성향의 정치사상 및 체제를 의미합니다. 즉 국가가 개인에 대해 절대적 권력을 행사하는 체제를 말합니다. 이탈리아의 독재자였던 베니토 무솔리니는 1920년대 초반 이탈리아의 새로운 파시즘국가를 지칭하기 위해 '토탈리타리오'(Totalitario)라는 용어를 최초로 사용했고, "국가 안에 모두가 있고, 국가 밖에는 아무도 존재하지 않으며, 국가에 반대하는 그 누구도 존재하지 않는 것"이라고 주장하였습니다. 그 이후 이탈리아의 정치인이자 언론인인 조반니 아멘돌라(Giovanni Amendola)가 무솔리니와 그의 추종자들의 정치 현상을 묘사하기 위해 최초로 '토탈리타리스모'(Totalitarismo)라는 용어를 사용하였습니다.

나치 독일 붕괴 이후 1950~1960년대 프리드리히와 브레진스키 등의 사회학자들이 전체주의를 집중적으로 연구하였습니다. 프리드리히는 전체주의를 한 사람이 지배하는 대중정당, 경찰과 비밀경찰의 조직적 폭력, 대중매체 독점, 경제에 대한 중앙통제, 무기에 대한 유사 독점, 천년왕국 도래를 주장하는 정교한 이데올로기를 갖춘 체제가 전체주의 체제라고 정의하였습니다. 전체주의의 학문적 연구는 제2차대전의 충격에서 벗어난

1950년대 이후 본격화되었는데, 주로 유럽과 미국에서 이루어진 연구 성과는 체제의 분석에 중점을 둔 쪽과 이데올로기적 요소에 중점을 둔 쪽으로 크게 나뉩니다. 전자를 대표하는 학자는 프리드리히와 브레진스키, 레이몽 아롱, 칼 도이치, 샤피로 등이며 한나 아렌트, 칼 포퍼, 탤먼 등은 후자에 속합니다. 학자 중에는 전체주의를 20세기 산업사회의 정치적, 기술적 조건이 성숙하여서 등장할 수 있었던 새로운 현상으로 규정하기도 합니다. 브레진스키와 프레드리히는 스파르타도 전체주의가 아니라고 하였는데, 전체주의가 성립할 수 있었던 가장 중요한 것은 다름 아닌 현대 기술의 도움이라는 것이 두 사람의 흥미로운 시각입니다.

전체주의는 개인주의와 자유주의와 반대되고 개인의 자유를 억압하는 것으로 나치 독일의 히틀러와 스탈린의 휘하의 소련의 경우가 대표적이라고 하였습니다. 그들의 대표적 구호는 "하나는 전체를 위하여, 전체는 하나를 위하여(one for all, all for one)인데, 이는 개인의 이익보다 집단의 이익을 강조하여 집권자의 정치 권력이 국민의 정치 생활은 물론, 경제, 사회, 문화생활의 모든 영역에 걸쳐 전면적이고 실질적인 통제를 가하는 것을 말합니다. 전체주의는 파시즘과 스탈린주의를 포함하고 있지만, 양자는 이데올로기의 기원에 있어서는 공통점이 있으나, 사회적 배경에서는 서로 다릅니다. 전체주의의 발생 원인을 획일적으로 해명하기는 어렵지만 지배형태에서 전체주의적 특징을 찾아낼 수는 있습니다. 전체주의는 '권위주의'의 하위 범주에 포함시켜 보는 경우가 많은데, 사실 전형적인 '권위주의'와 전체주의 간에는 차이가 있습니다. 권위주의는 '상위 계층이 하위 계층을 권위적으로 억누르는' 이념으로 이해할 수 있는데, 따라서 개념상 상위 계층과 하위 계층의 구분을 인정하며 자유를 상당히 제약하지만 약간의 자유는 남아 있는 경우가 많습니다. 반면 전체주의 이념 안에서는 전체 이외 것은 존재하지 않으므로 자유로운 개인이라는 개념 자체를 소거시켜 버립니다.

전체주의에는 사람들이 쉽게 거부할 수 없는 장점도 있습니다. 전체주의의 가장 큰 장점은 힘의 결집입니다. 미국을 제외한 현재 선진국들은 하나같이 전체주의를 이용해 결집한 역사가 있습니다. 권위주의 또는 군주제 체제 아래에서 발전한 서양 국가들은 말할 것도 없고, 아시아의 독재 및 공산국가를 제외하고도 민주국가인 한국, 대만, 일본의 근대 역사에도 전체주의적 요소가 있습니다. 이 나라들의 근대화가 대한민국 제3공화국, 장제스의 중국 국민당, 메이지 유신 등의 시기에 이루어졌습니다. 이 국가들이 근대화의 과정에서 지도자가 올바른 목표를 제시하고 역량을 가중시켜 빠른 발전이 가능하였습니다. 아쉬운 점은 그 목표를 향해 역량을 집중하느라 다른 부분의 발전을 소홀히 하였으며 인권이 무시되고 탄압을 받았습니다. 이들 국가의 산업화는 서방 민주주의 세계보다 매우 빠른 결실을 만들어냈고, 그 원동력은 국민들의 희생을 요구한 전체주의와 같은 요소라고 할 수 있습니다.

현대인들은 제2차 세계대전 당시에 추축국들이 전체주의 풍조를 가지고 나라를 어떻게 말아먹었는가 하는 점과 21세기 들어와서 전체주의 성향을 지닌 국가들은 하나같이 심각한 정치 경제적 부작용에 시달리고 있으며 그러면서도 인간의 자유와 천부적 권리를 무시하는 것도 잘 알고 있어서 그 체제를 거부합니다. 그러나 당시에는 전체주의를 매우 효율적인 체제로 보는 이들이 많았는데 단적으로 영국, 프랑스, 미국의 많은 시민은 당시 자국의 혼란스러운 상황과 달리 안정적으로 발전하던 나치 독일을 보고 대의제에 따라 누구나 자기주장을 내 세우느라 언제나 시끌벅적한 민주주의보다는 탁월한 지도자 한 명의 명령에 따라 일사불란하게 움직이는 전체주의가 더 좋다고 생각하였습니다. 전체주의 국가는 장기간의 전쟁은 물론 심지어 침략전쟁 수행 시에도 국민에 대한 비인도적인 통제가 가능하고, 무엇보다 선거가 없거나, 선거가 있어도 형식에 불과하기에 국민 여론에 대한 걱정이 민주주의 국가보다 현저히 덜하다는 장점이 있습니다. 이로 인해 지도자가 마음만 먹는다면 장기적인 국가계획을 중단 없이 몇 십 년 동안 안정적으로 시행할 수 있는 장점이 있습니다. 국가나 지도자의 입장에서 볼 때 전체주의의 또 다른 장점은 국민의 건전하지 못한 경제활동이나 사행성 오락과 윤리적 행동을 효과적으로 억제하고 통제할 수 있습니다. 뿐만 아니라 전쟁이 아니더라도, 아주 위급하고 극단적인 세계적 재해 상황을 처리하는데 역시 전체주의가 유리합니다. 국가적 재난에 대처하는 데 있어서 전체주의보다 효율적인 제도는 아마도 없을 것입니다.

지금 온 세계가 코로나 팬데믹으로 극심한 혼란과 두려움과 고통을 겪고 있습니다. 그런데 이 세계적 재난 사태가 국민의 지지를 받지 못하는 인기 없는 국가 지도자들에게는 자신의 입지를 공고히 할 좋은 기회입니다. 국가 발전을 위한 탁월한 정책이나 업적이 없어도 자신의 실정과 무능함에 대한 국민의 비판을 일거에 잠재울 수 있는 것이 코로나 팬데믹입니다. 세계 여러 나라의 지도자들이 코로나 팬데믹을 전체주의를 정당화하는 호재로 삼는 것 같습니다. 백신 접종의 의무화나 전문가들이 불필요하다고 하는 온갖 대규모 규제를 고집하는 것은 전체주의 유혹에 빠져드는 현상이라고 할 수 있습니다. 전체주의는 다수를 하나의 공동체로 묶어 지휘자의 판단대로 분산된 힘을 집결시켜 원하는 것을 할 수 있습니다. 그 힘은 국가 경쟁력을 높이기 때문에 민족주의, 국수주의, 국가주의, 군국주의 등과도 쉽게 손을 잡을 수 있습니다.

금세기의 전체주의 재앙의 가장 큰 희생을 치른 대표적인 국가는 구소련일 것입니다. 지금의 러시아 대통령 푸틴은 소련의 공산주의 치하에서 전체주의가 얼마나 나쁜가를 처절하게 몸으로 겪고 공산주의와 결별을 선언한 인물입니다. 이미 작고한 소련의 망명 작가 솔제니친이 공산주의, 전체주의, 사회주의를 통렬하게 비판하였는데 푸틴은 솔제니친을 존경하고 그의 주장을 전폭적으로 지지하고 따랐습니다. 솔제니친이 미국에 망명

무신론이 지배하는 사회

와서도 소련의 공산주의와 전체주의가 인간의 존엄성과 도덕과 보편 가치를 파괴한다고 비판했지만, 그는 소련만을 비판한 것이 아니고 미국을 비롯한 서방국가들의 전체주의적 요소들을 경고하며 비판하였습니다.

그런데 며칠 전 솔제니친의 영향을 받은 러시아의 대통령 푸틴이 작심하고 미국을 비롯한 서방국가들을 비판하였습니다. 그의 미국을 비롯한 서방국가들을 향한 비판은 마치 솔제니친의 비판과 같았습니다. 솔제니친의 서방국가를 향한 비판은 다름 아닌 소련 공산주의를 비판한 비판과 같은 맥락입니다. 솔제니친이 그랬던 것처럼 푸틴은 전체주의, 공산주의, 사회주의는 필연적으로 인간의 존엄성과 인권과 자유와 도덕을 파괴하고 동성애를 합법화하며 보편 가치와 질서를 파괴한다고 지적하였습니다. 그것을 직접 겪은 자신은 공산주의와 철저하게 결별하였고 소련이라는 국가가 전체주의와 공산주의 독재를 표방하다가 어떻게 망하게 되었는가를 실증적으로 보여주었는데도 미국을 비롯한 서방국가들이 마르크스와 레닌의 주장들을 뒤늦게 추종하는 것은 이해할 수 없다고 하였습니다.

전체주의가 여러 장점이 있음에도 불구하고 그것이 얼마나 허망하고 악하고 나쁜 제도인가를 서방국가들은 알아야 할 것이라고 경고하였습니다. 지금 중국이나 북한보다 더 나쁜 인권의 지옥은 지구상에 아마도 없을 것입니다. 그들의 통치는 전형적인 전체주의 통치로서 인권과 자유와 도덕을 파괴하고 있습니다. 전체주의는 인간의 존엄성과 자유와 도덕과 모든 보편 가치를 파괴하는 악입니다. 성경이 악은 어떤 모양이라도 버리라고 하였는데 지금의 정부와 빅 테크들이 전체주의 흉내를 내는 것은 심히 우려할 일이 아닐 수 없습니다.

 "성령을 소멸하지 말며 예언을 멸시하지 말고 범사에 헤아려 좋은 것을 취하고 악은 어떤 모양이라도 버리라"(살전 5:19-22)

전체주의를
용이하게 하는 인프라

사람들은 기본적인 의식주의 문제가 어느 정도 해결되자 사람을 사람답게 만드는 요소는 무엇인가에 대하여 생각하기 시작하였습니다. 사람들은 사람이 사람답게 사는 것이 어떤 것인가에 대하여 정의 내리기 위해 오랫동안 많은 고민을 하였습니다. 이러한 인간의 고민으로부터 나온 많은 문학 작품들이 있습니다. 그러한 작품들은 진정한 인간의 행복을 보장하는 세상을 제시하기보다 역설적으로 인간을 불행하게 하는 것이 무엇인가를 보여주는 경우가 많습니다. 『프랑켄슈타인』(1818), 『지킬 박사와 하이드 씨』(1886), 『멋진 신세계』(1932), 『1984』(1949), 『타임머신』(1895) 등이 다 그런 작품들입니다. 이 작품들의 공통점은 그들의 문학 작품들을 통해 19세기 후반과 20세기 초반을 살았던 사람들이 과학을 어떻게 바라보았는가를 짐작할 수 있다는 점입니다. 『프랑켄슈타인』, 『지킬 박사와 하이드 씨』, 『타임머신』은 19세기 문학이고, 『멋진 신세계』와 『1984』는 20세기 문학입니다. 이 작품들은 전반적으로 과학을 통해 완전하고 훌륭한 미래가 만들어질 수 있다는 생각을 경계하는 내용으로 구성되어 있습니다.

이러한 생각들의 배경에는 당시의 시대 상황과 과학적 배경이 자리하고 있습니다. 오늘날에도 과학에 대한 맹신이 없지 않지만, 19세기와 20세기에도 과학에 대한 맹신은 실로 대단했습니다. 이미 18세기 말까지 프랑스의 백과사전파에 의해 만들어진「백과전서」라는 책이 당시로서는 유례가 없는 25,000질이 판매되었고, 그 속에 담긴 과학적 지식에 바탕을 둔 변화와 개혁의 이념이 유럽사회에 큰 영향을 미치게 되었습니다.

　18세기 중엽부터 본격적으로 시작된 산업혁명은 기술상의 변화뿐만 아니라 여러 가지 사회 경제적, 문화적 변화가 복합적으로 얽히면서 진행되었습니다. 산업혁명의 시기에는 또한 과학자들과 기술자들의 인적 연결이 이루어졌습니다. 과학과 기술은 점차 가까워졌으며 두 가지 분야에서 동시에 활동하는 사람들이 나타나기 시작하였습니다. 19세기 중엽에는 독일과 미국에서 과학 지식이 기술에 직접 응용되기 시작했습니다. 과학은 순수한 과학적 지식을 얻기 위해 힘썼던 모습에서 벗어나 물질적 생산과 자연의 변화에 응용되는 방향으로 발전했습니다. 대표적인 예가 기계, 열기관, 화약약품 분야였고, 특히 화학 염료공업, 증기기관의 개량, 전기 공업 분야에서 두드러지게 나타났습니다. 과학은 기술적 활동으로 얻은 지식을 연구하는 수동적인 위치에서 기술적 활동보다 먼저 기술발달을 규정하는 능동적인 위치에 이르렀습니다. 또한, 기술은 과학적 활동에서 이룩한 발견과 발명을 차용하고 응용했습니다.

　비록 오늘 현대 사회에서 보는 것과 같은 과학과 기술 사이의 밀접한 관계가 그 당시에 보편화되지는 않았지만 그 이전에 비하여 과학과 기술이 많이 가까워졌다고 할 수 있습니다. 현대에도 과학에 대한 사람들의 믿음은 실로 대단하다고 할 수 있습니다. 과학은 인류에게 많은 편리를 제공하였고 삶의 질을 높여 주었지만, 과학은 소위 현대 엘리트를 포함한 일반 대중을 과학적 미신에 빠지게 하였습니다. 과학적 미신은 과학을 비과학적이 되게 합니다.

　오랜 시간 동안 사람들은 자신의 존재 이유에 대하여 고민하였고, 그것을 바탕으로 한 문학 작품 중에 올더스 헉슬리의 《멋진 신세계》가 있습니다. 《멋진 신세계》는 발전된 기술 속에서 인간성을 잊은 사람들의 모습을 그리고 있습니다. 영국 출신의 작가인 올더스 헉슬리(Aldous Huxley)는 1931년에 프랑스에서 《멋진 신세계》(Brave New World)를 썼습니다. 소설의 제목은 셰익스피어의 희곡 《템페스트》의 한 구절에서 따왔다고 합니다. 《멋진 신세계》는 헨리 포드가 태어난 해인 1863년을 인류의 새 기원으로 삼은 가상의 미래 세계를 다루고 있습니다.

헨리 포드(Henry Ford)는 미국의 기술자이자 기업인으로 포드 모터 회사의 창설자입니다. 작품 속의 배경은 포드 기원 632년(서기 2496년)의 영국입니다. 소설 속의 세계는 하나의 통일된 정부의 통제하에 모든 것이 포드주의(Fordism)에 따라 자동 생산됩니다.

포드주의는 일관된 작업 과정으로 노동과정을 개편하여 노동 생산성을 증대시키는, 즉 상대적 잉여 가치를 생산하는 집약적인 축적 체제입니다. 1913년 헨리 포드는 본인 공장에 컨베이어 벨트로 생산라인을 구축하였는데, 포드의 공장은 다른 공장의 제조 기법에 부품의 상호교환성을 결합하여 자동차 산업에 혁명을 불러일으켰으며 대량 생산을 위한 효율적인 표준을 만들었습니다. 하나 혹은 여러 개의 컨베이어를 각각의 근로자 앞에 배치해 최종 제품에 들어가는 부품들을 조립하게 한 포드의 아이디어는 많은 공장에서 채택되었습니다. 그러나 제한된 노동 시간 내에 일정한 생산량을 확보하기 위해 노동 강도를 강화했고, 노동과정 안에 남아 있는 자유공간을 제거함으로써 자본가의 통제를 더욱 확고히 한 체제입니다. 이를 가리켜 사람들은 포드주의라고 부릅니다.

《멋진 신세계》는 극도로 발전한 기계 문명이 철저히 통제하는 계급 사회를 그리고 있습니다. 심지어 사람도 컨베이어 시스템에 실려 수정되고 길러져 병 속에서 제조되고 태어납니다. 헉슬리는 기계 문명의 발달을 1920년대와 1930년대에 대두한 전체주의와 연결해 비인간적 기계 문명이

무신론이 지배하는 사회

가져올 지옥을 경고하였습니다. 헉슬리는 H. G. 웰스의 《현대 유토피아》(1905년)와 《신과 같은 사람》(1923년)으로부터 영감을 받아 《멋진 신세계》를 썼다고 회고하였습니다. 헉슬리의 《멋진 신세계》는 조지 오웰의 1984와 함께 대표적인 디스토피아 소설입니다.

《멋진 신세계》는 과학 문명이 극도로 발달한 가상의 미래를 배경으로 하고 있습니다. 어떻게 보면 전체주의하에 통제된 세속적 인본주의라고 할 수 있습니다. 헉슬리는 그 소설에서 약 600년 후의 미래는 《멋진 신세계》와 같은 세상이 올 거로 생각하였습니다. 오웰이 1984에서 그리는 디스토피아는 공포와 기만이 지배하는 세계이고, 헉슬리가 그리는 디스토피아는 욕망과 말초적인 자극이 지배하는 세계입니다. 그 세계는 대전쟁 이후 거대한 세계정부가 세워지고, 모든 인간은 인공 수정으로 태어나며 이를 통해 세계인구는 20억 명 정도로 일정하게 유지됩니다. 아이들의 양육과 교육은 전적으로 국가가 책임지고, 태어나기 이전에 이미 그들의 지능에 따라 어떤 삶을 살게 될 것인지가 결정되어 있습니다. 사람들은 알파, 베타, 감마, 델타, 엡실론 계급으로 나뉘는데, 대체로 알파 계급은 사회 지도층에 속하는 엘리트 계층, 베타 계급은 행정 업무를 맡는 중산층, 감마 계급은 하류층에 해당하며, 델타나 엡실론 계급은 사실상 몇 가지 유전자 타입을 가지고 고의로 지적장애를 유발한 채 양산되어 단순 노동을 담당합니다.

소설 상의 세계에서 인간은 그저 사회의 부품에 지나지 않습니다. 모든 인류는 태아 시절부터 조건반사와 수면 암시 교육으로 자신의 계급에 맞는 세뇌 수준의 교육을 받습니다. 촉감 영화는 포르노에서 촉감까지도 생생하게 느낄 수 있는 오락 수단이 주요 여가 생활의 하나이며, 모든 성애(性愛)는 기본적으로 자유롭습니다. 사람들에게는 소마라고 불리는 일종의 마약이 주어지는데, 이것을 복용하면 그야말로 인간이 느낄 수 있는 최고의 행복과 안정감을 느낄 수 있습니다. 이곳에서는 공장제 대량 생산의 고안자 헨리 포드를 신적 존재로 받듭니다. 얼핏 보기엔 소설 속의 세계는 진짜 멋진 신세계로 보입니다. 왜냐하면, 멋진 신세계에 등장하는 세계는 21세기의 현실 세계에서 벌어지고 있는 모든 갈등이 존재하지 않습니다. 지능에 맞추어 신분을 만들고, 그 신분에 맞추어 직장을 배분하기 때문에 원하는 지위에 오르지 못해 좌절할 일이 없습니다. 하위계급이라 해서 딱히 학대나 착취를 당하지도 않고 소마도 변함없이 정해진 시간에 배급되기 때문에 아무런 불만이 없습니다. 작중 소마 배급에 잠시 차질이 생기자 분위기가 험악해진 상황이 딱 한 번 있었으나 그나마 소마 물대포 세례를 받고 모두가 행복해합니다. 모든 물자는 철저하게 통제되어 생산되고 분배되며 모든 오락 수단은 자유롭게 즐길 수 있으며 결혼은 없어지고 모든 섹스는 자유롭습니다.

이러한 《멋진 신세계》가 표면적으로는 스탈린주의사회를 모델로 한 오웰의 1984과 아주 다른 것처럼 보이지만 결국에는 전체주의로 귀결되는 것에서 동일하다는 사실을 알 수 있습니다. 다만, 《멋진 신세계》는 이를테면 '멋진'을 한쪽으로만 해석한 것일 뿐입니다. 지능에 따라 신분을 만들며, 그 신분에 따라 사람들을 세뇌합니다. 사상과 행동의 자유를 제한한다는 면에서 또 한 번 그 세계가 디스토피아라는 것을 확인할 수 있습니다. 사람들이 정부의 우민화 정책에 길들어서 행복한 개 돼지가 되어 살아가는 것입니다. 갈등이 없다고는 하지만 그것이 강제적인 세뇌교육과 마약을 통해 없앤 것이기 때문에 인간의 존엄성 같은 것은 존재하지도 않습니다. 그 세계의 마약인 소마는 오늘의 큰 정부가 보장하는 사회복지 혜택과 같다고 할 수 있습니다. 그와 같은 사회를 진정 갈등이 없는 사회라고 말할 수 없습니다. 북한도 겉보기엔 국민 간 내부갈등이 없습니다. 이유는 명백합니다. 말을 안 들으면 매장하고 숙청시키고 철저히 세뇌하기 때문입니다. 디스토피아 소설인 《멋진 신세계》의 디스토피아 상이 괜찮아 보이는 것은 작중 장면묘사의 초점이 알파~베타 계급인 버나드와 그

무신론이 지배하는 사회

주변 인물에 맞춰져 있기 때문입니다. 작중에서 저능화 조치와 주기적으로 배급되는 소마 알약으로 인해 그들 자신은 충분한 만족감이나 행복감을 느끼고 살게 되어 있습니다. 만약에 사람이 아예 인간 존엄성의 존재와 가치를 부인한다면《멋진 신세계》에서 행복한 개 돼지로 사는 것에 만족할지도 모릅니다.

조지 오웰의 1984나 헉슬리의 멋진 신세계는 인간 사회의 부정적인 측면들이 극단화되어 초래할지도 모르는 암울한 미래상의 디스토피아를 예시하고 있습니다. 디스토피아는 역 유토피아입니다. 디스토피아는 유토피아와 반대되는 공동체 또는 사회를 가리키며 주로 전체주의적인 정부에 의해 억압받고 통제받는 사회입니다. 디스토피아는 존 스튜어트 밀이 의회 연설에서 처음 사용하였습니다. 존 스튜어트 밀은 그의 그리스어 지식을 바탕으로 이것이 '나쁜 장소'를 가리키는 말이라고 언급했는데, 이것은 나쁘다는 뜻의 디스(dys)와 장소라는 뜻의 토포스(topos)가 결합된 단어입니다. 헉슬리의《멋진 신세계》가 디스토피아인 것은 인류의 문제 해결을 의학에 의한 강제와 소비라는 약물로 제안한 것에서 극명하다고 하겠습니다.

아이러니한 것은 21세기의 여러 나라의 정부들이 이러한 디스토피아를 지향하는 것으로 합리적인 의심을 하게 하는 정책들을 쏟아내고 있다는 사실입니다. 글로벌리즘, 환경 종말론, 경제민주화와 경제정의, 코로나19와 같은 팬데믹을 빙자한 각종 규제, 동성애자를 비롯한 소수자 권익 옹호, 4차 또는 5차 산업혁명, 유전공학 등이 모두 전체주의를 용이하게 하는 인프라로 이용될 위험이 농후합니다. 이 모두가 표면적으로는 인간을 위하고 인종차별 같은 것을 근본적으로 해결하는 것처럼 보이지만 또 한편 전체주의 디스토피아를 향해 나아가고 있는 것이 아닌가 하는 의심과 염려를 떨쳐버릴 수가 없습니다. 21세기의 소위 엘리트들이 지향하고 제시하는 주제들은 대부분이 인종차별을 해소하거나 인간의 존엄성을 회복하는 것에서 지향성과 방법들이 심각하게 왜곡되어 있습니다. 왜냐하면, 그들에게는 하나님이 없기 때문에 그들이 제시하거나 주장하는 어떤 사상이나 이론이나 정책도 하나님께서 인간에게 주신 존엄성이나 가치의 근본 토대를 부정하는 것에서 출발하기 때문입니다. 우리가 명심해야 하는 것은 인본주의가 지향하는 모든 것은 역설적이게도 인간을 이롭게 하지 못하고 결국 디스토피아를 만들 뿐이라는 사실입니다.

"온 땅은 여호와를 두려워하며 세상의 모든 거민들은 그를 경외할지어다 그가 말씀하시매 이루어졌으며 명령하시매 견고히 섰도다 여호와께서 나라들의 계획을 폐하시며 민족들의 사상을 무효하게 하시도다 여호와의 계획은 영원히 서고 그의 생각은 대대에 이르리로다"(시 33:8-11).

비판적 인종 이론
(CRT-Critical Race Theory)

민주당 전직 대통령들이 총력을 기울여 지원 유세를 한 이번 버지니아 주지사 선거에서 공화당의 정치 신인 영킨(Youngkin)이 민주당 후보인 베테랑 정치인 맥컬리프(McAuliffe)를 제치고 당선되는 이변이 일어났습니다. 버지니아주는 "Deep Blue State"라고 불리는 전통적인 민주당 주입니다. 이번 버지니아 주시자 선거 유세전에서 민주당이 특별히 공을 들인 것은 유권자들에게 공화당 후보 영킨이 트럼프의 사람임을 알리는 것이었습니다. 영킨 후보가 훌륭하다고 해도 트럼프의 사람이라고 하면 유권자들이 그에게서 등을 돌릴 거라고 계산하였던 것입니다. 실제로 영킨 자신도 민주당의 그 같은 공격적 전략이 부담되어 트럼프와의 거리 두기에 신경을 쓰는 태도를 보이다가 보수적인 유권자들에게 오해를 받기까지 하였습니다. 하지만 민주당의 그런 계산과 기대는 빗나가고 말았습니다. 민주당이 영킨과 트럼프를 동일시하는 것이 영킨에게 불리하게 작용할 줄 알았지만, 그 반대의 결과가 나오고 말았습니다. 영킨이 트럼프의 사람이기 때문에 사람들이 그에게 등을 돌린 것이 아니라 오히려 더 적극적으로 그를 지지하였습니다.

지금 미국을 비롯하여 세계 곳곳에서 트럼프 현상이 일어나고 있습니다. 이는 단순히 트럼프라는 한 개인에 관한 관심을 넘어 전 세계가 트럼프 현상을 통해 글로벌리즘의 폐해를 심각하게 인식하기 시작했다는 뜻입니다. 뿐만 아니라 트럼프 현상은 인류의 전통적이고 보편적인 가치 질서가 허물어지는 것에 대한 세계인의 두려움과 반작용이기도 합니다.

트럼프가 2016년 미국의 대통령이 되는 과정과 그 이후 미국을 비롯한 전 세계는 트럼프 현상으로 요동치고 있습니다. 사람들은 이를 가리켜 트럼피즘(Trumpism-트럼프주의)이라 부릅니다. 지금 전 세계에서 이념의 지각변동이 일어나고 있습니다. 지난 글에서도 언급했지만, 옛 소련의 공산주의를 비판하다 미국으로 망명했던 솔제니친이 서방세계가 전체주의와 공산주의를 닮아가는 것에 대하여 우려하였었는데, 지금의 러시아 대통령 푸틴이 마치 솔제니친이 소련을 비판했던 그 논조로 미국을 비롯한 서방 국가들의 전체주의적 경향을 비판하고 있습니다. 공산주의 독재, 즉 전체주의 종주국이었던 소련인 지금의 러시아의 대통령이 사상과 이념의 정치적 대척점에 있던 미국을 향해 자신들이 비판받아왔던 바로 그 내용으로 비판을 한다는 것은 실로 엄청난 이념의 지각변동이 아닐 수 없습니다.

Trumpism은 미국뿐 아니라 진보적인 사람들이 선진 사회민주주의 성공 모델로 꼽는 스웨덴에도 휘몰아치고 있습니다. 얼마 전 스웨덴의 보수우파인 스웨덴 민주당이 주도한 초당적인 연대를 통해서 지난 100년 동안 집권해 온 사민당을 권좌에서 끌어내렸습니다. 그것도 스웨덴 의회 내 18%밖에 안 되는 보수당이 주도한 초당적 연대를 통해 현직 사민당 수상 로븐을 국회에서 불신임안으로 파면한 것입니다. 스웨덴에서 현직 수상이 파면된 것은 그 나라 헌정 사상 처음 있는 일입니다. 스웨덴의 국회 안에는 모든 정당이 민주당을 표방합니다. 보수당이라고 해도 "민주당"이라는 이름을 사용하지 않으면 존재할 수조차 없을 만큼 진보적인 사회민주주의가 뿌리 깊게 토착화된 정치적 토양으로 특화된 나라가 스웨덴입니다. 스웨덴은 북유럽에서 가장 넓은 국토와 많은 인구를 가진 나라로 공업도 발달한, EU 안에서 비교적 영향력이 큰 국가입니다. 보수주의는 명함도 내밀 수 없는 정치적 토양에서 트럼피즘과 애국 보수주의를 표방한 군소정당 스웨덴 민주당이 100년 전통의 집권 사민당의 아성을 무너뜨린 것은 이념의 지각변동이 세계적임을 시사한다고 할 수 있습니다. 스웨덴 민주당이 창당한 역사는 30여 년이 되었어도 의원 수가 4%가 안 되어 당으로서는 활동할 수 없었는데 트럼피즘을 표방하면서 많은 비난을 받으면서도 영향력을 키울 수가 있었고 결국에는 아무도 예상 못 한 일을 해냈습니다.

Trumpism은 자국 문화와 전통을 중시하고 국력을 기반으로 국제평화를 유지하는 자국 우선 국가주의(populist nationalism)로 미국 안에서는 "America First"와 "Make America Great Again"으로 대표되는 글로벌리즘에 반하는 사상입니다. 지난 5월에 이태리와 헝가리 그리고 폴란드의 지도자가 손을 잡고 "Make Europe Great Again"을 위한, 이를테면 새로운 EU 애국 우익연맹을 결성한 것도 트럼피즘에 고무된 때문이라고 할 수 있습니다. 이 새로운 EU 우익연맹 결성은 독일과 프랑스의 주도 아래 지나치게 사회주의 내지는 좌파적으로 흐르는 EU에 대한 트럼피즘의 작용이라고 할 수 있습니다. 영국이 EU에서 탈퇴한 것도 역시 같은 맥락입니다. 독일과 프랑스도 트럼피즘 덕분에 글로벌리즘의 폐해를 개선하려는 정책을 개진할 용기를 내는 것 같습니다. 글로벌리즘의 대표적인 폐해는 포용적 이민정책입니다. 미국이나 유럽이나 포용적 이민정책으로 국가 안보가 위협받는 상황에 직면하게 된 것이 트럼피즘을 외면하지 못하는 이유가 되고 있습니다.

다시 미국 내 문제로 돌아와서 이번 버지니아주 선거에서 작동한 트럼피즘의 흐름을 주시해 보는 것도 의미 있는 일이 될 것입니다. 지금 미국 국내의 거의 모든 문제는 누군가 의도적으로 계획하지 않아도 자동으로 정부 여당과 트럼프의 대립 구도로 설정되고 작동되고 있습니다. 이런 경향의 구도와 맥락에서 이번 선거가 치러졌습니다.

이번 버지니아 선거전의 치열한 싸움에 불을 붙인 것은 비판적 인종 이론입니다. 지난 2020년 5월에 버지니아 북부에 있는 라우던 카운티에 있는 Stonebridge High School에서 치마를 입은 한 남학생에 의해 한 여학생이 성폭행을 당했습니다. 피해자 여학생의 아버지 스콧 스미스(Scott Smith)는 학교 이사회에 참석하여 학생들이 선택한 성 정체성과 일치하는 화장실을 사용하는 것에 대해 우려를 표명하며 LCPS(Loudoun County Public Schools)에 의해 추진되고 있는 논란이 많은 정책들이 자신의 딸이 성폭행을 당하게 하는 데 영향을 미쳤다고 주장하였습니다. 그는 그 회의에서 과격한 언행으로 체포되었고 얼마 후 무질서한 행동과 체포 과정에서 저항했다는 이유로 유죄 판결을 받았습니다. 딸이 강간을 당한 원인 규명을 위한 아버지의 주장에서 과격한 주장과 행동을 했다는 이유로 유죄 판결을 받은 사건은 많은 학부모를 분노하게 하였습니다. 학부모들은 LCPS가 자신의 자녀들에게 '비판적 인종 이론'(CRT · Critical Race Theory)과 트랜스젠더(Transgender)를 가르치는 것에 대하여 강력하게 항의하였습니다. 버지니아 학부모들의 LCPS 정책에 대한 항의 시위는 버지니아주뿐만 아니라 전국의 많은 학부모를 분노하게 하였습니다. 이러한 가운데 전미교육협회(NSBA)가 바이든 대통령에게 보낸 편지에서 학부모들의 이러한 주장과 시위를 '국내 테러'라고 주장하였다가 문제가 커지자 서둘러 사과 성명을 발표하기도 하였습니다.

비판적 인종 이론(Critical Race Theory)은 인종차별이라는 렌즈를 통해서 미국의 역사를 보아야 한다는 이론입니다. 흑인 노예의 뼈아픈 역사에서부터 미국에서의 인종차별은 누구도 부인할 수 없는 사실입니다. 1863년 1월에 노예 해방이 선포되었고 노예제가 폐지되었지만, 인종차별이 당장 사라진 것은 아니었습니다. 노예 해방 이후에도 상당히 오랫동안 흑인들은 차별을 받아 온 것이 사실이고 어떤 면에서는 지금까지도 인종차별은 계속되고 있습니다. 이러한 상황에 대해 더 적극적으로 인종차별을 해결하려고 하는 것이 비판적 인종 이론이라는 점에 대해서는 모두가 동의해 왔습니다. 미국의 모든 학교에서는 그동안 비판적 인종 이론을 가르쳐 왔습니다. 그런데 비판적 인종 이론이 종잡을 수 없이 이상한 방향으로 나아가고 있습니다. 점점 왜곡되고 과격해지는 비판적 인종 이론을 설명하려면 많은 말이 필요하겠지만 한 마디로 간단하게 지적하면 백인과 기독교인은 유죄라는 것입니다. 비판적 인종 이론은 백인으로 태어났기 때문에 사악하다는 데까지 나아가고 있습니다. 지난 6월 12일 버지니아 한 정부 청사 앞에는 백인 초등학생들이 "I am not an oppressor!(나는 압제자가 아니에요)라는 팻말을 들고 시위를 하였습니다.

어떤 범인이 흉악 범죄를 저질렀는데 그 범인의 키가 180이라고 가정해 보겠습니다. 그 후부터 키가 180 이상 되는 사람은 무조건 악하다는 이론이 나왔다면 그 이론에 따라 키가 180 이상 되는 사람은 무조건 나쁜 사람으로 취급해야 하는가 하는 문제입니다. 이런 식으로 논증하는 것을 철학에서는 존재론적 논증이라고 합니다. 노예제가 폐지되었지만, 여전히 인종차별이 계속되는 것은 어느 사회에서나 피할 수 없는 인간의 한계입니다. 미국에서 인종차별이 완전히 사라진 것은 아니지만 점점 개선되어 온 것도 사실입니다. 인종차별 개선 운동은 인간이 존재하는 어느 사회에서든지 계속되어야 할 과제입니다. 하지만 기독교인이기 때문에, 백인이기 때문에 악하고, 이슬람이기 때문에 피해자이고 흑인이기 때문에 착하다는 것은 철학적으로도 상식적으로도 받아들일 수 없는 주장이고 이론입니다.

버지니아 영킨 후보는 바로 이 점을 선거 공약으로 내 세우며 강력하게 어필하여 과격한 비판 인종 이론을 걱정하는 국민의 지지를 받았고 과격한 인종 이론을 지지하며 그에 불만을 표현하는 학부들을 비난한 맥클리프는 다수의 국민으로부터 외면을 당했습니다. 트럼피즘은 트럼프의 현상을 넘어 거부하기 어려운 시대적 요청이고 현상이라고 보아야 합니다. 우리는 트럼피즘은 옳고 그 반대편은 악하다는 구도로 생각하면 안 됩니다. 이 세상에는 완전한 것이 없기 때문에 언제나 우리는 덜 나쁜 것을 선택해야 하고 조금이라도 더 나은 쪽을 선택해야 합니다. 그것을 선택하는 기준은 완전한 것이어야 하는데 완전한 것은 하나님과 그분의 뜻입니다. 우리의 과제는 불완전한 우리가 완전한 하나님의 뜻을 분별함에 있어서 언제나 성령의 인도를 따라 인위적으로 진위를 과감하지 않고 모든 것을 정직하게 분별하고 판단하며 행동하는 것입니다.

"우리가 하나님께서 너희로 악을 조금도 행하지 않게 하시기를 구하노니 이는 우리가 옳은 자임을 나타내고자 함이 아니라 오직 우리는 버림 받은 자 같을지라도 너희는 선을 행하게 하고자 함이라 우리는 진리를 거슬러 아무 것도 할 수 없고 오직 진리를 위할 뿐이니"(고후 13:7,8).

비판적 인종 이론의
뿌리와 현상들

　지난 수십 년간 미국 사회에서 인종 갈등을 부추기고 어린아이들에게 미국은 수치스러운 나라이고 잘못된 나라라고 가르쳐 온 비판적 인종 이론이 학부모들의 강력한 반대에 직면하여 학교 교과 과정에서 퇴출당하고 있습니다. 텍사스주를 필두로 주 차원에서 학교 교육에서 비판적 인종 이론을 금지해야 한다는 인식이 학부모들뿐 아니라 정치인들 사이에서도 점점 확산되고 있습니다.

　2019년 여름에 뉴욕타임스 니콜 한나 존스(Nikole Hannah-Jones)기자가 노예제도 400주년을 맞아 특집으로 1619 프로젝트라는 탐사보도를 하였습니다. 그 보도의 요지는 미국 건국의 해를 영국으로부터 독립을 선언한 1776년이 아니라, 흑인 노예가 처음 미국에 도착한 1619년이라는 것입니다. 이러한 주장은 트럼프 전 대통령의 애국 교육을 표방한 1776 위원회와 갈등을 빚어오다가 바이든이 대통령에 취임하자 곧바로 이른바 '트럼프 흔적 신속하게 지우기'의 제1순위 대상으로 폐기처분이 되었습니다. 1619 프로젝트의 주요 논점은, 흑인들에 의해 비로소 민주주의가 탄생했으며, 노예의 전통이 미국 현대 자본주의에서도 지속되고 있고, 노예 정치와 현대 우익 정치 사이의 유사점이 있다는 것입니다. 1619 프로젝트가 보도되자 브라운 대학의 고든 우드 교수, 존스홉킨스대학의 제임스 M.

맥퍼슨 교수 등 저명한 역사학자 다섯 명이 해당 기사에 대해 '역사적 이해보다 이데올로기를 우선한다.'라며 공개적으로 수정을 요구했습니다. 그러나 뉴욕타임스 매거진의 제이크 실버스타인 편집장은 1619 프로젝트 관련 기사들을 옹호하며 수정을 거부했습니다. 이로써 논쟁이 사회 전반으로 확산하였습니다. 그 파장은 교육계에 크게 미쳤는데, 워싱턴 D.C.에 기반을 둔 '퓰리처 위기보고센터'가 1619 프로젝트를 바탕으로 학교 커리큘럼을 만드는 작업에 돌입했습니다. 시카고와 뉴저지, 뉴욕의 버펄로, 워싱턴 D.C.의 학군들이 1619 프로젝트를 교과로 채택해 지난해 말까지 3500여 개 교실에서 가르쳐 왔습니다. 공립학교가 아닌 콩코드 아카데미 같은 일련의 명문 사립 고등학교들도 1619 프로젝트를 가르쳤습니다. 대표적인 출판업체 '랜덤하우스'도 1619 프로젝트를 어린이 및 청소년용으로 그림책과 에세이로 묶어 출판했습니다. 1619 프로젝트를 기획하고 주요 기사를 작성한 니콜 한나 존스 기자는 지난해 퓰리처상을 받았습니다. 우리가 놓치지 말아야 하는 것은 1619 프로젝트는 비판적 인종 이론과 맥을 같이 한다는 사실입니다.

"비판적 인종 이론"의 사전적 정의는 "인종은 물리적으로 구별되는 생물학적 특징이 아니라, 유색인종을 억압하고 착취하기 위해 사회적으로 구성된(문화적으로 발명된) 범주"라고 전제합니다. 이런 전제와 설명에서 우리는 동성애론자들이나 트랜스젠드주의자들의 냄새가 물씬 풍기고 있음을 쉽게 감지할 수 있습니다. 남녀의 성의 정의가 생물학적 사실이 아닌 사회적 요인에 의해 결정된다는 것처럼 인종의 차이도 피부색이나 생물학적 특징이 아닌 사회적 요인에 의해 결정된다는 설명은 반성경적이고 친마르크스적입니다. 이러한 전제에 기반한 비판적 인종 이론가들은 미국의 법과 사회 제도가 근본적으로 백인과 유색인(특히 흑인) 간의 사회적, 경제적, 정치적 불평등을 초래하고 이를 유지하는 인종 차별제도라고 규정합니다. 그리하여, 이런 불평등한 미국의 법과 사회 제도의 대대적인 변혁과

무신론이 지배하는 사회

타파를 주장합니다. 이는 사회를 억압자와 피억압자로 구성된 불평등한 사회구조라는 전제하에 이를 개혁하여 혁명을 이루자는 마르크스의 "비판 이론(Critical Theory)"에 바탕을 둔 이론입니다.

1970년대, 학계의 비주류였던 일부 흑인 법학자들의 논의에서 출발한 "비판적 인종 이론(CRT, critical race theory)"은 지난 수십 년 동안 미국의 거의 모든 학교에서 아이들에게 가르쳤는데, 그 교육을 받은 많은 아이들이 자신의 나라인 미국을 수치스럽다고 생각하게 되었고 반미 이데올로기에 물들게 하였습니다. 인종 차별이 단순히 개개인의 편견과 신념을 넘어서는 구조적, 제도적인 문제라는 주장의 비판적 인종 이론은, 미국은 수치스러운 나라이고 백인과 기독교는 나쁘다는 생각을 하게 하였습니다. 비판적 인종 이론이 직접 백인과 기독교는 나쁘다고 주장했다면 그동안 학교에서 가르칠 수 없었을 테지만 교묘하게 그렇게 주장하지 않으면서 그렇게 생각할 수밖에 없도록 한 비판적 인종 이론의 위험성을 뒤늦게 알게 된 학부모들과 깨어 있는 국민들이 화들짝 놀라게 된 것입니다. 이러한 사실에 충격을 받은 학부모들이 더는 자신의 자녀들이 이런 위험한 이론을 배우도록 좌시할 수 없다며 일어서고 있습니다. 비판적 인종 이론이 트랜스젠더와 만나면서 상식적으로 도저히 용납할 수 없는 반국가적, 반사회적, 반가정적, 반도덕적, 무엇보다 반기독교적인 회괴한 주장들을 만들어내고 있습니다.

비판적 인종 이론에서 '비판적'이라는 용어에 대해 이해를 분명히 할 필요가 있습니다. '비판적'(Critical)이라는 말은 어떤 사물이나 현상 등을 일반적인 시각으로만 보지 않고 여러 가지 다른 시각과 관점에서 생각해 보고 깊이 연구하고 분석한다는 뜻으로 사용하는 용어입니다. 따라서 비판적 인종 이론은 기존의 인종론을 종전과는 다른 관점이나 각도에서 본다는 의미입니다. 즉 인종의 개념이란 생물학적 구성요소로 분류되는 것이 아니라 문화적이고 사회적 요소로 분류되어야 한다는 것이 비판적 인종

이론의 개념입니다. 무엇보다 비판적 인종 이론이 전제하는 것은 어느 사회나 지배하는 계층과 지배당하는 계층이 있는데, 미국에서는 피부색이 흰 백인은 지배하는 계급이고 피부색이 희지 않은 유색인종 특히 흑인은 지배당하는 계급이라고 전제합니다. 미국이 바로 그런 사회이고 그와 같은 문화로 이루어진 국가라는 것입니다. 백인은 피부색이 희다는 이유만으로도 유색 인종 특히 흑인에게 미안한 생각과 태도를 보여야 한다고 주장합니다. 미국에서는 백인이 유색인종을 언제나 지배하고 억압해왔기 때문에, 심지어 인종 차별을 전혀 하지 않은 백인이라도 피부색이 희기 때문에 억압자이고 그래서 언제나 자숙하고 사회에 대해 사과해야 한다고 주장합니다. 흑인은 언제나 당연히 피지배자이고 피해자며 약자이기 때문에 그들을 억압해 온 백인은 당연히 흑인에게 보상해야 하고 그들을 우대해야 하고 특혜를 베풀어야 한다는 것입니다. 이러한 주제에 대해 함께 모여 논의하던 이들 중 리차드 델가도(Richard Delgado)와 진 스테판칙(Jean Stefancic) 두 사람이 "Critical Race Theory"라는 책을 출판하였습니다. 이 책이 출판되면서 진보적인 좌파들에 의해서 비판적 인종 이론이 더 견고하게 체계화되었습니다.

이 비판적 인종 이론의 모체가 되고 전신이라고 할 수 있는 것은 비판적 법률 이론(CLT-Critical Legal Theory)입니다. CLT 즉 CLS(Critical Legal Studies)는 법이 사회문제와 필연적으로 얽혀 있다는 이론인데, 법에는 고유한 사회적 편견이 있다고 주장합니다. CLS의 지지자들은 법이 법을 만드는 사람들의 이익을 지원한다고 믿습니다. 이와같이 CLS는 법이 역사적으로 특권층을 선호하고 역사적으로 소외된 사람들에게 불리한 권력 역학을 지원한다고 명시합니다. CLS는 부자와 권력자들이 위계질서에서 자신의 위치를 유지하기 위해 억압의 도구로 법을 사용한다는 것을 발견했다고 주장합니다. CLS 운동의 많은 사람은 현대 사회의 위계적 구조를 뒤집기를 원하며 이 목표를 달성하기 위한 도구로서 법에 초점을 맞춥니다.

CLS는 1977년 University of Wisconsin-Madison에서 열린 회의에서 공식적으로 시작되었지만, 그 뿌리는 훨씬 더 일찍 창립 회원들이 시민권 운동과 베트남 전쟁을 둘러싼 사회 운동에 참여했을 때까지 거슬러 올라갑니다. CLS의 창시자들은 사회이론, 정치철학, 경제학, 문학 이론 등 비법학 분야에서 차용했습니다. 저명한 CLS 이론가 중에는 Roberto Mangabeira Unger, Robert W. Gordon, Duncan Kennedy가 있습니다. CLS는 주로 미국 내에서 이루어졌지만 칼 마르크스와 신마르크스주의자들인 막스 호르크하이머, 안토니오 그람시, 미셸 푸코와 같은 유럽 철학자들의 영향을 크게 받았고 1920년대와 1930년대에 번성했던 법률 사상 학교인 Legal Realism에서 용어들을 차용하기도 하였습니다.

CLS 학자와 마찬가지로 법률 현실주의자들은 당시 받아들여진 법률 이론에 반발했으며 법조계에 법의 사회적 맥락에 더 많은 관심을 기울일 것을 촉구했습니다. CLS에는 근본적으로 서로 다르고 심지어 모순되는 견해를 가진 여러 하위 그룹이 포함되어 있습니다. 페미니스트 법률 이론은 법에서 젠더의 역할을 조사하고, CRT는 법에서 인종의 역할을 조사하고, 포스트모더니즘은 문학 이론의 발전에 영향을 받은 법에 대한 비판으로 정치경제학과 법적 결정과 쟁점의 경제적 맥락을 강조합니다.

CLT가 미국 내에서 상당한 호응을 받을 수 있었던 것은 60년대 중반까지만 하더라도 미국의 남부 주에서는 흑인을 합법적으로 차별했기 때문입니다. 흑인은 버스 뒷좌석에 앉아야 하고 화장실도 따로 사용했고 심지어 예배도 백인과 함께 드릴 수 없는 경우도 많았습니다. 노예제에서 인종 분리 정책으로 이어진 미국의 법과 문화와 전통은 백인들에게 유리하게 만들어졌다는 것이 CLT의 핵심입니다. 이 CLT를 토대로 하여 만들어진 것이 비판적 인종 이론이고 그 모체인 CLT의 사상적 배경이 바로 마르크스주의라는 사실을 우리는 잊지 말아야 합니다. 마르크스의 사회 이해는 지배 계급과 피 지배 계급으로 양분화하는 특징이 있습니다. 이러한 사실을 간파한 이들은 비판적 인종 이론을 강력하게 비판하지만, 그것이 어떤 사상이고 그 배경에는 어떤 이념과 철학이 깔려 있는지를 잘 알지 못하는 이들은 그 이론에 동의하는 것이 의식 있고 교양 있는 태도라고 생각하게 되었습니다. 미국의 대학 출신들과 중산층들 그리고 철학과 이념과 사상에 대한 이해가 부족한 학자들도 CLT나 CRT를 쉽게 받아들이게 되었던 것입니다. 지난 몇십 년 동안 미국의 교육은 CLT나 CRT가 거의 다 장악을 했다고 보아야 합니다. 지금 미국의 소위 지식인들은 거의 다 CLT나 CRT의 영향을 받은 세대라고 볼 수 있습니다. 그 세대가 지금의 언론계, 법조계, 연예계, 학계, 대학 강단에 진출하여 활동하고 있습니다. CLT나 CRT의 뿌리가 다 마르크스주의이기 때문에 정치적 현 정부의 사회주의적 정책과 연대하여 발생시키는 시너지 효과는 상상을 초월할 정도입니다.

그 폐해의 대표적인 예가 사회주의적 경제 정책으로 인한 경제 위축, 동성결혼이나 트랜스젠드 합법화로 인한 보편적 전통 가치 부정, 가정과 도덕 파괴, 극단적 환경 종말론을 통한 공포심을 조장하여 사회주의 내지는 전체주의를 용의하게 하는 것 등입니다. 이런 현상들은 인종 차별을 극복하고 개선하는 데 기여하는 것이 아니라 인종 차별을 심화시키고 인간의 존엄성마저 파괴하는 결과를 만들어내고 있습니다.

"우리가 육신으로 행하나 육신에 따라 싸우지 아니하노니 우리의 싸우는 무기는 육신에 속한 것이 아니요 오직 어떤 견고한 진도 무너뜨리는 하나님의 능력이라 모든 이론을 무너뜨리며 하나님 아는 것을 대적하여 높아진 것을 다 무너뜨리고 모든 생각을 사로잡아 그리스도에게 복종하게 하니 너희의 복종이 온전하게 될 때에 모든 복종하지 않는 것을 벌하려고 준비하는 중에 있노라" (고후 10:3-6).

무신론이 지배하는 사회

무신론은 무엇이나
정당화 한다

인간은 무의식에 의해 지배받는다고 주장한 프로이트, 세계와 인간까지도 물질로 이해한 마르크스, 인간의 자유의지를 통한 주체적인 삶의 중요성을 역설한 니체는 인간과 세계에서 하나님을 제거하여 인류에게 심각한 해악을 끼친 사상가들입니다. 그들이 성경과 예수 그리스도 안에 주어진 하나님의 계시를 믿지 않으므로 그들의 주장과 이론에 영향을 받은 수많은 사람을 영적 죽음으로 내몰았습니다.

니체가 "하나님은 죽었다."고 한 주장의 결과가 어떠한지는 그의 삶을 통해 확인할 수 있습니다. 니체는 스위스 앵가딘의 실스마리아라는 아름다운 마을에 머물면서 서서히 미쳐가고 있었습니다. 절대자 하나님의 존재가 없다면 정신 이상이 유일한 철학적 해결책이라고 이해했기 때문일 것이라고 말한 프란시스 쉐퍼의 지적이 실로 예리하고 바른 통찰입니다.

키르케고르는 절대자 하나님이 없다면 인간은 못 할 게 없다고 하였습니다. 하나님을 부인하게 되면 결국 자기가 자기에게 법이 되고 절대자가 되기 때문에 못 할 말이나 못 할 행동이 없게 됩니다. 니체는 그런 존재를 초인이라고 상정하고 초인이 되려고 하였지만, 친구들이 자신의 천재성을 알아주지 않자 밤새워 울기도 하였습니다. 그가 진정 초인이었다면 남이 뭐라 하든 개의치 않았을 테지만 아이러니하게도 초인 니체는 좋아하는 여자가 있어도 수줍어 말 한 번 제대로 걸어보지 못하는 용기 없는 남자였습니다. 말로는 여자에게 가려면 채찍을 잊지 말라던 그였지만 여자보다 마음이 약한 니체였습니다. 외로움과 고독에 미쳐버린 니체는 말년에 거리를 돌아다니며 악기를 연주하고 노래를 부르며 간혹 "나는 신이다. 다만 변장하고 있을 뿐이다."라고 외치기도 하였습니다. 기독교와의 대결을 통하여 모든 기존 가치의 전도(顚倒)를 선언한 그는 천박하고 병들고 약한 자만을 위하는 기독교 도덕은 노예도덕으로서 마땅히 파기되어야 하며, 이제부터는 고귀하고 건강하고 힘센 자들을 위한 군주도덕이 세워져야 한다고 주장하였습니다. 모든 인간의 삶의 근저에 '권력에의 의지'가 있음을 간파하고 그것을 체현(體現)한 존재로 초인(超人)을 내세웠는데, 이러한 그의 철학은 엉뚱하게도 나치즘의 사상적 지주로 이용되어 인류 역사에서 지울 수 없는 죄를 저지르게 하였습니다. 하나님을 부인하는 초인은 무슨 말이나 주장이나 행동도 거릴 것이 없습니다.

하나님을 부인하면 절대 기준을 인정하지 않는 것이고 절대 기준이 없다는 것은 옳고 그른 것도 없으며 윤리도 도덕의 토대도 없는 것입니다. 이런 니체의 철학은 현대 포스트모더니즘의 사상과 철학적 인프라가 되었습니다. 니체의 '신은 죽었다'는 선언은 곧 이성에 대한 사형선고이기도 한데, 이는 니체의 사상과 철학의 후예인 포스트모더니즘에서 그 진면모가 드러나고 있습니다. 나이브한 기독교인들은 포스트모더니즘이 이성을 공격하는 것을 보고 기독교의 우군으로 착각하기도 합니다. 하나님의 권위도 이성의 권위도 부인하는 포스트모더니즘은 옛 그리스의 소피스트나 니체처럼 윤리와 가치 질서를 파괴합니다.

가치 질서와 윤리는 인간의 존엄성과 행복을 위하여 하나님께서 세우신 것입니다. 가치 질서와 윤리는 인간이 인간을 위해서 해야 할 것과 하지 말아야 할 것을 분별하게 합니다. 하나님을 부인하는 것은 하나님께서 세우신 가치 질서와 윤리를 부인하는 것입니다. 무신론의 종합이라고 할 수 있는 포스트모더니즘은 무엇이나 정당화할 수 있는 무질서와 혼란의 숙주입니다. 포스트모더니즘을 선호하는 사람들은 검은 것을 희다고 할 수도 있고 남자를 여자라고 할 수도 있게 되었습니다. 거짓을 참이라고 할 수도 있으며 사실을 사실이 아니라고 할 수도 있습니다. 논리와 합리와 이성을 상대화 해버렸기 때문에 그 어떤 규범이나 가치 질서나 현행법까지도 존중하거나 지킬 필요를 느끼지 않습니다. 그런 것들은 언제든지 필요하면 바꾸거나 파기해 버리면 된다고 생각합니다. 그렇다고 그들은 자신들이 파기해 버린 것들을 대체할 다른 기준이나 원리를 제시하지도 않고 또 그럴 필요나 책임을 느끼지도 않습니다. 그냥 아무렇게나 생각나는 대로 또는 자신의 감정대로 말하고 행동하는 것이 옳고 정당하다고 믿습니다.

전통적인 가치관을 존중하며 살아왔던 사람들이 지난 몇 년 동안 말할 수 없는 혼란과 충격을 겪고 있습니다. 앞선 정치인들과 주류 언론들의 천연덕스레 쏟아내는 거짓말과 진실 왜곡의 쓰나미에 속절없이 표류하고 있습니다. 게다가 정의와 질서의 보류라 할 법조인들과 정직과 합리를 존중해야 할 학자들까지 일말의 거리낌이나 주저함 없이 사실을 왜곡하고 거짓을 생산하는 일에 합류하고 있어서 사람들이 겪는 혼란은 가중되고 있습니다.

기가 막힌 사실은 적지 않은 기독교인들이 이러한 상황을 감지하지 못하고 있거나 알면서도 문제의식을 느끼지 않는 것입니다. 어쩌다가 이렇게까지 되었을까요? 현대를 지배하는 무신론 사상 때문입니다. 무신론 사상은 기독교 밖에만 있는 것이 아닙니다. 하나님을 자기실현의 방도로 바꾸어 버린 교회는 무신론 사상이 지배하는 세상과 다르지 않습니다. 다른 메시지는 다른 하나님을 상정하는 데서 나오는 것입니다. 교회 강단에서 전해지는 메시지들이 그것을 말해주고 있습니다. 대학 학부의 경영학 교과서가 교회 강단에서 복음의 메시지로 바뀌어 성공과 형통의 비결로 선포되고 있는 경우가 적지 않습니다. 축복과 성공과 형통만을 좇는 이들에게 사랑과 진리는 매력이 없습니다. 윤리는 사랑의 또 다른 이름이고 정의는 진리로부터 나오는데 다른 하나님으로부터는 사랑과 진리가 나올 수 없습니다.

거짓을 참이라 하고, 있는 것을 없다 하고, 여자를 남자라 하고, 실패를 성공이라 하고, 잘못한 것을 잘 했다 하고, 모순을 합리라 하고, 모함을 표현의 자유라 하고, 차이를 차별이라 하고, 음란을 예술이라 하고, 증오와 폭력을 자유라 하고, 테러를 평화라 하고, 전체주의를 일치라 하고, 인종차별을 비난하는 것으로 인종차별하고, 환경보호 한다며 환경을 해치며 공포심 조장하고, 팬데믹을 정치적 호재로 이용하고, 의로운 자는 감옥에 가고 범법자는 포상하고... 지금 정치인들과 언론인들과 학자들이 만들어내는 거짓과 왜곡은 다 헤아릴 수조차도 없습니다.

이 모두는 하나님이 없거나 왜곡할 때 필연적으로 발생하는 일들입니다. 하나님 없이는 인권도 없고 정의도 평화도 감사도 없습니다. 인종차별이나 불평등은 하나님이 없는 여러 현상 가운데 하나일 뿐입니다.

"이스라엘아 너는 이방 사람처럼 기뻐 뛰놀지 말라 네가 음행하여 네 하나님을 떠나고 각 타작마당에서 음행의 값을 좋아하였느니라"(호 9:1)

지평2

무신론이
지배하는 사회

'깨어 있는 시민의식'이라는 'Wokeism'에서 깨어나야

지난 6월 16일 빌 클린턴 전 미국 대통령이 CBS 방송의 'The Late Late Show'에 출연해 "나는 사실 우리가 계속해서 잘못된 결정을 한다면 수십 년 안에 우리의 헌정 민주주의를 완전히 잃을 수 있다고 생각한다…(중략)…나는 우리 민주적인 형태의 정부 구조에 대해 지금처럼 걱정한 적이 없다."라고 하였습니다.

미국 정치전문 매체 'THE HILL'에 의하면 CBS 방송 진행자가 클린턴 전 대통령에게 "매우 암울한 몇 년 동안을 어떻게 버텨야 하느냐?"고 물으면서 이에 대한 클린턴 전 대통령의 답변을 '트럼프 전 대통령이 민주주의를 파괴했다'는 의미로 확대하려 했다고 하였습니다.

그런데 클린턴 전 대통령은 진행자의 의도를 읽었는지 그의 말을 받지 않고 지금의 정부가 비민주주의적 정책으로 일관하고 있음을 심각하게 우려하는 지적을 한 것입니다. 바이든은 대통령에 취임한 지 1년 반밖에 안 됐지만, 미국과 국제 사회에 엄청난 부정적 영향을 미쳤습니다. 미국 남부의 국경을 열어 놓아 불법 이민자들이 쏟아져 들어오게 하였고, 쉐일가스를 비롯하여 석유 생산을 막아 유가가 상승하고, 미국의 국가 부채가 10조5000억 달러나 늘었고, 1981년 이래 최고의 인플레이션을 겪고 있으며, 성소수자(LGBTQI) '무지개 문화'가 미국의 주류 가치관이 되었고, 우크라이나가 러시아에 대항해 대리전쟁에 나서면서 냉전 이후 이어온 단극 세계가 다극 세계로 대체되고 있습니다. 무엇보다 심각한 것은 정부와 딥스테이트와 언론과 기업들과 심지어 대학들까지 워키즘에 편승하여 보편적 가치 질서를 허물고 민주주의를 파괴하는 일에 연대하고 있다는 사실입니다.

CBS 방송 기자는 이러한 모든 책임을 트럼프 전 대통령에게 돌리려고 하였지만, 클린턴이 우려하는 것은 트럼프가 아니라 그의 민주당 후임인 바이든이 '민주주의 형태의 정부 구조'에 미치는 부정적 영향이라고 지적한 것입니다. 클린턴이 우려하는 것은 미국 정부가 이미 민의에서 벗어나 전문직 관료들이 국가를 관리하는 '행정국가(administrative state)'가 된 지 오래됐기 때문이라고 보는 것입니다. 클린턴의 이 우려는 트럼프 대통령이 2016년 대선 이후 꾸준히 지적해온 '딥스테이트(Deep State · 정부 내부의 정부, 일반 사람들은 모르는 정책 결정집단)'의 폐단입니다.

아이러니한 점은 클린턴이 우려하는 문제는 그 자신이 지적한 문제의 주도 세력인 딥스테이트와 그 자신이 깊이 연대해 왔다는 사실입니다. 그 자신이 딥스테이트와 협력하여 세계화에 앞장섰고 중국의 세계무역기구(WTO) 가입을 적극적으로 지원하였을 뿐만 아니라 지금의 바이든 정부가 민주주의에 심각한 폐해를 가하는 정책을 펼칠 수 있도록 모든 인프라를 구축한 장본인이면서 그러한 폐해에 대해 우려하는 것은 지금 상황의 심각성이 어느 정도인지를 생각하게 합니다.

클린턴이 CBS와 인터뷰를 하기 하루 전인 15일에 야후 뉴스와 여론조사기관 유고브(YouGov)가 진행한 설문 조사에 의하면 미국의 민주당원 55%, 공화당원 53%가 '미국이 언젠가는 민주국가가 아닐 수 있다고 믿는다'고 대답하였습니다.

2020년 이전까지 미국이 표방한 정치 체제는 개인의 자유(특히 표현의 자유)와 법치에 기반한 헌정 민주주의였지만 최근 몇 년간 이 정치 체제가 매우 위태로운 상황입니다.

무신론이 지배하는 사회

지금의 미국 정치는 자유민주주의 이념과 사상에 의해 작동하는 것이 아니라 워키즘에 의해 지배되고 있습니다. 워키즘은 "정치적으로 깨어 있는"이라는 의미로 1960년대 미국 흑인운동에서 유래하였습니다. 지난 1965년 6월 마틴 루터 킹 목사가 미국 오하이오주의 오벨린 대학교에서 가진 대중연설에서 '깨어 있으라'라고 설파한 정신을 계승하여, 이를테면 불평등에 깨어 있고 행동하는 사상운동인데, 점점 극단적인 양상으로 변하여 지금은 많은 사람이 민주주의 자체를 심각하게 훼손하는 것으로 우려하고 있습니다. 흑인 인권운동에서 출발한 이 운동은 인종을 넘어 성 소수자를 보호하자는 것뿐만 아니라 대의명분 있는 온갖 정치 사회 문제들을 거의 선점하여 워키즘을 반대하는 어떤 생각이나 주장도 반인륜적인 것으로 공격하고 있습니다. 비판적 인종이론, 잰더와 동성애, BLM, Me too 운동, 환경보호, 경제적 민주주의, 성의 구별 철폐, 국경 철폐, 역사 다시 쓰기, 캔슬 컬쳐 등이 모두 워키즘이 독점한 어젠다들입니다.

　　진보 정치인들과 진보 정당은 워키즘을 선점하여 정책에 반영하고 국민을 선동하고 있으며 언론들이 적극적으로 협력하기 때문에 대부분의 일반 대중은 워키즘이 인간을 위하고 민주주의를 실현하는 것으로 받아들이게 되었습니다. 워키즘의 이러한 변화와 막강한 영향력을 눈치챈 기업들은 워키즘을 수용하는 것으로 진보 정당과의 공생의 길을 걷게 되었습니다. 이를테면 진보 정당의 워키즘을 수용하여 일정 비율의 장애인이나 성 소수자나 유색인종을 고용하고 환경 문제에 신경 쓰는 척 하는 것으로 진보정치에 협조하여 정치적 특혜를 얻는 길을 선택하였습니다. 그리하여 미국의 민주당과 딥스테이트와 주류 언론들과 굴지의 기업들이 워키즘을 통해 협력하므로 민주주의와 법치를 허물고 가치 질서를 파괴하였습니다. 이러한 상황이 점점 심각하게 되자 클린턴 같은 진보적인 사람들까지 미국의 민주주의를 걱정하게 된 것입니다. 그동안 미국을 비롯하여 서방의 자유민주주의 국가 안에서 정치나 기업이나 언론이나 문화 예술이나 대학들이 워키즘을 적극적으로 수용하고 지지하며 실천해 왔습니다. 지금 미국을 비롯한 서방 민주주의 국가들 대부분은 워키즘의 지배를 받고 있다고 보아야 합니다.

민주주의뿐만 아니라 기독교도 워키즘에 의해 치명적 피해를 보고 있습니다. 왜냐하면 민주주의가 중요하게 생각하는 명분 있는 어젠더들을 워키즘이 선점하였기 때문입니다. 이것은 교회의 하나님 나라 역할을 침범한 것이기도 합니다. 워키즘이 진정 민주주의를 위하고 자유와 인권을 위한다면 그것이 누구에 의해 실현되더라도 환영할 일입니다. 하지만 워키즘을 선점한 이들은 거의 무신론자들이며 자신들의 이기적인 욕심을 위해 타인이나 국가를 이용하는 자들입니다. 교회 중에도 워키즘을 환영하고 지지하는 경우가 적지 않습니다. 교회가 워키즘을 수용하고 지지하는 것은 복음이나 교회 그리고 하나님 나라가 무엇인지 잘 모르기 때문입니다. 교회가 동성애 문제나 비판적 인종 이론이나 환경운동이나 문화 지우기 등 워키즘이 선점하여 주장하는 운동을 분별없이 환영하거나 참여하거나 침묵하는 것은 하나님 나라 백성의 의식이 깊이 잠들어 있다는 증거입니다. 워키즘 자체는 민주주의 정신이나 기독교의 가르침과 비슷하지만 그것은 지금 매우 교활하고 사악한 집단이 장악하여 이용하고 있어서 민주주의가 파괴되고 교회와 하나님 나라가 큰 피해를 보고 있습니다. 따라서 아이러니하게도 지금 우리는 '깨어 있는 시민의식'이라는 워키즘으로부터 깨어나야 합니다.

 "너희는 이 세대를 본받지 말고 오직 마음을 새롭게 함으로 변화를 받아 하나님의 선하시고 기뻐하시고 온전하신 뜻이 무엇인지 분별하도록 하라"(롬 12:2)

무신론이 지배하는 사회

Wokeism을 표방하는 이들, 모든 사람을 영원히 속일 수는 없음을 알아야 1

"모든 사람을 잠시 속일 수 있고, 몇몇 사람을 영원히 속일 수는 있다. 하지만 모든 사람을 영원히 속일 수는 없다."(You can fool all the people some of the time and some of the people all the time, but you cannot fool all the people all the time.) 이 말은 1858년 9월 2일 일리노이주 클린턴(Clinton)시에서 연방 상원 의원 자리를 두고 공화당의 링컨과 민주당의 스티븐 더글라스 간의 치열한 선거전 합동 토론회에서 링컨이 한 말로 알려져있습니다. 하지만 이 말은 링컨보다 200여 년 전에 프랑스의 목사이며 작가인 자크 아바디(Jacques Abbadie(1654~1727)가 쓴 기독교 변증서 가운데 나오는 말입니다. 프랑스어로 "ont pû tromper quelques hommes, ou les tromper tous dans certains lieux & en certains tems, mais non pas tous les hommes, dans tous les lieux & dans tous les siécles."인데 구글로 번역했더니 "One can fool some men, or fool all men in some places and times, but one cannot fool all men in all places and ages."라고 하여 그 뜻은 링컨이 한 말과 거의 같다고 할 수 있습니다.

이 말을 링컨보다 200여 년 전에 자크 아바디가 한 말이라고 해도 그역시 자신보다 앞선 어떤 사람의 말을 인용한 것인지 알 수 없습니다.

"꼬리가 길면 밟힌다"는 속담도 비슷한 뜻이라고 할 수 있는데, 어느 시대나 왜곡된 진실에 설득되는 이들이 있고 거짓에 속는 이들이 있어서 사회적으로 심각한 폐단을 만들고 많은 사람들이 치명적 피해를 입게 됩니다. 한국인이라도 나쁜 사람은 나쁜 사람이고 일본인이라도 좋은 사람은 좋은 사람인데 왜 어떤 사람들은 일본인은 나쁜 사람 그리고 한국인은 좋은 사람이라는 등식에 인식을 가둬버리는지 알 수 없습니다. 그 반대의 경우도 이해할 수 없기는 마찬가지입니다. 모든 사람의 인권을 존중하는 것이나 환경을 보호해야 하는 것은 좋은 일인데 사람들은 그 좋은 일을 이기적인 욕심을 이루기 위한 수단으로 사용하는 경우가 많습니다. 여러 사람들이 그렇게 하면 좋은 일이 나쁜 목적을 위한 수단으로 이용되는 것을 사람들은 인식하지 못하고 악한 일에 동참하게 되어 건강한 사회를 병들게 합니다.

Wokeism이 온갖 좋은 명분을 내세우며 정치인과 지식인 그리고 언론인과 종교인까지 거의 모든 이들을 속여왔지만 모든사람을 계속 속일 수 없다는 사실을 확인시키는 사건들이 곳곳에서 일어나고 있습니다.

지난 달에 CNN+가 개업 한 달만에 폐업했습니다. 1991년 걸프전 상황을 호텔 방 창문에 카메라를 걸어 놓고 생생하게 전 세계로 생중계 하여 인기를 얻고 찬사를 받았던 CNN이 Wokeism을 받아들여 그 인기를 유지하려 했지만 그 한계를 드러내고 심각하게 몰락해 가고 있습니다. CNN이 트럼프 전 대통령을 공격하는 것으로 시청률을 유지했으나 그것이 다 거짓으로 드러나면서 시청률이 곤두박질 친 이후 거의 재기 불능의 상황에 빠지고 말았습니다. CNN방송은 떨어진 시청률을 올리지 못하자 야심차게 뉴스 전문 스트리밍 서비스 CNN+를 시작하였지만 한 달이 채 되기도 전에 문을 닫고 말았습니다. CNN과 함께 미국의 대표적 좌파 언론인 MSNBC도 시청률이 23%나 감소하여 어려움을 겪고 있습니다. 미국의 언론감시 기관 올사이즈(AllSides)는 언론사의 정치성향을 조사해 발표

무신론이 지배하는 사회

하고 있는데, CNN과 MSNBC를 가장 좌편향된 매체 그룹으로 분류하였습니다. 좌파 언론들 뿐 아니라 네플렉스나 트위트 등 Wokeism에 쩔어 있는 기업들은 모두 어려움을 겪고 있습니다. Wokeism에 발을 들여 놓았다가 아차 하고 발을 뺀 코카콜라 같은 기업은 그나마 다행입니다. 이제 국민들은 기업들의 Wokeism 코스프레가 거짓되고 가증스런 것임을 점점 더 분명하게 알아가고 있습니다.

Wokeism과 함께 연동하여 대중을 기만하는 것이 소위 PC와 Cancel Culture입니다. 신 마르크스주의 좌파들의 전략 족보로 따지면 Wokeism 이 가장 상위에 있고 그 다음이 Cancel Culture이고 맨 아래에 PC(Political correctness)가 있습니다. PC를 '정치적 올바름'이라고 하는데 사실 이 번역은 오역이라고 할 수 있습니다. correct라는 단어에 윤리적, 도덕적 차원의 '올바른'이라는 뜻은 없습니다. '정치적 정확성' 내지 '정치적 적절성'으로 번역하는 것이 좋은데 굳이 '올바름'이라고 의미를 부여하는 것은 이러한 가치관에 도덕적 우월성을 부여하고자 했던 진보 계열의 학자나 활동가들의 의도 때문이었습니다.

2009년에 네이버 사전을 통해 제공된 옥스퍼드 영영사전에 correct 를 태도가 '올바른'이라고 하였습니다. "political correctness: the principle of avoiding language and behavior that may offend particular groups of people"(언어나 행동이 특정 그룹의 사람들의 기분을 상하지 않게 하는 원칙), Merriam-Webster는 "political correct: conforming to a belief that language and practices which could offend political sensibilities (as in matters of sex or race) should be eliminated"(언어나 행동이 (성별이나 인종 등) 정치적으로 민감한 사람들의 기분을 상하게 하는 것을 끝내야 한다고 믿는 것)이라고 하

였습니다. 어떤 말이나 사건이 사실이라도 그 사실을 이야기 하여 어떤 사람의 기분을 상하게 한다면 하지 말아야 한다는 뜻입니다. 이를테면 사회적 폐단이나 나쁜 관습이나 선동이나 폭력이나 심지어 범죄행위라도 그것을 행한 사람이 유색인종이나 사회적 약자이면 지적하지 않는 것이 PC입니다. 그뿐만 아니라 PC 운동을 적극 지지하는 정치인들은 대중이 듣기에 좋은 말만 합니다. 사실이 아니거나 실현 불가능한 것이라도 대중이 듣기에 좋은 이상적인 말만 하여 대중적 인기에 영합 합니다.

사회생활에서 어떤 인종이나 부류나 계층의 사람을 비하하는 표현이나 편견이 담긴 말을 삼가는 것은 마땅하고 좋은 태도입니다. 그러나 이러한 PC운동이 흑인을 흑인이라고 부르거나 여자를 여자라고 부르는 것조차 금기시 하는 분위기를 만들어 내고 있습니다. PC운동이 만들어 낸 부작용은 이루 말로 다 할 수 없이 많고 그 피해는 심각합니다. 전통 가치와 보편 가치를 부인하고 모든 권위를 거부하며 절대 가치를 상대화 합니다.

아이러니 하게도 그들은 모든 것을 상대화 하면서 누구를 좋게 평가하고 누구를 나쁘게 평가할 것인가를 자기들 임의로 결정합니다. 예수님의 십자가상을 오줌에 담가 놓은 것을 표현의 자유라고 하고 이슬람이 쓴 터번을 폭탄으로 묘사한 만화를 증오 표현이라고 합니다. 이슬람을 모욕하면 증오범죄이고 성경을 모독하면 표현의 자유이고 예술이 되는 세상입니다. PC운동에 의하면 기독교인이나 백인이나 남성은 그 존재 자체를 부끄러워 해야 하고 죄 의식을 가져야 합니다. 매사추세츠 대학의 노엘 이그나티에프(Noel Ignative) 교수는 2002년 9-10월 호 하버드 매거진에서 "백인의 정체성은 억압, 백인 우월주의를 없애려면 백인을 없애야 한다. 백인에 대한 배반은 인류에 대한 충성이기 때문에 유색인종들이 단결해 백인들의 종족 번식을 막아야 한다. 백인종 제거는 아주 바람직, 이는 골수 백인우월주의자 말고는 그 누구도 반대하기 어렵다."라고 주장하였습니다.

178

미국의 상위 52개 대학의 영어영문학과 중 필수 과목인 Shakespeare 를 없앤 대학이 48개 대학이고, UCLA 영문과 필수과목에서 Shakespeare 와 John Milton 그리고 Geoffrey Chaucer가 사라졌고 대신 Gender, Sexuality, Race, Class가 필수가 되었다고 합니다. 뿐만 아니라 종래 의 덕담과 도덕 및 인성교육에 해당하는 좋은 말도 PC를 벗어난 발언 이라 하여 금기시 하였습니다. 이를테면, '혼전 순결을 지켜라, 안정적인 직장을 얻는데 필요한 교육을 받고, 열심히 일하고, 게으르지 말라. 고용 주나 고객의 기대 이상으로 최선을 다하라. 나라에 봉사할 자세를 갖춘 애국자가 되라. 이웃에게 친절하고 시민 정신을 기르고 남에게 베풀어 라. 공공 장소에서 거친 말을 사용하지 말라. 권위를 존중하라. 약물 남용 과 범죄에 연루되지 말라"는 등의 발언은 부르주아의 가치이고 PC에 어긋나는 것이기 때문에 하지 말아야 한다고 합니다. 이들은 하나님도 부인하고 절대 가치도 부인하기 때문에 모든 가치는 상대적이라고 생각 합니다. 상대주의는 절대 가치를 부인하기 때문에 거짓말과 폭력과 성의 왜곡과 윤리나 도덕을 전혀 개의치 않습니다. 정부와 언론과 학자들이 거짓말 경연대회라도 하듯이 아무리 터무니 없는 거짓말을 하고 진리와 사실을 왜곡 해도 자기들 끼리는 약속이나 한 듯이 일체 문제 삼지 않습 니다.

지금 바이든 행정부는 연방대법원의 판결을 따르지 않는 것을 당연한 것처럼 여깁니다. 대통령과 국회의원들이 법을 지키지 않는 것이 다반사 가 되고 있습니다. 전 현직 고위 정치인들과 기업인과 언론인들이 서로 봐주고 이권을 챙기는 질 나쁜 연결고리가 거미줄처럼 뒤엉켜 수렁을 이 루고 있는 곳이 이른바 딥스테이트가 활개를 치는 Washinton Swamp 입니다. 썩어 부패하여 악취가 진동하는 Washington Swamp까지 Wokeism을 이용하여 국가의 정체성과 보편 가치를 무너뜨리고 있습니다. 하지만 이같이 도를 넘는 집단의 거짓말이 언제까지나 국민을 속일 수는 없을 것입니다. 하버드 대학의 교수이자 시인이요 교육자였던 헨리 워드워스 롱펠로우가 한 말이 생각납니다.

"새벽이 가까울수록 밤이 더 깊어진다"(The nearer the dawn the darker the night).

"내 영광아 깰지어다 비파야, 수금아, 깰지어다 내가 새벽을 깨우리로다 주여 내가 만민 중에서 주께 감사하오며 뭇 나라 중에서 주를 찬송하리이다 무릇 주의 인자는 커서 하늘에 미치고 주의 진리는 궁창에 이르나이다 하나님이여 주는 하늘 위에 높이 들리시며 주의 영광이 온 세계 위에 높아지기를 원하나이다"(시 57:8-11)

무신론이 지배하는 사회

Wokeism을 표방하는 이들, 모든 사람을 영원히 속일 수는 없음을 알아야 2

PC 다음으로 Wokeism의 전위부대 역할을 하는 것이 소위 캔슬 컬처 (Cancel Culture)입니다. 이 용어는 인터넷 쇼핑 문화에서 사용하기 시작하였습니다. 소비자들은 인터넷 쇼핑으로 물건을 주문 했다가 사려고 한 상품에 대한 새로운 정보를 접하고 주문한 상품이 마음에 들지 않거나 마음이 바뀌면 주문을 취소할 수가 있습니다. 마음에 들지 않는 주문을 취소하는 것을 캔슬한다고 합니다. 이것은 단순한 소비자의 선택 사항일 뿐만아니라 개인의 선택권이 강화된 중요한 변화임을 기억할 필요가 있습니다. 컴퓨터와 AI의 발전으로 세계화, 디지털화, 소셜미디어 파급력이 결합되어 소비자는 자신의 의견과 감정을 보다 적극적으로 표현할 수 있게 된 것입니다. 또한 사회 환경적 의식 수준이 높은 밀레니엄 세대와 Z세대가 경제 활동의 주체로 부상한 데다가, 전 세계적으로 정치적 분열이 심화 되면서 마음에 들지 않는 사람이나 정책이나 사상이나 가치나 문화까지 거부하는 개인이 늘어나면서 그들이 집단을 이루어 소위 캔슬 컬처가 번성할 수 있는 토대가 마련되었습니다. Me too 운동이나 BLM(Black Lives Matter, 흑인의 생명은 소중하다) 운동 등은 캔슬 컬처의 전형적인 사례라고 할 수 있습니다. 이를테면 깨어 있는 시민의식으로 인종차별이나 성차별이나 약자에 대한 부당한 경우가 발생하면 그것을 싫어하는 사람들이 집단적으로 비난하고 항의하는 운동을 하면서 그 사건을 전 사회적 문제로 부각 시키면서 전통적 시스템과 기득권과 보편가치를 공격하는 것으로 발전시켜나가기 시작하였습니다.

이렇게 발전한 캔슬 컬처가 힘을 갖게 되자 자신들의 주장과 활동에 반대하는 개인이나 단체를 모든 수단을 동원하여 공격하기 시작하여 그 운동이 불법과 폭력적인 양상을 보이기 시작하더니 이제는 그 누구도 제어할 수 없는 세력이 되어 파괴와 위협까지 자행하고 있습니다. 이런 일이 정치계와 언론계와 기업과 각계각층으로 확산하여 거의 모든 직장과 대학에서 광범위하게 벌어지고 있습니다. 캔슬 컬처가 일어나는 현장에는 왕따와 폭력이 동원되는 것은 당연한 것처럼 되었습니다. 문제가 된 사건이 과장되고 왜곡 되어도 사람들은 왕따가 될까 두려워 일체 언급을 회피합니다. 그러는 동안 그들의 주장과 활동은 지극히 사소한 지엽적인 사건을 전 사회적 문제로 확대 시킵니다.

2020년 플로이드의 죽음이 전형적인 경우라고 할 수 있습니다. 플로이드를 체포하는 과정에서 사망에 이르게 한 백인 경찰 데릭 마이클은 전에도 범인을 체포할 때 과잉대응으로 문제를 일으킨 적이 있는 문제가 있는 경찰이었고 범인 플로이드는 당시 보도에 따르면 전과 7범에 위조 지폐 사용 혐의를 받고 수배중이었던 인물이었습니다. 따라서 그 사건은 한 명의 문제 경찰관의 과잉 진압으로 전과 7범의 범인이 사망한 사고입니다. 하지만 그 사건이 일어나자 거의 모든 언론은 백인 경찰의 과잉 진압으로 흑인을 죽게 한 사건이라고 보도하여 흑인들과 대중들의 감정을 자극하였습니다. Wokeism을 표방하는 이들이 벌떼처럼 달려들어 플로이드의 죽음을 흑인 인권을 위하여 희생당한 영웅으로 만들었습니다. 전과 7범이 체포 과정에서 안타까운 불의의 사고로 죽은 것을 흑인 인권을 위해 희생당한 영웅으로 바꿔 놓은 것은 전적으로 Wokeism과 Cancel Culture 그리고 pc입니다. 졸지에 전과 7범 플로이드는 비극적인 인종차별로 희생 된 흑인 인권의 상징으로 그 동상이 뉴저지 뉴어크에 세워졌습니다. 민주당과 언론과 BLM과 Wokeism을 표방하는 이들에 의해 전과자가 인권 영웅으로 만들어진 것입니다. 순진한 시민들은 플로이드의 동상을 바라보며 다시는 이 땅에 인종차별로 인한 희생자가 발생해서는 안 된다고 목소리를 높인다고 합니다. 백인은 사고를 내도 인종우월주의 때문이고 흑인은 강도짓을 하다 다쳐도 인종차별을 당한 것이 되는 것이 PC와 Cancel Culture 그리고 Wokeism이 만들어 가는 세상입니다. Wokeism의 전위부대인 캔슬 컬처는 그 활동무대가 광범위하고 그 위력은 공권력마저 통제할 수 없을 정도로 막강합니다.

California 공대 교수인 로라 프리버그(Laura Frebeg)는 남편이 공화당원이라는 이유로 불이익을 당했고, 아얀 히르시 알리(Ayaan Hirsi Ali)는 이슬람 출신으로 성기를 절제당하고 갖은 곤욕을 치른 후 미국으로 건너 와 매사추세츠 브랜다이스 대학에서 이슬람 여권신장에 공헌한 것으로 명예박사 학위를 주기로 했는데 학생들과 교직원들이 이슬람 문화를 비판했다는 이유로 반대하여 박사학위가 취소되었습니다. Wokeism 운동의 내면을 들여다보면 PC와 Cancel Culture를 통하여 선악의 개념도 피억압자 위주로 재설정하고 그 기준에 따라 Wokeism 운동에 반대하는 이들을 왕따시킵니다. 그들의 피억압자 위주로 재설정한 선악의 개념은 우리의 상식을 충격적으로 혼란스럽게 합니다. 피억압자에게 긍정적인 발언은 거짓이라도 선(善)이고, 피억압자에게 부정적인 발언은 진실이라도 악(惡)이며, 억압자에게 긍정적인 발언은 진실이라도 악(惡)이고, 억압자에게 부정적인 발언은 거짓이라도 선(善)이며 동성애자가 에이즈 전파의 주요 경로라는 사실은 진실이지만 PC에 벗어남으로 악(惡)이라고 규정합니다.

Wokeism이 지배적인 사회에서 정상적인 사람은 도무지 말도 안 되고 이치에 어긋나는 상황을 보고 거짓말을 듣고 왜곡된 정보가 난무하는 상황에서도 벙어리 냉가슴 앓는 격으로 아무말도 못하고 지내야 합니다. 대통령이 거짓말을 하거나 법을 어겨도 대부분의 언론이 문제삼지 않으니까 거짓말을 하고 법을 어기면서 전혀 부담을 느끼지도 않고 조심하지도 않습니다. 지도자나 언론들이 너무도 뻔뻔스럽고 태연하게 거짓말을 하고 왜곡된 정보를 퍼뜨리니까 깊이 생각하지 않는 이들은 거짓을 진실로 믿고 받아들입니다.

지난 2년 반 동안 코로나19에 대처하면서 정부와 관련 부처와 책임자들과 전문가를 자처하는 학자들이 수많은 거짓말과 거짓 정보를 쏟아내어 수많은 사람들을 죽음과 공포로 내몰았습니다. 정부와 CDC는 거짓된 과학적 근거를 내세우며 통제와 두려움과 고통을 감내하도록 국민을 강제했습니다. 국민의 생명과 안전을 책임져야 할 기관들이 무슨 뒷거래와 꿍꿍이가 있었는지 왜곡되고 거짓된 정보를 쏟아내더니 이제 와서는 더는 속일 수 없었는지 백신을 맞아도 감염된다고 하고 확진자도 격리할 필요가 없다고 하고 백신에 대한 정의도 확진자에 대한 가이드도 CDC가 임의로 바꾸었습니다. 이는 코로나와 관련하여 CDC나 정부가 그동안 해 왔던 말들이 모두 거짓임을 스스로 인정한 것입니다. 또 다른 변명을 늘어 놓겠지만 그들의 말을 믿을 사람은 점점 줄어들 것입니다

짧게 보면 거짓과 불법이 늘 이기고 승리하는 것처럼 보이지만 조금만 길게 보면 거짓은 탄로 나게 마련입니다. 물론 이 세상이 끝나는 순간까지 불법과 거짓은 지배적 세력으로 남아 그 위력을 떨칠 것입니다. 하지만 이 세상에서도 거짓이 오랫동안 꾸준히 지배력을 행사하기는 불가능합니다. 왜냐하면 거짓은 몇몇 사람을 이롭게 할지 몰라도 다수의 사람에게 피해를 주기 때문입니다. 문제는 거짓으로 인한 피해가 다수의 사람에게 나뉘기 때문에 피해의 심각성을 늦게 깨닫게 되는 폐단이 있습니다. 국민들은 자신에게 사소한 거짓이라도 단호히 거부해야 합니다. 그렇지 않으면 거짓말을 하는 자들은 사람들이 사소한 피해를 보면서도 깨닫지 못하거나 대수롭지 않게 생각하는 것을 알고 점점 더 큰 거짓말을 하게 되고 큰 거짓말은 사람들에게 큰 피해를 보게 합니다. 그렇게 되면 결국은 거

짓이 탄로 나서 거짓말하는 자들이 망하게 되지만 우리는 그렇게까지 되지 않도록 건강한 시민 정신을 발휘해야 합니다. 이미 미국 사회에는 큰 거짓말이 너무도 많이 행해지고 그 거짓으로 인하여 국민이 큰 피해를 보게 되어 거짓이 하나 둘 드러나고 있습니다. 그동안 정부와 언론과 기업이 Wokeism으로 연동되어 무소불위의 지배력을 행사하여 국가 경제를 망가뜨리고 국민 생활을 힘들게 하며 국격을 형편없이 떨어뜨렸습니다. 이제 국민 다수가 그러한 사실에 눈을 뜨기 시작하였습니다. 연방대법원도 PC와 Cancel Culture 그리고 Wokeism의 폐단을 하나 둘씩 격파하는 판결을 하기 시작하였습니다. 왜곡된 Wokeism이 아닌 참으로 깨어나는 건강한 국민과 연방대법원의 판결에 진심어린 갈채를 보냅니다.

 "너희가 진리를 순종함으로 너희 영혼을 깨끗하게 하여 거짓이 없이 형제를 사랑하기에 이르렀으니 마음으로 뜨겁게 서로 사랑하라"(벧전 1:22)

Wokeism,
가치 질서에 대한 분별력을 마비시킨다

　미국의 대기업들이 기업의 이익을 위하여 Wokeism을 수용하였습니다. 대기업들이 이러한 입장을 취하게 된 것은 이념적으로 Wokeism에 동의하기 때문이 아니라 전적으로 기업의 이익을 위해서입니다. 그런데 Wokeism은 그 용어 자체가 지닌 의미처럼 깨어 있는 시민의식이 아니라 극단적인 신마르크스주의자들에 의해 반인륜적이고 반사회적으로 심각하게 왜곡되었습니다. 기업이란 본래 경제적 이익을 우선하는 집단이라고 하더라도 반사회적이고 반인륜적으로 왜곡된 Wokeism을 수용한 것은 비난받아 마땅합니다. 기업들이 Wokeism을 이용하는 진보 정치에 편승하게 된 결정적 계기가 된 것은 IMF 사태 이후 방만한 기업 운영으로 도산하게 된 대기업들이 정부의 구제금융으로 생존하게 되는 것을 목격하게 된 때문입니다. 기업이 경영을 잘못하여 망하게 되어도 정치적으로 유리한 입장을 취하거나 또한 그 기업이 망하면 국가 경제에 큰 부담을 줄 만큼 규모가 큰 기업은 정부가 국민의 세금으로 도와줄 수밖에 없다는 사실을 알게 되었습니다. IMF 이후 미국을 비롯한 미국과 같은 경제 구조를 가진 나라에서는 정치뿐만 아니라 기업들과 언론과 심지어 대학들까지 Wokeism에 편승하지 않고는 생존 자체가 위협을 받는 분위기로 변하였습니다. Wokeism이 일반 대중에게 확산하게 된 것은 기업들의 역할이 크다고 할 수 있습니다. 국민은 기업들이 Wokeism에 편승하여 진보

정부의 비위를 맞추며 일정 수의 유색인종과 장애인을 고용하는 것을 나쁘지 않다고 생각하였습니다. 또한, 기업들이 진보 정부의 환경론에도 협력하였기 때문에 Wokeism이 쉽게 대중에게 확산하였습니다. 그러나 그러한 기업들의 태도가 단기적으로 기업들과 사회에 이익처럼 보였으나 결국은 자유민주주의와 자본주의 경제에는 재앙이 되었습니다. 하지만 일반 대중은 극단적으로 Wokeism이 자유민주주의와 자본주의를 파괴하고 사회주의로 나아가려 하는 것을 눈치채지 못하였습니다. 일반인들이 신마르크스주의와 Wokeism이 교묘하게 연대하여 벌이고 있는 일들을 간파하기란 쉽지 않습니다.

Wokeism이 서구 사회에서 지배적 영향력을 행사하는 것으로 왜곡된 배경은 신마르크스주의가 치밀한 계획과 학문적 이론으로 인프라를 구축하였기 때문입니다. 이것을 주도한 세력은 이탈리아의 공산주의자 안토니오 그람시와 헝가리의 문예 사상가이자 마르크스주의 사상가인 게오르그 루카치와 신마르크스주의 사회이론 집단인 프랑크푸르트학파입니다.

전통적인 사회주의자들과 마르크스주의자들의 과제는 파시즘을 어떻게 파악해야 하는가 라는 점이었습니다. 파시즘에 대한 그들의 대체적인 태도는 반동적 부르주아 운동의 또 다른 운동에 불과하다고 보며 파시즘 운동의 광범위한 대중적 지지라는 면을 무시하고 있었습니다. 하지만 그람시는 파시즘을 자유주의적 학자들처럼 단순히 서구 문명의 일탈로 보지 않았고 독점 자본주의의 극단적 지배 형태로 보지도 않았으며 사회주의운동을 지지해야 할 소시민과 노동자 계급 조차도 파시즘을 지지했다는 점에 집중하였습니다. 그람시의 중요한 이론적 관심사는 자본주의 국가의 내구성과 안정성의 원인과 그것을 어떻게 설명할 것인가 라는 문제였습니다. 당대 마르크스주의 이론가들과 마찬가지로 혁명의 전망이 불투명해지면서 자본주의 사회가 안정화되는 것에 대해 탐구했다는 점에서 고전적 마르크스주의와 차이를 보였습니다. 그람시나 루카치에게는 물적 토대에 대한 분석보다는 자본주의 사회의 문화, 의식, 국가와 같은 상부구조에 더 관심을 집중하였습니다. 그들은 고전적 정치경제학자가 빠지기 쉬운 경제적 기계주의 위험에 대해 대단히 비판적이었습니다. 그람시는 비결정주의적 역사관을 지향했는데, 이를테면 역사와 사회의 변화가 객관적으로 존재하는 법칙성에 따라 결정되는 것이 아니라 주체로서 참가하는 인간의 투쟁, 의지, 참여를 통해 결정되는 것이라고 보았습니다. 그렇다고 해서 인류의 미래가 그때 그때 인간 자의에 의해 결정되는 우연의 연속이라고 보지 않고 기본적 지향은 사회주의 스텐스를 견지하면서 그것의 필연적 승리가 보장된 것은 아니라고 보면서 낙관주의와 비관주의 양쪽 모두를 비판하였습니다. 자본주의의 붕괴가 임박했음을 믿어 의심치 않은 고전적 마르크스주의 학자들은 자본주의가 여러 형태로 변화되긴 하나 필연적으로는 붕괴할 것이라고 여겼지만 루카치, 그람시, 프랑크푸르트학파들은 고전적 마르크스주의 학자가 생각한 것보다 훨씬 장기간 자본주의는 안정화되고 내구성을 지니게 될 것이라 여겼습니다. 그러한 맥락에서 왜 자본주의는 안정화되고 내구성을 지니느냐에 대해 관심을 가지고 설명하였습니다.

고전적 마르크스주의 학자는 1781년 파리 시민들이 세운 최초의 사회주의 자치 정부 파리 코뮌(Paris Commune)을 전후한 혁명적 노동운동을 보면서 그러한 것을 자본주의의 몰락의 징조로 보았으며, 레닌은 제1차 세계 대전을 보면서 자본주의 몰락의 징조를 발견하였음에 반해 그람시는 1871년 이후 자본주의가 혼란을 벗어나 안정화 되고 확산 되어가는 국면에 접어들었다고 보았습니다. 하지만 그람시는 상부구조의 중요성, 특히나 이데올로기와 국가의 중요성에 주목하였습니다. 즉 지배적 이데올로기가 어떻게 대중적 지지를 얻으며 안정화 되어 가는가에 관심을 가졌습니다. 이같은 면에서 그림시의 이론은 마르크스의 이론 실패를 극복하였다고 평가되고 있습니다.

마르크스가 관념보다는 물질, 상부구조보다는 하부구조의 중요성을 강조하였으나 그람시는 상부구조를 강조하고 그 자율성을 인정하고 있지만, 궁극적으로는 물적 토대의 기초를 떠나서는 그러한 것이 존재할 수 없다고 보았습니다. 즉 상부구조는 절대적 자율성이 아니라 상대적 자율성을 가진다고 하여 전통적 마르크스주의의 틀을 벗어나지 않고 전통적 마르크스주의를 보완, 확장했다고 할 수 있습니다.

그람시의 주요개념은, 정치와 헤게모니, 역사적 지배블록, 시민사회와 통합국가(Integral State), 유기적 지식인의 역할 , 진지전과 기동전 등으로 정리할 수 있습니다. 그는 정치 또는 지배에는 두 가지 측면 즉 강제의 측면과 동의의 측면이 존재하는데, 어떤 사실과 어떤 지배도 100% 강제와 100% 동의로만 형성되는 것이 아니라고 보았습니다. 전통적 마르크스주의자들은, 국가는 강제 기구로서 자본가 계급의 지배와 착취를 위한 수단과 도구에 불과하다고 보았다면 그람시는 국가가 강제와 동의라는 두 가지 측면을 모두 가진다고 간파하여 국가가 지닌 기능의 복합성에 주목하였습니다. 그리고 국가의 기능은 자본주의가 발달하면서 훨씬 더 확장, 발전, 성숙되어 가고 있다고 보았습니다. 자본주의가 경쟁적 자본주의에서 독점적 자본주의로 발전해가면서 국가의 역할과 기능이 확대되어 간다고 보았습니다. 경찰국가가 아니라 경제에 적극 개입하여 자본주의 생산양식을 보호하는 "국가독점자본주의"라고 하였습니다.

마르크스 시대의 국가는 경쟁적 자본주의 시대의 국가로 시장질서에 가급적 개입하지 않으면서 기본적 질서만 바로잡아주는 역할을 할 뿐이었지만 그람시의 국가관은 경제사회 영역에서 사회적 재생산을 주도하며 더 나아가 복지 국가로까지 되면 요람에서 무덤까지 보장해주는 기능과 역할로까지 확대되는 것으로 전망하였습니다. 따라서 국가는 시민사회의 모든 영역에 침투하여 시민사회를 통해 모든 영역의 활동과 의식을 지배하면서 모든 부분에서 헤게모니적 지배를 확장하여야 한다고 생각하였습니다. 국가는 공적 영역의 대표이며 시민사회는 사적인 영역의 대표인데, 그람시는 시민사회에서 형성된 질서가 국가를 매개로 공식화된다고 보았습니다. 즉 시민사회가 국가영역을 지배한다고 본 것입니다. 이런 맥락에서 국가 기능이 점차 확대되면서 시민사회는 국가의 사적 네트워크가 된다고 하였습니다. 그 시민사회를 통해 국가는 모든 의식과 조직에 침투할 통로를 확보하는 것이며, 그런 속에서 국가는 통합국가일 수밖에 없다고 하였습니다. 강제 측면을 담당하는 부분은 정치사회이고, 동의를 창출하는 부분은 시민사회로서 그람시의 국가는 "정치사회(강제)+시민사회(동의)"입니다. 전통적 서구의 사회과학 속에는 국가(공적 영역)와 사회(사적 영역)라는 이분법적 개념이 받아들여지고 있었습니다. 시민사회는 다양한 사회 집단, 계급이 자신의 이익을 표출하고 조직화하는 영역입니다. 따라서 이런 시민사회는 다양한 사적 이익을 추구하는 집단의 네트워크로 구성되어 있습니다. 국가는 바로 이런 시민사회 영역에까지 침투하여 사회 각계각층의 동의를 창출하면서 헤게모니적 지배를 구축하는 통합국가입니다. 통합국가는 시민사회까지 포괄하면서 독재(강제)와 헤게모니(동의)를 구축해나가는 것입니다.

그람시의 헤게모니 이론은 전통적 마르크스주의자들의 헤게모니 이론에서 한 걸음 발전하였습니다. 그의 헤게모니는 계급적 동맹의 원칙의 차원을 넘어선 새로운 유형의 지배질서를 의미합니다. 즉 이데올로기를 매개로 기본적 집단과 추종집단이 융합되는 것으로 정치적 영역에서 뿐만 아니라 지적, 도덕적 영역까지 통합을 이루어내고 추종집단의 자발적 동의와 지지까지 창출해내는 것이 헤게모니입니다. 즉 그람시의 헤게모니는 정치적 강제와 지적 도덕적 동의의 혼합이라고 할 수 있습니다. 이를테면 기본집단의 근본적 이익이 훼손되지 않는 범위 내에서 추종 세력과 동맹세력의 이익을 수용, 융합해 나갈 수 있어야 진정한 헤게모니 지배가 구축될 수 있다고 보았습니다. 정치적 수준에서 출발, 도덕적, 지적 수준에

무신론이 지배하는 사회

까지 통합, 공통의 집단의지를 창출할 수 있을 때, 역사적 지배블록이 형성된다는 것입니다. 여기에는 두 가지 유형이 있는데, 그 하나는 변형주의(Transformism)로 수동적 동의이며 수동혁명이라는 개념으로 파악 하였습니다. 기본집단들이 동맹집단에 의해 산출되는 능동적요소, 심지어는 적대적 집단한테서 나오는 요소까지를 점진적으로 흡수, 그들의 반대를 무력화시키는 과정입니다. 그다음은 확장적 헤게모니로서 진정으로 다양한 계급 융합의 폭을 넓혀 감으로써 마침내 민족적, 민중적 의지로까지 확장되어가는 헤게모니입니다. 기본계급이 헤게모니계급이 되기 위해서는 다른 추종계급에 대한 확실한 리더쉽을 확립해야 한다고 하였습니다. 그 과정에서 지도적 집단이 임무를 수행하며 지도적 집단을 매개로 헤게모니질서가 확립된다고 합니다.

서구 사회의 핵심에는 국가가 있지만 그 주변에서는 시민사회로서 참호가 둘러싸고 있어서 기동전으로 당당하게 뚫고 들어갈 수 없기에 하나하나 참호를 점령해나가야 한다고 하였습니다. 이것은 구 러시아에서와 같은 기동전이 아닌 진지전으로 장구한 시간이 필요하다고 하였습니다. 이는 러시아 볼세비키의 기동적 혁명전략이 왜 서구사회에 적합하지 않은지를 설명한 이론입니다. 그람시는 서구 부르주아 지배질서가 얼마나 강고하며 그것을 무너뜨리기 위해서는 얼마나 장고한 시간과 인내가 필요한가를 생각했습니다. 그리고 서구의 진지전에서 주동적 역할을 하는 이들은 유기적 지식인이라고 보았습니다. 대중운동으로서 노동계급보다는 혁명적 지식인의 역할을 상당히 강조했습니다. 레닌이나 루카치도 고전적 마르크스주의에서보다 혁명적 지식인의 역할을 강조하였지만, 그람시에 와서는 지식인의 혁명적 역할이 한 층 더 강조되었습니다. 미국을 비롯한 서방 세계를 정복하려는 그람시의 이같은 헤게모니 이론과 진지전에 혁명적 지식인의 전사로 투입된 이들이 프랑크푸르트학파라고 할 수 있습니다. 그들은 나찌 독일서 도망쳐 미국서 자리 잡은 유태인 학자들이 다수를 차지하는 일군의 동종 교배 집단입니다. 하버마스, 아도르노, 막스 호르크하이머, 마르쿠제, 에리히 프롬, 칼 그룬버그, 레오 루벤탈 등입니다.

미국의 젊은이들은 프랑크푸르트학파의 독을 먹고 배양되는 문화 마르크시즘에 깊이 빠져들었습니다. Wokeism으로 상징되는 문화 마르크시즘은 오랜 진지전을 통해 정치와 대학과 기업과 언론과 문화 예술과 경제와 교육과 환경 문제와 인종 문제까지를 점령해 버렸습니다. 폭넓은 저변 확대를 이룬 Wokeism은 일반인들의 인식을 마비시키며 무소불위의 지배 이념으로 작동하고 있습니다. 이들에게는 몇 가지 특징이 있습니다. 사상적으로는 다양성에 대한 광신적 태도, 다문화주의에 대한 병적 집착, 이방인에 대한 무한 환대, 소수자 권리 보호에 대한 병적 집착, 전통적 가족 관계 파괴, 남녀 구별 철폐, 성의 해방, 비판적 인종이론, 극단적 환경 종말론 등입니다. 하나님 나라 백성은 천지를 창조하시고 국가와 인간 사회를 허락하시고 보호하시는 하나님의 뜻이 wokeism이라는 탈을 쓴 무신론자들에 의해 유린당하고 있음을 통찰하고 가슴 아파해야 합니다.

"창세로부터 그의 보이지 아니하는 것들 곧 그의 영원하신 능력과 신성이 그가 만드신 만물에 분명히 보여 알려졌나니 그러므로 그들이 핑계하지 못할지니라 하나님을 알되 하나님을 영화롭게도 아니하며 감사하지도 아니하고 오히려 그 생각이 허망하여지며 미련한 마음이 어두워졌나니 스스로 지혜 있다 하나 어리석게 되어 썩어지지 아니하는 하나님의 영광을 썩어질 사람과 새와 짐승과 기어다니는 동물 모양의 우상으로 바꾸었느니라 그러므로 하나님께서 그들을 마음의 정욕대로 더러움에 내버려 두사 그들의 몸을 서로 욕되게 하게 하셨으니 이는 그들이 하나님의 진리를 거짓 것으로 바꾸어 피조물을 조물주보다 더 경배하고 섬김이라 주는 곧 영원히 찬송할 이시로다 아멘."(롬 1:20-25)

반복되거나 장기간 비상사태는
전체주의 인프라로 악용될 수 있다

2019년 12월 중국 후베이성 우한시에서 처음 확인된 SARS-CoV-2의 감염증인 코로나바이러스 감염증-19가 전 세계적으로 유행하여 세계보건기구는 2020년 1월에 국제적 공중보건 비상사태를 선언하였고, 3월에는 펜데믹 즉 세계적 범유행으로 격상시켰습니다. 2022년 3월 18일 기준으로 4.653억 이상의 확진자와 608만 명 이상이 사망한 것으로 알려졌습니다.

코로나 감염 증상으로는 발열, 기침, 피로감, 호흡 곤란, 후각 상실, 미각 상실이 공통으로 나타났습니다. 폐렴, 급성호흡곤란증후군이 합병증으로 나타나기도 하였습니다. 잠복기는 대략 5일 정도나 1일에서 14일까지 다양한 사례가 보고되었습니다. 여러 종류의 백신이 개발되어 어느 정도 효과도 보았지만, 백신 부작용 또한 심각한 것으로 의심받고 있습니다. 미국을 비롯한 여러 나라가 코로나에 대한 대응으로 치료제 개발보다는 백신에 집중하였습니다. 각국 정부는 예방을 위해 사회적 거리 두기와 보건용 마스크 착용을 강조하였고 사람들은 정부 시책에 따라 실내 환기와 공기정화, 손 씻기, 입 가리고 기침하기, 구리 등 항바이러스성 물질을 버튼에 씌우기, 바이러스에 노출된 사람의 자가격리 등을 준수하였습니다. 무엇보다 세계 각국의 정부들은 여행 제한, 외출 통제, 봉쇄, 시설 출입 제한, 역학조사 등을 위해 비상조치들을 단행하였습니다. 코로나바이러스는 세계적으로 미치는 사회적, 경제적 영향이 막대하여 대공황 이후 가장 큰 불경기라 평가되고 있습니다. 수많은 행사가 연기되거나 취소 되었고, 패닉 구매로 인한 공급 단절이 전 세계적으로 발생하였습니다. 농업 역시 큰 피해를 보았고, 많은 공장도 가동을 중지했습니다. 많은 학교가 문을 닫았고 인터넷을 이용한 비대면 방법으로 수업을 하였습니다. 코로나바이러스 자체에 대한 정보나 그에 대한 정부의 대응에 대한 진위를 가리기 어려운 음모론과 허위 정보가 만연하여 사회적 피해는 가중되었습니다.

코로나바이러스에 대한 폐해 중에 또 우리가 경계해야 하는 것은 지나친 사회적 통제로 인하여 자유와 인권과 법과 민주주의가 잠정 되는 상태가 필요 이상으로 길어진다는 점입니다. 코로나 팬데믹 상태에서 어느 정도는 통제와 규제가 필요하지만, 각국 정부들은 질병 통제를 위한 의학적 이유와 필요에 의해서가 아니라 정치적 이유와 필요로 비상사태를 연장하고 있다는 의심을 받고 있습니다. 코로나 사태가 심각하다는 의학적 진단에 의한 통제라면 통제와 규제를 감수해야 하지만 필요 이상의 통제와 규제는 지양해야 합니다. 코로나바이러스의 치명도도 거의 사라진 지금까지 여러 규제와 통제를 해제하지 않는 것은 절대 바람직하지 않습니다.

코로나 팬데믹은 세계인의 생명을 위협한 것뿐 아니라 민주주의를 위협하였습니다. 민주주의는 첫째로 개인의 자유와 인권, 둘째는 언론의 자유와 법치, 셋째는 권력 분립과 정권 교체라는 세 가지 기둥 위에 세워져 있는데 코로나 팬데믹 상태가 되자 많은 국가의 정부들이 국민의 생명을 지키려는 조치라며 민주주의의 근간을 무너뜨리고 있습니다. 우리는 비상상황에서 생명을 보호하고 안전을 도모해줄 테니 민주주의를 잠시 포기해달라는 권력자의 속삭임에 주의해야 합니다. 민주주의는 한번 파괴되기 시작하면 관성을 갖게 되어 복원하기가 어렵습니다. 왜냐하면, 권력은 본성상 효율성이 떨어지는 민주주의를 싫어하고 대중은 비상사태를 통해 형성된 비민주적 질서에 무의식적으로 쉽게 순응하기 때문입니다. 권력자들이 비상사태를 통해 온갖 복잡하고 번거로운 법과 원칙과 질서를 잠정 하는 것의 맛을 보게 되면 마약과 같은 그 중독성에 쉽게 빠지게 됩니다. 따라서 권력자들은 코로나바이러스로 인한 팬데믹이 잦아드는 것을 매우 아쉽게 생각하여 실재하지 않는 위험을 예상하여 비상사태를 연장하고 싶어합니다. 권력자들의 그러한 의도를 걱정하는 이들은 코로나 사태가 사라지면 새로운 위기를 만들어 낼 것이라며 걱정합니다. 실제로 국민의 지지를 받지 못하는 정부나 부패한 권력자들은 코로나 팬데믹 덕을 톡톡히 보고 있습니다.

자유민주주의 나라인 이스라엘의 현 네타냐후 총리는 지난해 말 특정 언론사에 예산과 정책 지원을 제공한 대가로 자신에 관해 좋은 보도를 하게 한 뇌물, 사기, 배임 등의 혐의로 검찰 수사를 받았는데 그를 지지하는 이들은 이를 검찰의 쿠데타 시도라고 하였지만, 이에 대해 이스라엘 검찰총장은 "총리의 기소는 증거와 법에 따라 취해진 나의 의무"라고 하였습니다. 검찰총장이 네타냐후 총리를 기소해 재판에 넘김으로써 그는 치명적인 궁지에 몰렸습니다. 그러나 코로나바이러스가 그의 상황을 바꿔 놓았습니다. 네타냐후는 코로나 비상상황에서 행정 명령으로 경찰 등 공안기관에 개인 휴대전화의 데이터를 추적할 권한을 부여하였습니다. 개인의 동선 정보를 확보할 권한을 쥐게 된 정부는 격리 명령을 어긴 사람들을 최고 6개월간 감옥에 보낼 수 있게 되었습니다. 사람들은 이런 상황을 저항 없이 받아들였습니다. 네타냐후는 여기에 재판정 폐쇄 명령을 슬쩍 끼워 넣었습니다. 이 모든 일을 바이러스로부터 국민을 보호한다는 명분으로 실행하였습니다. 재판정이 폐쇄되자 총리는 부패 혐의 재판을 받을 필요가 없어졌습니다. 그는 바이러스에 대처한다면서 법치를 중단시켰습니다. 네타냐후는 코로나 비상사태를 가능한 한 길게 끌고 나가면서 현직 검찰총장을 쫓아내 사법적 궁지에서 벗어나려 할 것입니다. 이로써 코로나 팬데믹으로 인하여 이스라엘의 자유민주주의는 위기에 직면하였습니다. 이스라엘과 같지는 않지만, 미국이나 한국이나 캐나다 등 여러 나라의 상황도 비슷한 점들이 많습니다. 무신론의 토대에서 출발하는 진보적 정부들은 코로나 팬데믹 같은 비상사태를 이유로 무리하게 교회 예배마저 중단시켰습니다. 엄중한 비상사태하에서 자유와 인권을 잠시 양보할 것을 요구하여 행정 명령을 강제하며, 다른 손으로는 재난지원금이라는 천문학적 돈을 뿌려 민심을 훔쳤습니다. 이런 상황에서 의회의 견제나 사법적 정의, 언론의 비판 같은 대의 민주주의와 민주주의의 제도적 기능은 무용지물이 되어버렸습니다. 권력자들은 마약과 같은 비상사태에 중독 되고 대중은 달콤한 팬데믹 지원금에 의식이 마비되어 어느 순간에 전체주의가 도래 해도 저항할 수 없게 되고 말 것입니다. 국민은 권력이 제공하는 호의로 양도한 자유를 당연하게 받아 들이게 될 것입니다. 권력의 속성상 그다음 수순은 권력이 국민의 자유를 박탈하는 것을 권리로 생각하게 되는 것입니다.

코로나 팬데믹 기간에 헝가리에서도 현저한 전체주의 경향이 드러났습니다. 빅토르 오르반 총리가 지난 3월 코로나 긴급 조치를 선언하였습니다. 3월의 마지막 날엔 '의회의 총리 견제권'과 '기존 법률들의 효력'을 중지시키는 법률이 의회에서 통과되었습니다. 의회가 의회를 부정하고 법률이 헌법을 부정한 희한한 일이 일어난 것입니다. 의회의 3분의 2 의석을 오르반 총리의 집권당이 장악했기 때문에 가능한 일이었습니다. 이 또한 코로나 팬데믹의 공포가 아니었다면 시도할 수 없었던 일이었을 것입니다. 오르반의 긴급 조치법은 1930년대 히틀러의 나치당이 의회가 자기 권한을 내각에 다 넘기도록 한 수권법과 유사합니다. 수권법의 통과는 멀쩡한 민주주의 나라가 쿠데타 없이도 전체주의 일당 독재로 이행할 수 있음을 보여주었습니다. 오르반 법에 따라 헝가리 총리는 표현의 자유를 제한하고, 격리 명령을 어긴 시민에게 형벌을 가할 수 있게 되었습니다. 오르반은 예정된 모든 선거와 국민투표도 중지시켰습니다. 오르반 법은 언론인을 구속할 수 있는 '왜곡 뉴스', '가짜 뉴스'의 판별권을 권력의 지침을 받는 검찰에 부여하였습니다. 언론의 자유는 다른 자유들을 보장하는 마지막 자유라고 할 수 있습니다. 언론의 자유를 통제하는 권한을 정부가 갖게 됨으로써 헝가리 민주주의는 질식되어 가고 있습니다.

어떤 이유에서라도 신체적 자유나 신앙이나 양심의 자유, 언론이나 표현의 자유를 조금만 유보해 달라는 권력의 제안은 전체주의로 이행할 위험이 있으므로 조심하고 경계해야 합니다. 공산주의 독재나 나치식 전체주의는 무고한 사람의 대량 살상으로 귀결되었습니다. 권력은 대중의 지지를 동원하기 위해 공포 분위기를 조성하고 희생양 만들기를 즐깁니다. 스탈린, 히틀러, 마오쩌둥 시대의 희생양 처단은 모두 공포에 젖은 대중의 요구를 권력이 받드는 형식으로 수행되었습니다.

코로나 팬데믹 상황이 끝나가는 상황에 또 다른 비상사태나 마찬가지인 러시아와 우크라이나 전쟁이 발발하였습니다. 그동안은 온 세계인들이 코로나 19로 인한 비상사태에 대응하느라 온갖 고통과 불편함과 자유와 인권과 법과 민주주의의 원칙과 경제적 손해까지 감수하였습니다. 그런데 지금은 러시아와 우크라이나의 전쟁 때문에 일체 다른 사회적 문제에 관심을 집중할 수가 없는 상황입니다. 온 세계가 코로나 팬데믹 상태에서 어느 정도 벗어나는 듯한 시점에서 전쟁이라는 비상상태와 버금가는 상황에 직면하게 된 것입니다. 어떤 이유에서건 비상사태가 반복되거나 길어지는 것은 위험한 일입니다.

우리가 역사의 교훈을 통해 배울 수 있는 것은 장기적인 비상사태가 전체주의 정권의 인프라가 되었다는 점입니다. 사람들은 나치 이야기를 반인륜적이고 엽기적이라고 단정해 버리는 경향이 있습니다. 지금의 미국이나 한국이나 캐나다 등의 현 정부를 나치에 빗대려는 것은 아니지만 우리는 특정한 사회적 조건에서 장기적인 비상사태가 전체주의적 방향으로 이어질 수 있다는 것을 경계해야 합니다.

1932년 독일의 나치당이 두 차례의 총선거에서 최대 득표를 하고, 그

다음해 힌덴부르크 대통령이 나치당의 아돌프 히틀러를 수상으로 임명하였습니다. 그런데 그 해 2월 27일에 국회 의사당 방화 사건이 일어났습니다. 당시 집권당인 나치당은 이 사건을 공산주의자들의 음모로 몰아붙여 결과적으로 총리가 입법권까지 갖는 수권법을 통과시키게 되었고 결국 나치당의 독재 체제를 완성하는 기폭제가 되었습니다. 당시 나치당의 국민 지지율은 43.9%였고 공산당의 지지율은 12.3%에 불과하였는데 공산당에 대한 국민감정이 좋지 않았는데 히틀러와 나치당은 이런 상황을 이용하여 공산당의 음모로 몰아붙여 비상사태 상황을 만들어 독재와 온갖 만행을 저질러 인류 역사에 씻을 수 없는 과오를 범하였습니다. 코로나 이후 의료복지를 빙자한 '메디컬 파시즘'이 출현할 수 있다고 걱정하는 이들도 있습니다. 전쟁이 소강상태로 접어들면 권력자들은 또다시 환경 종말론 같은 것을 강조하여 비상사태와 다름없는 상황을 만들어 갈 것입니다. 거듭 반복되거나 길어지는 비상사태가 독재나 전체주의로 이행하는 과정에 기독교인들도 매우 적극적으로 참여하는 것은 무신론적 사조를 간파하지 못하는 무지 때문입니다.

 "난리와 난리 소문을 듣겠으나 너희는 삼가 두려워하지 말라 이런 일이 있어야 하되 아직 끝은 아니니라"(마 24:6)

무신론이 지배하는 사회

미국이 지나치다

　자공(子貢)이 공자(孔子)에게 자장(子張)과 자하(子夏) 중, 누가 더 현명(賢明)한지 비교해 달라고 하였을 때 공자는 "자장은 지나쳤고, 자하는 미치지 못했다."고 하였습니다. 그러자 자공이 물었습니다. "그러면 자장이 나은 것입니까?" 자공의 이 질문에 공자는 "과유불급(過猶不及)"이라고 대답하였습니다. 과유불급이란 지나침은 못 미침과 같다는 뜻입니다.

　힘이 센 사람은 무엇이나 힘으로 해결하려고 하고 지식이 많은 사람은 지식으로 모든 문제를 해결하려고 하는 경향이 있습니다. 사람이 힘이나 지식의 효용을 경험하게 되면 힘과 지식은 다다익선이라고 생각하게 됩니다. 힘이나 지식을 다다익선이라고 하는 것에는 아무도 이의를 제기할 사람이 없을 것입니다. 사람의 힘과 지식은 그 어떤 천연자원보다 유용하고 귀한 것입니다. 힘과 지식은 모든 사람이 동일하게 갖는 것이 아니고 사람마다 차이가 있습니다. 어떤 사람은 힘이 세고 어떤 사람은 지식이 많은데, 그 둘 중 어느 것도 다른 사람보다 적게 가진 이들이 있습니다. 힘과 지식 외에도 부와 권력과 재능과 지혜 같은 것도 사람에 따라 많이 가진 자와 적게 가진 자가 있습니다. 이런 차이로 인하여 인간 사회에는 계층과 계급과 부자와 가난한 자가 생겨났습니다.

　인간은 자신이 소유한 여러 가지 능력과 자원을 이용하여 행복을 추구하지만 그러한 것들을 얼마를 가져야 행복한지는 알지 못합니다. 그러면서도 그런 것들을 더 많이 소유해야 더 행복할 것으로 생각합니다. 힘과 지식과 부와 권력과 재능 같은 것도 원칙적으로는 그 가치가 다다익선이지만, 문제는 그런 것들이 독립적으로 존재하여 나를 즐겁고 행복하게 하는 것이 아니라 다른 사람과의 아주 밀접한 관계 가운데 존재하면서 작동한다는 사실입니다. 아무리 좋은 것이라도 과유불급인 것은 바로 그런 이유 때문입니다.

경제학적인 관점에서 생각한다면 다다익선은 경제학 초기의 중상주의 가치관이라고 할 수 있습니다. 16~18세기 유럽의 경제는 중상주의가 지배적이었습니다. 중상주의는 한마디로 무역 흑자 지상주의입니다. 영국의 대표적인 중상주의자였던 토머스 먼은 "우리의 재산과 재물을 늘리는 통상적인 방법은 무역이다. 단, 우리가 외국인에게서 사서 쓰는 것보다 그들에게 더 많은 국산품을 팔아야 한다는 규칙을 지켜야 한다."는 말로 중상주의를 설명하였습니다. 당시 유럽의 국왕들은 권력을 유지하고 영토를 확장하기 위해 많은 금과 은이 필요했기 때문에 중상주의와 보호무역을 강력히 추진하였습니다. 경제가 발전하는 초기에는 수요가 많아서 많을수록 경제적으로 이득인 현상이 자연스러웠을 것입니다. 하지만 경제가 어느 정도 안정기에 들어선 상황이라면 수요가 한계에 도달하기 때문에 지나치면 해가 되는 현상이 발생하기도 합니다. 2008년의 서브프라임 모기지 사태로 부채를 과도하게 늘린 것은 경제적 과유불급의 예라고 할 수 있습니다. 시대와 상황에 따라 다다익선의 상황이 분명히 존재하지만, 시대와 상황이 바뀌면 과유불급인 상황도 발생하기 때문에 인간에게 지혜가 필요합니다.

영어를 처음 배우면서 외운 문장이 "Rome was not built in a day."였는데, 사람들은 그 말을 미국에 적용하여 "미국은 하루아침에 만들어지지 않았다"라고 말합니다. 천년 로마 제국을 몇 문장의 글로 설명할 수는 없습니다. 분명 로마 제국은 부정적인 많은 일을 저질렀습니다. 로마 제국은 막강한 힘으로 세계를 지배하면서 수많은 나라와 사람들을 멸망시키고 인권을 짓밟았지만, 로마 제국을 인정하는 나라와 개인에게 나름의 특

무신론이 지배하는 사회

혜를 제공하기도 하였습니다. 초기 기독교가 로마 제국에 효과적으로 복음을 전파할 수 있었던 것도 로마 제국의 그런 정책 때문입니다. 신앙인의 관점에서 보면 모든 것이 하나님의 섭리이며 은혜지만 로마 제국의 정책이 복음 전파를 용이하게 한 것이 사실입니다. 하나님께서 당신의 나라를 세워가시는데 로마 제국을 사용한 것입니다. 로마 제국의 지배를 받는 나라나 개인들에게 팍스 로마나 정책은 그 나름의 특혜가 되었습니다. 사람들은 미국을 설명하면서 팍스 로마나를 패러디하여 팍스 아메리카나라고 합니다. 로마 제국이 천년을 유지할 수 있었던 것은 팍스 로마나 정책 때문이라고 할 수 있습니다. 로마 제국은 엄청난 힘을 폭력적으로 사용하기도 하였지만 팍스 로마나 정책으로 나름 그 힘을 절제하여 제국의 생명을 연장할 수 있었습니다. 인류 역사에서 미국 같은 초강대국이 미국만큼 너그러운 경우가 없었다고 하지만 미국이 팍스 로마나를 제대로 패러디하지는 못하는 것 같습니다. 아무래도 미국의 힘이 천 년은커녕 백 년을 유지하기도 어려울 것 같다는 생각이 듭니다. 로마 제국이 그랬던 것처럼 미국도 초강대국의 힘을 약한 나라에 폭력적으로 사용한 경우가 적지 않지만 온 세계에 끼친 좋은 영향력도 많습니다.

영국을 비롯한 유럽 나라들의 식민지로 출발한 북아메리카가 초강대국이 된 데는 그들의 프런티어(Frontier) 정신이 크게 기여했다고 할 수 있습니다. 신앙의 자유를 찾아 북아메리카에 온 청교도들이나 더 나은 삶을 개척하기 위해 온 자들이나 그들은 모두 목숨을 걸고 도전한 프런티어 들입니다. 처음 신대륙 북아메리카 동부에 도착한 이들은 광활한 대지를 개척하며 서부로 서부로 나아갔습니다. 1803년 루이지애나주 매입 전까지 무질서했던 사회는 안정을 찾았고, 아메리칸 드림을 찾아 일확천금을 노린 이민자들, 카우보이들 등이 광활한 대지를 개척하며 그들만의 문명을 만들어냈습니다. 이런 그들의 노력은 도전과 개척을 두려워하지 않는 미국인들의 문화와 정신으로 이어졌습니다. 새로운 땅 아메리카에 정착한 그들은 자유로운 민주주의 국가를 세웠습니다. 알렉시스 드 토크빌의《미국의 민주주의》에 따르면 아메리카에 정착한 이들은 자연환경에 따른 거친 생활 방식과 습관, 누구나 평등하고 계급 없는 자유, 보편화한 실용주의로 인한 지적 평등, 민주주의를 더욱 성숙하게 만든 종교와 정치의 분리, 국민이 참여하면서도 거의 혁명이 불가능한 대의 민주주의를 발전 정착시켰습니다. 또한, 지역 정서, 헌법 해석상의 이견, 노예제를 비롯한 여러 제도상의 문제들로 전쟁과 분열과 통합을 반복하며 타의 추종을 불허하는 강력한 나라를 만들었습니다. 유럽인, 멕시코인, 흑인, 아시안 등 다양한 인종으로 형성된 아메리카는 정치적 인종적 차별과 배척과 갈등 등으로 심한 혼란을 겪으며 독특한 다민족의 '도가니 문화'로 정착하게 되었습니다. 아직도 인종과 문화의 차별과 갈등이 완전히 해결된 것은 아니지만, 그러한 문제가 완전히 해결된 이상적 국가나 사회는 기독교적 관점에서 볼 때 이 땅에서 실현할 수 없는 것입니다.

아메리카는 그 시작부터 지금까지도 꿈과 기회의 땅이고 1,2차 세계대전을 겪으면서 정치 경제 군사적으로 세계에서 유일한 초강대국이 되었습니다. 미국은 강력한 군사력과 경제력으로 세계 경찰 역할을 자처하며 전쟁과 분쟁과 갈등을 억제하며 조정해왔습니다. 미국의 군사력과 세계 기축통화인 달러의 위력은 전쟁과 분쟁과 갈등을 조정하는데 대단한 위력을 발휘하였습니다. 그런데 언젠가부터 미국이 자신의 힘을 과신하는 행태를 보이기 시작하였습니다. 그 시기는 아마도 9.11 사건 이후 테러와의 전쟁을 선포하면서 노골화된 것이 아닌가 생각합니다. 미국은 이라크를 테러국으로 지목하여 전쟁을 벌이면서 대량파괴 무기를 숨기고 있다는 억지 주장을 하였습니다. 그렇게 이라크를 점령한 미국은 세계 모든 비민주주의 나라들을 미국식 자유민주주의 나라로 만들려고 하였습니다. 자유민주주의 나라 사이에는 전쟁이 일어나지 않는다는 이론을 믿고 전쟁과 국제적 분쟁을 종식시킬 목적으로 비민주주의 나라들을 미

무신론이 지배하는 사회

국식 자유민주주의 나라로 연착륙시키려 한 그 야심 찬 미국의 계획은 실패하고 말았습니다. 힘이 센 개인이나 국가는 힘으로 모든 문제를 해결할 수 있다고 생각하기 쉬운데 그러한 생각은 인간에 대한 무지이고 교만입니다. 힘은 절제를 통해 적절히 사용해야 유용하고 효과적이라는 사실을 큰 힘을 갖게 되면 잊어버리게 될 위험이 있는데 미국이 지금 그 위험에 빠져 있는 현상들이 곳곳에서 나타나고 있습니다.

러시아의 우크라이나 침공은 미국을 비롯한 나토와 서방과 러시아의 대리전이라고 전문가들은 이구동성으로 이야기합니다. 미국은 러시아를 위협과 제재로 통제할 수 있으리라고 믿었습니다. 미국뿐만 아니라 세계 모든 나라가 그렇게 생각하였습니다. 그런데 너무나 충격적인 결과가 나타나고 있습니다. 러시아에 대한 미국의 군사력과 달러의 위협과 제재가 다른 나라들에서처럼 잘 통하지 않고 있습니다. 그도 그럴 것이 러시아는 미국과 버금가는 군사력을 가지고 있고 식량과 에너지를 수출하는 나라입니다. 러시아는 공산품이 부족하기는 하지만 그 정도의 불편함은 얼마든지 참을 수 있을 것입니다. 미국이 화들짝 놀란 것은 미국과 서방이 러시아에 제재를 가했는데 제재를 가한 미국과 나토와 서방 나라들이 러시아보다 더 힘들어하고 있다는 것입니다. 또 하나 미국이 간과하고 있는 것은 러시아 제재에 동참한 나토와 서방측 나라들이 미국의 눈치를 보느라 제재에 동참하는 척하고 있을 뿐이라는 사실입니다. 패권국의 힘이 통하지 않는다는 사실이 드러남으로써 미국의 위신이 땅에 떨어지고 있습니다.

지금이라도 미국이 그 막강한 힘을 절제하여 지혜롭게 사용한다면 아직까지는 러시아나 중국이 패권국의 지위를 쉽게 넘보지 못할 것입니다. 하지만 이번 우크라이나 사태에서처럼 미국이 힘을 함부로 사용한다면 미국의 신뢰는 더욱 떨어지고 미국이 사용한 그 힘은 러시아나 중국의 힘을 키워주는 부메랑으로 작용할 것이 자명합니다. 개인이나 국가는 자신의 힘을 과신하지 말아야 합니다. 하지만 자신이 가지고 있는 강력한 힘을 과신하지 않을 수 있는 겸손과 지혜는 무신론자가 절대 가질 수 없는 것입니다. 지금의 미국 정부가 미국의 힘을 과신하여 함부로 휘둘러 사용한 것도 무신론에서 비롯된 것입니다. 구약의 선지자들이 이스라엘 안에 하나님 부재를 안타까워하고 두려워하며 울었듯이 미국의 교회는 미국 안에 하나님 부재를 안타까워하고 두려워하며 울어야 할 것입니다.

"슬프다 나의 근심이여 어떻게 위로를 받을 수 있을까 내 마음이 병들었도다 딸 내 백성의 심히 먼 땅에서 부르짖는 소리로다 여호와께서 시온에 계시지 아니한가, 그의 왕이 그 가운데 계시지 아니한가 그들이 어찌하여 그 조각한 신상과 이방의 헛된 것들로 나를 격노하게 하였는고 하시니 추수할 때가 지나고 여름이 다하였으나 우리는 구원을 얻지 못한다 하는도다 딸 내 백성이 상하였으므로 나도 상하여 슬퍼하며 놀라움에 잡혔도다 길르앗에는 유향이 있지 아니한가 그 곳에는 의사가 있지 아니한가 딸 내 백성이 치료를 받지 못함은 어찌 됨인고."(렘 8:18-22)

여성권이 생명권보다
우선할 수 없다

 캘리포니아주 새크라멘토에서 '출생 후 한 달 이내의 영아 살해'를 비범 죄화 하는 법안이 추진되어 기독교인들을 비롯한 많은 이들의 반대 시위 가 있었습니다. 이 시위에는 캐피톨리소스인스티튜트(CRI), 캘리포니아 가족협의회(CFC), 리얼임팩트(Real Impact), 갈보리채플치노힐스(Calvary Chapel Chino Hills) 등이 주관하여 3천여 명이 참여하여 반대를 외쳤지만, 해당 법안은 찬성 11표, 반대 3표로 주의회 보건위원회를 통과하였습니다. 이날 통과된 AB 2223 법안은 신생아를 살해하거나 숨지도록 내버려 둔 어머니와 공범자를 형사 기소로부터 보호하는 것입니다. 이 법안을 찬 성하는 이들은 "유산, 사산, 낙태, 또는 주산기 사망을 포함한" 임신과 관 련된 모든 "행위 또는 태만"으로 인해 기소되는 것을 방지하는 것이며, 영 아 살해를 비범죄화하는 법은 아니라고 주장합니다. 일반적으로 '주산기 사망'(perinatal death)은 대개 생후 7일 이내 신생아의 사망을 의미하지 만, 캘리포니아 법은 그 기간을 "임신이 된 후부터 출산 후 한 달까지"로 정의하고 있습니다. 또 AB 2223 법안을 찬성하는 이들은 산모들을 "임 신한 사람들"로 지칭하며, 불리한 임신 결과에 따른 민형사상 처벌을 받게 될 위협은 "체계적인 인종적 불평등의 결과"라고 주장합니다. 캘리포니아 가족협의회는 성명을 통해 AB 2223이 "자발적 또는 범죄적 낙태로 인한 사망으로 알려지거나 의심될 경우, 신생아가 어떻게 사망했는지를 결정하 는 검시관의 의무를 폐지한다"라고 하였습니다. 이 법안은 두 명의 캘리포니아 여성이 의도적인 태아 사산을 초래한 '태아 살인' 혐의로 기소되자 발의되었으며 이 중 1명은 약물 사용이 아기의 사망 원인으로 밝혀져 징역 11년을 선고받고 복역 중입니다. 이 법안에 반대하는 이들은 이 법안의 독소 조항이 주산기를 생후 28일로 보는 것인데, 이를테면 태어난 아기를 출생 한 달 안에는 죽여도 범죄로 규정할 수 없게 한 것이기 때문에 신생아 살해 비범죄화법이라고 비판하며 반대하고 있습니다. 이는 살인자의 인권을 보호하기 위해 살인을 정당화하는 악법입니다.

　1973년 미 대법원의 "로 대 웨이드"판결은 낙태를 처벌하는 대부분의 주법률이 미국 수정헌법 14조의 적법 절차조항에 따른 사생활의 헌법적 권리에 대한 침해이며 위헌이라고 하였습니다. 이로 인해 낙태를 금지하거나 제한하는 미국의 모든 주와 연방의 법률들이 폐지되었습니다. 이 사건의 판례는 미국 대법원이 내린 판결 중 역사상 가장 논쟁이 되었고 정치적으로 의미가 있는 판례 중 하나가 되었습니다. 그 후 로 대 웨이드 사건은 50여 년간 미국 사회의 모습을 크게 바꿔 놓은 중요 판례로 작동하였습니다. 로 대 웨이드 사건(Roe v. Wade, 410 U.S. 113, 1973년)은 헌법에 기초한 사생활의 권리가 낙태의 권리를 포함하는지에 관한 미국 대법원의 가장 중요한 판례입니다. 이 판례는 출산 전 3개월 동안은 낙태가 금지될 수 있다고 하였는데, 의학 전문가들은 이 3개월 동안을 태아가 자궁 밖에서도 생명체로서 존중될 수 있는 기간이라고 인정하였습니다. 여기서 로(Roe)는 실제 당사자의 사생활 보호를 위해 사용하는 명칭입니다. 제소인인 제인 로 (Jane Roe)의 본명은 노마 맥코비(Norma McCorvey)로 그녀는 낙태하기 원했던 아이를 낳았고 얼마의 세월이 흐른 후에는 낙태 반대 운동에 앞장서서 활동하였습니다. 맥코비는 22살 때인 지난 1973년 미 대법원으로부터 자신의 임신중절이 헌법상 권리라는 역사적 판결을 받아, 그 후 미국에서 여성들의 임신중절 권리를 여는 주인공이 되었습니다. 맥코비는 18살 때인 1969년에 임신을 하자, 1970년에 제인 로라는 가명

　　　　　　　　　　　　　　무신론이 지배하는 사회

으로 자신의 임신중절 권리를 인정해달라는 '로 대 웨이드' 사건이라 불린 소송을 제기하였습니다. 이 소송은 여성의 임신중절 권리를 둘러싼 문화 전쟁의 한 상징이 되었고 3년 뒤 대법원은 7대 2로 맥코비의 임신중절을 인정해, 임신중절이 헌법상 권리라고 판결하였습니다. 그러나 그 후 맥코비는 당시 자신은 변호사인 사라 웨딩턴에게 속아 임신중절 권리를 얻어내려는 미끼로 이용됐다고 주장하였습니다. 임신중절 권리를 옹호하는 쪽의 상징이었던 맥코비는 복음주의 기독교 신자가 되어, 임신중절에 대한 완강한 반대자로 전향하였습니다. 그는 1998년 AP와의 회견에서 "나는 100% 생명 옹호 쪽"이라며 "극단적인 상황에서도 임신중절을 지지하지 않는다. 강간범에 의해 임신이 되더라도, 아기인 것은 분명하며 우리가 신처럼 행동해선 안 된다"라고 주장하였습니다. 그 후 맥코비는 각종 반임신중절 집회 등에서 과격한 행동을 해, 법원으로부터 공적인 장소에서 발언을 금지당하는 처분을 받기까지 반 낙태 운동에 적극적이었습니다. '생명을 위한 사제들'의 단체의 사무국장이자 맥코비의 오랜 친구였던 재닛 모라나는 "맥코비가 자신의 (과거)서명이 수백만 명 아기의 생명을 도살로 이끌었다는 책임감을 느꼈다"라고 전하였습니다. 로 대 웨이드 판결은 다소의 제약이 있지만, 여성은 자유의사로 낙태를 할 헌법적 권리가 있다고 선언한 것입니다. 이 판결은 미국 사회의 그 전까지의 사회적 통념과 법 이론을 정면으로 뒤집는 획기적인 판결이었습니다. 그리고 그 여성의 권리는 여성의 몸과 연관된 가족적 가치와는 무관하게 오로지 여성 개인의 권리라는 의미라는 점을 주목해야 합니다.

그 판결 이후에도 대법원은 여러 차례 판결을 확인하는 결정을 내렸습니다. 당시 법원은 여성들에게 임신 초기 3개월 동안 임신을 중단할 권리가 있다고 인정했고, 3~6개월 기간엔 제한적으로 낙태할 권리가 있다고 명시하였습니다. 그러다 1992년, '가족계획협회 대 케이시' 사건을 통해 대법원은 각 주 정부가 태아가 자궁 밖에서 독자적으로 생존할 수 없다고 여겨지는 시기인 임신 24주 안에 임신을 중단하려는 여성에게 '지나친 부담'을 주지 말아야 한다고 판결하였습니다. 이러한 판결에도 불구하고 낙태법에 대한 논쟁은 식지 않고 대통령 선거나 대법관의 임명 때마다 등장하는 주제가 되어 오고 있습니다. 낙태를 찬성하는 이들은 낙태를 여성의 선택권의 문제라고 하고, 낙태를 반대하는 이들은 낙태는 살인이라고 합니다. 기독교적 가치관이 지배적인 미국의 전통은 낙태를 반대하는 것인데 로 대 웨이드 판결로 반대하는 이들의 주장이 합법적으로 무시를 당해 왔습니다. 낙태는 생명을 죽이는 행위이기 때문에 살인이고, 살인은 어떠한 이유로도 정당화될 수 없는 생명의 주인이신 하나님의 변경할 수 없는 명령입니다.

최근에 미연방대법원이 여성의 낙태권을 보장한 과거 판례를 폐기하기로 했다는 보도가 나왔습니다. 정치 전문매체 폴리티코는 지난 5월 2일 연방대법원이 1973년 '로 대 웨이드' 사건 판결을 무효화 하기로 했다며 98쪽짜리 다수의견 판결문 초안을 공개하였습니다. 새뮤얼 앨리토 대법관이 집필한 초안은 '로 대 웨이드' 판결에 대해 "처음부터 터무니없이 잘못됐다"라고 지적하였습니다. 또한 '가족계획연맹(낙태 옹호단체) 대 케이시' 판결(1992)도 폐기해야 한다고 하였습니다. 두 판결 모두 낙태 합법화를 결정지은 판례입니다. 다수의견 초안은 또한 "두 판례는 낙태 문제 해결의 국가적 합의를 끌어내지 못하고 오히려 논쟁을 가열시키고 분열을 심화했다"라며 "이제 헌법에 충실해 낙태 문제를 국민이 선출한 대표(의회)에게 돌려보내야 한다"라고 밝혔습니다. 낙태가 헌법에서 언급한 사안이 아니므로 연방대법원이 심사할 일이 아니라는 것입니다. 이 초안은 정식으로 공개된 것이 아니고 어떤 경로를 통해 유출된 것입니다. 연방대법원은 이 초안이 조작된 것이 아니라는 것을 확인해주었지만, 초안 유출은 배신행위라며 심각한 사안이라고 지적하였습니다. 또한, 이 초안은 아직 결정된 사안이 아니며, 사건 쟁점에 대한 대법관들의 최종 태도를 보이는 것은 아니라는 점을 분명히 하였습니다. 미국에서는 지난 수년간 낙태 금지법을 부활시켜야 한다는 논의가 이어져 왔습니다. 여러 주(州)의회가 약 600건의 생명존중 법안을 도입하였습니다. 위협받는 태아의 생명을 더는 그대로 내버려 둘 수 없다는 미국 국민의 목소리가 높아진 데 따른 것입니다.

플로리다주 등 일부 지역에서는 '로 대 웨이드' 판결을 우회해 입법을 진행하고 있지만, 미시시피주는 이 판결에 정면으로 도전하고 있는데, 미시시피주는 폴리티코가 초안 입수처로 밝힌 '미시시피 낙태 금지법' 재판이 진행 중인 바로 그 주입니다.

미시시피주 린 피치 검찰총장(법무부 장관 겸직)은 지난해 7월 연방대법원에 "낙태가 헌법에서 보장한 권리라는 판결은 법조문, 구조, 역사, 전통 등에서 근거가 없다"라는 소견서를 제출하며 '로 대(對) 웨이드' 판결 폐기를 요청하였습니다. 미시시피주의 낙태 금지법의 정식 명칭은 '재태기간법'입니다. 재태기간(gestational period)은 수정에서 출생까지의 임신 기간을 말하는데, 낙태 금지 기준을 임신 20주에서 15주로 앞당긴 것입니다. 의학적 응급 상황이나 심각한 태아 기형을 제외한 모든 낙태를 금지한 것으로 낙태를 시술한 의사도 최대 징역 10년형에 처할 수 있도록 한 것이 미시시피주의 낙태 금지법입니다. 연방대법원은 지난해 12월에 이 법에 대해 구두변론을 열었습니다. 존 로버츠 대법원장을 포함해 보수성향 대법관 6명은 '로 대 웨이드' 판결이 유지돼야 한다는 의견을 명확히 밝히지 않았고 진보성향 대법관 3명은 판결 유지 찬성을 분명히 하였습니다. 이 구두변론은 지난 2020년 10월 에이미 코니 배럿 대법관 임명 후 6대 3의 판결이 나온 첫 사례입니다. 일부 관측통들은 로버츠 대법원장은 보수-진보 대립이 치열할 때마다 진보성향 대법관을 편드는 모습을 보여왔다며 대법원 구도를 보수 5, 진보 4로 평가하기도 합니다. 폴리티코는 이번에 유출된 초안에서 보수성향 대법관 5명이 다수의견(판결 폐기)에 참여하고, 진보성향 대법관 3명은 반대했다고 전했습니다. 로버츠 대법원장의 의견은 초안에 기재되지 않았다고 덧붙였습니다.

만약 미연방대법원이 낙태 금지법을 통과시킨다면 이는 생명을 존중하는 가치가 생명을 경시하는 가치를 극복하는 세기적인 사건이 될 것입니다. 그러나 생명 가치를 존중하는 기독교적 가치관이 승리하는 이런 상황을 결코 그냥 두고 보지 못하는 세력들이 벌떼처럼 들고일어날 것이 자명합니다. 지난 2일에 미연방대법원이 낙태권 인정 판례를 뒤집을 수 있다는 문건이 유출되자 분노에 찬 낙태 찬성 시위자들이 워싱턴 D.C. 대법원 밖에 모여 결사 항전을 다짐하며 온 몸을 던져 싸우겠다는 태도로 소리 지르기 시작하였습니다. 낙태 찬성 여성 시위대는 '내 몸, 내 권리', '여성의 권리는 인권이다.', '내 몸이니 내가 선택한다.' 등의 문구가 적힌 플래카드를 들고 있었습니다. 우리는 낙태를 찬성하는 여성들의 구호와 주장의 핵심이 무엇인지 똑똑히 직시해야 합니다. 여성의 권리가 아무리 중요해도 생명권에 우선할 수는 없습니다. 여성의 권리를 보장하고 확대하기 위해 태아의 생명을 살해하는 것을 허용해야 한다는 논리가 낙태허용법의 악마적 사상이요 이념이며 철학입니다. 캘리포니아주 새크라멘토에서 '출생 후 한 달 이내의 영아 살해'를 비범죄화하는 법안이 찬성 11표, 반대 3표로 주의회 보건위원회를 통과하였다는 사실을 잊지 말아야 합니다. 민주당이 다수를 이루고 있는 주의회가 이 안을 그대로 받아서 통과시킬 것으로 우려되고 있습니다. 만약 그렇게 한다면 이는 하나님께 대항하는 행위이며 하나님께 대항하는 그 어떤 명분의 정책도 인간에게는 재앙이 될 것입니다.

 "살인하지 말라/ 간음하지 말라 하신 이가 또한 살인하지 말라 하셨은 즉 네가 비록 간음하지 아니하여도 살인하면 율법을 범한 자가 되느니라" (출 20:13 약 2:11)

무신론이 지배하는 사회

바이든의 실정과
우크라이나 사태

　많은 사람이 우려한 러시아의 우크라이나 침공 사태가 벌어지고 말았습니다. 그동안 미국은 세계 경찰국 역할을 해왔고 그로 인해 세계 곳곳에서 전쟁과 분쟁은 상당할 정도로 억제되어 온 것이 부인할 수 없는 사실입니다. 이는 세계 어느 국가나 정부도 미국이 주도하지 않거나 묵인하지 않는 전쟁을 일으킬 수 없다는 의미입니다. 독재 국가나 테러 집단이라 할지라도 이러한 미국의 역할로 인하여 그들의 폭력적인 활동이 억제되어 왔습니다. 그러나 미국의 힘이 약해지거나 정책적으로 국외 문제에 간섭하는 것을 부담스러워하게 되면 어김없이 전쟁이 발발하게 되었다는 것이 전문가들의 분석입니다. 전쟁이나 분쟁이나 테러가 일어나면 전문가들은 그것들을 미국과의 관계에서 분석하고 검토합니다.

　이번 우크라이나 사태도 예외가 아닙니다. 그동안 러시아와 우크라이나 사이에 전쟁이 일어날 것 같은 긴장이 고조되고 있을 때 미국의 바이든 대통령은 우크라이나에서 전쟁이 일어나도 직접 미군을 파견하지 않을 것이라고 몇 번이나 이야기하였습니다. 미국 국민 대다수는 미국이 우크라이나 전쟁에 미군을 파견하는 것을 반대하고 있습니다. 지금까지의 분쟁 지역에 대한 미국의 역할을 고려할 때 미국은 자신의 존재와 그 분쟁에 대한 미국 정부의 태도가 어떠하든지 간에 지대한 영향을 미치고 있다는 것을 모두가 알고 있습니다. 러시아와 우크라이나 사이에 대한 미국의 태도는 직접 개입하는 것도 아니고 그렇다고 강 건너 불구경하듯 방관하는 태도도 아닙니다. 문제는 미국의 그러한 태도가 러시아로 하여금 우크라이나를 침공하게 하였다고 볼 수 있습니다. 전문가들은 이구동성으로 미국은 러시아가 우크라이나를 침공하지 못하도록 충분히 막을 수 있었다고 이야기합니다. 만약 미국이 우크라이나에 미군을 몇 명이라도 보냈다면 러시아가 미군과 우크라이나군이 함께 지키는 우크라이나를 침공하기는 쉽지 않았을 것입니다. 우크라이나에 직접 미군을 보내는 것이 미국 국민의 반대 때문에 쉽지 않았다면, 러시아가 우크라이나를 침공할 경우 즉시 미군을 보낼 것이라고 강경한 태도를 밝히는 것만으로도 러시아의 침공을 저지할 수 있었을 것입니다. 이 사실은 외교 전문가라면 상식에 속하는 문제입니다. 바이든 대통령을 보좌하는 외교 전문가들이 그러한 사실을 몰랐을 리가 없습니다. 그런데 미국은 그 일을 하지 않았습니다. 그 대신 백악관은 러시아가 우크라이나를 공격할 것이라고 이야기하면서 미군을 보내지는 않을 것이라는 말을 몇 번이나 공개적으로 하였습니다. 러시아가 우크라이나를 침공해도 미군을 보내지 않을 것이라는 이야기는 전략상 할 필요가 없는, 아니 해서는 안 되는 이야기입니다. 러시아가 바보가 아닌 이상 그 말의 의미를 못 알아들었을 리가 없습니다. 러시아가 우크라이나를 침공할 시 그 결과가 어떠할 것이라는 점을 여러 각도에서 점검해 보았을 것입니다. 러시아 전략연구소 책임자인 안드레이 코터노바(Adrney Kortunov)가 아무리 계산을 해보아도 전쟁을 감행하는 것은 무리라는 연구 결과를 푸틴에게 보고하였습니다. 그런데 느닷없이 미국의 대통령이 공개적으로 전쟁이 일어나도 미군을 보내지 않을 것이라고 이야기하자 푸틴은 전략연구소의 전쟁에 대한 부정적 보고에도 불구하고 우크라이나 침공을 결심하게 된 것입니다.

러시아가 우크라이나를 침공하기 전에 푸틴이 내각회의를 소집하였습니다. 안드레이 코터노바(Director General Russian International Affairs

Council)의 전쟁이 일어났을 경우 손익분석(cost-benefit analysis) 결과 이익보다는 손해가 너무 크다는 보고로 인해 외무부를 비롯하여 거의 모든 각료는 전쟁을 해서는 안 된다고 하였다고 합니다. 하지만 군부와 정보부에서 강력하게 전쟁을 해야 한다고 주장하였다고 합니다. 군부의 주장은 러시아에게 우크라이나와의 전쟁은 생존에 관한 문제라는 것이었습니다. 우크라이나와의 전쟁이 생존의 문제라고 하는 것은 서방(미국)이 집요하게 러시아의 정권 교체를 노리고 있기 때문이라고 하였습니다. 이러한 사실은 영국의 스카이 뉴스가 안드레이 코터노바를 인터뷰하는 과정에서 밝혀졌습니다.

러시아가 우크라이나를 침공한 것은 서방 언론이 보도하는 것처럼 단순한 영토에 대한 야욕이 아니라 그들 나름의 생존을 위한 선택이라는 측면이 있음을 간과 해서는 안 됩니다. 우크라이나 안에는 러시안들이 많고 러시아어를 사용하는 사람들이 전체 국민의 70%나 된다고 합니다. 그들은 우크라이나 정부나 국민으로부터 여러 측면에서 부당한 처우와 위협을 받고 있다고 합니다. 그러한 부당한 처우와 위협이 가장 극심한 곳이 단바스(Donbass)지역입니다. 그런데 우크라이나의 단바스는 자치구입니다. 그곳에는 러시아인과 우크라이나인의 인구비율이 45%, 55%라고 합니다. 단바스 안에는 자치공화국인 Luhansk와 Donastsk 두 지역이 있는데, 우크라이나가 옛 소련으로부터 독립할 때 Donbass의 두 공화국은 자치를 보장받는 조건으로 우크라이나에 남기로 하였습니다. 그것을 결정한 것이 민스크 협약(Minsk Agreements or Minsk Accords)입니다. 이 협약은 2014년과 2015년 두 번에 걸쳐 벨라루스의 수도인 민스크에서 프랑스, 독일, 러시아, 우크라이나가 모여서 맺은 조약입니다. 그런데 우크라이나가 민스크 협약을 어기고 단바스에 경제적 제재를 가하고 자치를 방해하며 극단적인 우크라이나인들이 러시아인들을 살해하거나 위협하는 일이 빈번하게 일어나고 있었습니다. 뉴스로 잘 알려지지 않은 사실이지만 그런 일로 러시아가 단바스 지역에 군대를 보내는 일이 종종 있었습니다. 이런 일들로 인하여 우크라이나와 러시아 사이에 분쟁과 긴장은 계속되어 왔습니다. 최근 들어 단바스 지역 사람들의 반우크라이나 감정이 고조되면서 몇 년 전 크림반도가 그랬던 것처럼 친 러시아 쪽으로 기울고 있었습니다. 이러한 상황을 고려해 러시아가 단바스의 두 지역을 완전한 친 러시아 공화국으로 선포하였습니다. 우크라이나가 이에 반발하는 것도 당연한 일이지만 러시아도 자기들 나름의 정당한 일을 한 것입니다. 이 사건이 불씨가 되어 결국은 러시아가 우크라이나를 무력으로 침공하게 되었는데, 미국을 비롯한 서방은 이를 전쟁이라고 하고 러시아는 내전 성격을 지닌 특수 군사 작전이라고 합니다. 푸틴은 이 특수한 군사작전에 두 가지 명분을 천명하였습니다. 첫째, 이 작전은 특수 군사 작전(Special Military Operation)이라고 하였습니다. 즉 이 작전은 내전과 같은 것이기 때문에 공격 대상은 우크라이나 국민이 아니고 군사시설과 작전에 저항하는 일부 군인들이라는 것입니다. 둘째는 나치즘을 제거하는(Denazification) 것이라고 하였습니다. 사실 우크라이나 안에 신나치주의자들의 활동은 거의 서방 세계에 알려지지 않고 있습니다. 극단적인 민족주의를 표방하는 신나치주의자들은 우크라이나 안에 사는 러시아인들을 살해하거나 위협하고 괴롭혀 왔습니다.

2014년 우크라이나 마이단 혁명 당시 오데사에서는 비극적인 일이 발생했습니다. 우크라이나 민족주의자들의 폭력에 Trade Union 건물로 피신한 러시아계 주민 43명이 산 채로 불에 타 숨졌습니다. 극단적인 민족주의자들이 건물에 화염병과 수류탄을 던져 피할 겨를도 없이 43명의 러시아계 주민이 불에 타서 죽거나 질식하여 죽었습니다. 건물이 화염에 휩싸이자 밖으로 뛰어내리는 이도 있었습니다. 큰 화재가 발생했지만, 소방차는 한 시간이 지난 뒤에 나타났습니다. 사람들은 건물 안에 러시아계 주민들이 있는 것을 알고 소방대가 고의로 늑장을 부린 것으로 생각하였습니다. 당시 폭력의 광기는 오데사를 뒤흔들었습니다. 신나치 계열의 우크라이나 폭도들이 러시아계 주민만 보면 사냥이라도 하듯 무차별 폭력을 행사하였습니다. 그러나 당시 이를 제대로 보도한 서방 언론은 거의 없었습니다. 지금이나 당시나 서방 언론들은 러시아는 무조건 사악하고 푸틴은 미치광이 악마라는 전제하에 뉴스를 편집하여 전하기 때문입니다. 2019년에는 오데사에서 그 사건을 경축하는 시위가 벌어졌습니다. 신나치 계열의 민병대까지 나서서 러시아인을 말살하자는 구호를 외치기도 하였습니다. 러시아에 대한 증오가 극에 달했습니다. 그 후 무고한 43명의 러시아계 주민의 죽음을 추모하는 행사도 오데사에서는 감히 할 수 없었고 단바스 지역에서 추모 행사를 하였습니다. 하지만 단바스의 도네츠크와 루간스크 모두 우크라이나 국민방위군 산하 아조프 대대 등 친(親)우크라이나계 민병대로부터 8년 동안 괴롭힘을 당한 지역입니다. 그동안 우크라이나계 민병대가 민가와 학교 가리지 않고 다연장 로켓과 박격포를 쏘는 지역으로, 수많은 사람이 희생되었습니다. 푸틴은 그동안 분노를 안으로 삭이며 돈바스 지역부터 마리우폴, 헤르손, 크림반도, 오데사를 잇는 라인을 주목하였을 것입니다. 푸틴은 돈바스와 오데사에서의 신나치주의자들이 저지른 제노사이드를 기억하고 그들을 응징하면서 우크라이나 남부 지역을 장악해가고 있습니다.

바이든이 우크라이나에 미군을 보내지 않겠다고 공개적 선언을 한 것이 푸틴에게는 천재일우의 기회가 되었습니다. 바이든 덕분에 푸틴은 아주 쉬운 전쟁을 성공적으로 감행하고 있습니다. 서방 언론들이 러시아가 불리한 상황에 부닥치게 되었다는 뉴스를 내보내지만 이는 희망 사항을 뉴스로 만들어 낸 것에 불과합니다. 푸틴은 바라든 목적을 별 어려움 없이 달성해 가고 있습니다. 우크라이나가 최신 무기로 무장한 러시아 군대를 화염병으로 맞서고 있다는 것은 힘없는 국민의 처절한 마지막 몸부림일 뿐입니다. 미국과 유럽연합의 개입에 따라 우크라이나 상황이 어떻게 변할지는 모르지만, 지금까지 러시아는 소기의 목적을 달성하고 있습니다.

바이든은 무슨 의도로 러시아에게 우크라이나를 침공해도 군대를 보내지 않을 것이라는 침공 묵인을 암시하는 듯한 발언을 하였을까요? 우크라이나에 대한 바이든 정부의 태도는 상식적으로 생각해도 이해할 수 없습니다. 바이든은 취임 1년 동안 걷잡을 수 없는 실정의 연속으로 국민 지지가 30% 선으로 하락하였는데 이는 민주당 내에서도 위기 상황으로 받아들이게 되었습니다. 바이든이 대통령에 취임하자마자 캐나다로부터 들어오는 키스톤 파이프 라인 공사를 중단시키는 행정 명령에 사인을 하였습니다. 그러자 즉시 42,100개의 미국 내 일자리가 사라졌고, 세일 가스를 비롯한 모든 미국 내 유전을 폐쇄하여 배럴당 40달러 하던 오일 값을 110달러까지 치솟게 하였습니다. 오일값의 상승은 필연적으로 물가의 가파른 상승과 인플레션을 만들어 냈고 국민의 삶은 점점 힘들게 되었습니다. 뿐만 아니라 남부 국경을 열어 수백만의 불법 입국자들이 미국으로 쏟아져들어와 문제를 일으키고 있지만 그런 것에 대해서는 언론이 일절 보도를하지 않고 있습니다. 코로나19 사태에 대해서도 국민의 생명을 우선 생각하여 과학적으로 대응하지 않고 정치적으로 대응하여 수많은 사람을 죽음으로 내몰았고 불필요한 규제로 경제를 파탄 나게 하고 국민을 불안에 떨게 하였습니다. 또한, 초등학교에서부터 어린 학생들이 동성애, 젠드, 비판적 인종 이론을 배우게 되는 것을 알게 된 학부모들이 들고 일어나고 있습니다. 게다가 트럼프를 모함하여 탄핵하려고 했던 가짜 러시아 게이트에 힐러리와 민주당이 개입했다는 특검의 보고가 있게 되자 바이든과 민주당은 큰 충격을 받게 되었습니다. 국민이 등을 돌리고 민주당 내에서조차 이러한 분위기를 감지하고 오는 중간 선거에 출마를 포기한 민주당 의원이 30명을 넘어서고 있습니다. 추락하는 국민의 지지를 되돌릴 길이 사라진마당에 다만 대통령과 민주당에 대한 국민의 비판적 시선을 다른 데로 돌리는데 전쟁만 한 게 없다고 판단했을 수 있습니다. 의도적으로 그렇게 하지 않았기를 바라지만 만약 그랬다면 바이든 역시 우크라이나 사태를 통해 소기의 목적을 달성한 셈입니다. 왜냐하면, 바이든 정부에 비판적인 국내외 모든 관심이 러시아의 우크라이나 침공에 쏠려 있기 때문입니다. 한 나라의 운명과 수많은 사람의 생사가 달릴 문제를 정권 유지를 위해 이용했다면 이는 천인공로할 만행이 되는 것입니다.

　우크라이나를 침략한 나라는 러시아지만 그들의 침략을 저지하고 막을 수 있는 나라는 미국밖에 없는데 미국과 바이든 행정부는 그 일을 하지 않은 도의적 책임이 있습니다. 지금 온 세계 언론은 푸틴을 악마로 미국을 비롯한 서방을 정의의 편으로 상정하고 있지만, 이는 심각한 왜곡입니다. 이유가 어쨌든지 간에 전쟁과 폭력은 나쁜 것이지만, 우리 옛말에 흥정은 붙이고 싸움은 말리라고 했는데 러시아의 우크라이나 침공을 막을 수 있는 힘이 있는 유일한 나라인 미국이 그것을 막지 않은 것은 나쁜 것입니다. 이러한 것을 세상적 기준으로는 비난할 수 없지만, 하나님 나라에서는 죄가 됩니다. 가인이 동생 아벨을 살해한 후 하나님께서 가인에게 동생이 어디 있느냐고 묻자 "내가 내 동생을 지키는 자입니까?"라고 항의를 하였지만, 그는 용서받기를 거부하고 살인자의 형벌인 두려움과 불안을 안고 평생을 살았습니다. 하나님께서 직접 가인에게 말씀하시지는 않았지만, 그 사건을 통해 모든 사람은 다른 사람을 지키고 보호해야 한다는 사실을 가르쳐 주셨습니다. 미국에 사는 개인이 우크라이나를 지키고 보호할 수는 없지만, 미국이라는 나라는 우크라이나를 지킬 수 있고 러시아의 침략을 막을 수도 있었는데 그렇게 하지 않은 것은 세계 경찰국가인 미국의 직무 유기이고 큰 잘못입니다.

 "여호와께서 가인에게 이르시되 네 아우 아벨이 어디 있느냐 그가 이르되 내가 알지 못하나이다 내가 내 아우를 지키는 자니이까/ 이러므로 사람이 선을 행할 줄 알고도 행치 아니하면 죄니라"(창 4:9; 약 4:17)

지도자가 빠지기 쉬운 유혹

　　캐나다 정부가 코로나19 백신 의무화 규제를 과도하게 강제하자 이에 반발한 전국의 트럭 운전사들의"자유의 트럭 수송대"가 온타리오주 윈저와 미국 자동차 산업의 메카 디트로이트를 잇는 앰버서더 다리를 점거하였고 미국과 캐나다 양국의 정부는 매우 놀라며 긴장하였습니다. 앰버서더 다리는 미국과 캐나다 교역의 30%를 담당하는 중요한 무역로입니다. 캐나다 통계청에 따르면 지난해 앰버서더 다리를 통해 운송된 자동차 부품 교역의 규모는 280억달러 이상에 달했다고 합니다. 이 시위로 화물차들은 디트로이트에서 60마일 떨어진 미시간주의 블루워터 다리를 이용해 미국과 캐나다를 오가고 있습니다. 미국 디트로이트와 캐나다 윈저 사이의 터널은 여전히 열려 있지만, 주로 자동차와 경트럭만 이용하던 다리에 사업용 트럭들이 몰려들자 정체가 극심해졌습니다. 또한, 시위 트럭들이 수도 오타와로 몰려들자 캐나다 총리는 시위대를 피해 어딘가로 피했다가 강경하게 시위대를 진압하기 시작하였습니다. 시위하는 트럭커들을 돕는 시민들까지 체포하고 국민들이 시위 트럭커들을 지원하는 후원금 통로도 막았습니다. 캐나다 트럭커들의 시위는 캐나다에서 끝나지 않고 전 세계의 코로나19 의무 규제를 반대하던 사람들의 참아왔던 분노를 폭발시켰습니다. 세계 여러 나라가 규제를 풀기 시작했고 미국의 트럭커들도 백신 의무화를 반대하는 시위를 시작하였습니다. 미국의 연방법원이 바이든 대통령의 백신 의무화 규제 명령이 무효라고 판결하자 세계 여러 나라가 규제를 해제하기 시작하였습니다. 많은 전문가는 백신 의무화를 반대하였지만, 정부와 관련 기관과 제약회사들이 백신 의무화를 강조하는 것은 이를 통해 그들이 덕을 보는 것이 아닌가 하는 합리적 의심을 하게 합니다.

지난 2여 년 동안 온 세계는 온통 코로나19로 홍역을 치르고 있었습니다. 인간 생명을 위협하는 전염병을 다스린다는 명목으로 수많은 규제와 신뢰가 가지 않는 백신 의무화로 국민의 자유를 제한하더니 이제 그 전염병이 수그러들자 우크라이나에서 전쟁이 발발하였습니다. 전염병 팬데믹 때문에 사람들은 다른 것을 생각할 겨를이 없었는데 이제는 전쟁에 대한 충격이 모든 일상의 소중한 것들에 쏟아야 할 관심을 빼앗고 있습니다. 전염병이나 전쟁이 발생하는 것은 불가항력적이라고 할 수 있지만, 그 불가항력적인 재난이 어떤 개인이나 집단에 의해 의도되었을 수도 있다고 하는 믿고 싶지 않은 음모론(?)이 난무하는 것도 우연한 현상이 아닌 것 같습니다.

지도자가 받는 가장 큰 유혹은 자신의 지도에 따라 국민과 사회가 일사불란하게 움직여 주기를 바라는 것입니다. 지도자의 명령이 아무런 반대 없이 시행되는 것은 독재나 공산주의 하에서나 가능한 일입니다. 그런 면에서 민주주의는 가장 효율성이 떨어지는 정치제도입니다. 사소한 일까지 오랫동안의 토론과 합의를 통해 결론을 끌어내야 하는 민주주의적 방법은 지도자로 하여금 민주적 방법이나 절차를 무시하고 싶은 생각을 하게 합니다. 좋은 정책으로 좋은 결과를 만들어 내야 국민의 신뢰를 받을 수 있고, 그렇게 하여 지도자에 대한 국민의 신뢰가 쌓이면 선순환이 이루어져 다음 정책이 쉬워집니다. 국민의 신뢰가 쌓이려면 정책이 성공해야 하는데, 정책 자체에 대한 동의를 얻는 과정이 힘들고 길어지게 되면 지도자가 무리수를 두게 되기 쉽습니다. 국민의 모든 반대를 일시에 잠재울 방법은 계엄령 같은 것입니다. 계엄령은 큰 재난이나 국가적 위기 상황에서나 가능한 것이기 때문에 평상시에는 사용할 수 없습니다.

그런데 지도자는 너무도 뜻밖의 상황에서 예상하지 못한 매력적인(?)

경험을 하게 됩니다. 그것은 다름 아닌 코로나19 팬데믹 같은 것입니다. 심각한 전염병이 발생하면 계엄령과 같은 조처를 할 수 있습니다. 그러한 상황이 국민이 지도자의 명령에 무조건 따르도록 한다고 할지라도 그런 재난을 지도력을 남용하는 기회로 사용해서는 안 될 것입니다. 지난 2년 동안 세계 거의 모든 국가의 지도자들이 코로나19 상황에서 지도력을 상당히 남용하였습니다. 그 증거 중 하나가 바로 코로나19 백신 접종을 의무화하여 엄청난 국민의 저항을 불러온 것입니다. 미국의 경우 연방대법원이 바이든 대통령의 백신 접종 의무화 명령을 무효화시킨 결정이 재난 상황에서 대통령이 지도력을 남용했다는 명백한 증거입니다.

지도자가 빠지기 쉬운 유혹 중에 또 다른 하나는 정직하지 않고 편의적 거짓말을 하는 것입니다. 지금 미국을 비롯한 세계 거의 모든 나라가 우크라이나 전쟁을 특별 재난 수준 상황으로 받아들이고 있습니다. 우크라이나가 비록 멀리 떨어져 있을지라도 자칫 잘못하면 제3차 세계 대전으로 발전할지도 모를 위험한 상황인 것은 사실입니다. 마치 코로나19가 엄청난 재앙으로 발전할지도 모른다는 가능성 때문에 각국의 정부들이 필요 이상으로 국민의 자유를 제한하고 의무 규제를 강화하여 국민이 말할 수 없는 불편과 두려움과 경제적 손실을 감수하도록 하였습니다. 우크라이나 전쟁은 각국 정부의 정책 실패 때문에 발생한 경기 침체와 오일값 상승과 인플레이션과 고물가의 책임을 우크라이나를 침공한 푸틴에게 전가하고 그 모든 부담은 고스란히 국민의 몫으로 돌리고 있습니다. 며칠 전 한 기자가 바이든 대통령에게 오일값 상승에 대해 질문하자 아주 간단하고 자신만만하게 "푸틴 때문이다"라고 대답하였습니다. 전 정부 때 베럴 당 36달러 하던 오일값이 현 정부가 들어선 이후 꾸준히 오르다 가 우크라이나 전쟁이 일어나자 더 가파르게 올랐습니다. 우크라이나 전쟁이 오일값을 더 오르게 한 것은 사실입니다. 하지만 오일값 상승이 푸틴 때문이라고 하는 것은 너무나 정직하지 못하고 무책임한 태도입니다. 바이든이 대통령

무신론이 지배하는 사회

에 취임하자마자 가장 먼저 한 일이 키스톤 엑셀 파이프라인을 막고 미국 내 유전의 오일 생산을 중단시킨 것입니다. 그 결과 미국은 세계 제1의 오일과 천연가스 생산국에서 베네수엘라 같은 나라에 오일을 구걸하는 나라로 바뀌었습니다. 이 정부가 모든 실패를 전 정부의 책임으로 돌리더니 코로나19 팬데믹 상황에서는 어쩔 수 없었다고 치더라도 이제는 모든 책임을 러시아 대통령에게 돌리는 것은 너무나 무책임한 태도입니다. 지금의 미국 정부와 여당은 국민을 너무 무시하고 대통령은 아무 말이나 하고 있습니다. 국민이 때로는 미련하고 어리석어도 항상 미련하고 어리석은 것은 아닙니다. 국민의 뜻과 욕구가 언제나 정당하고 옳은 것은 아니기 때문에 지도자는 국민에게 아부해서도 안 되지만 국민을 우습게 여기고 아무 말이나 해도 계속 믿고 따라줄 것으로 생각하는 것은 어리석고 무지하고 미련한 태도입니다. 대통령이 취임한 지 1년 만에 국민 지지도가 30% 대로 추락한 것은 극히 이례적인 경우입니다. 지도자의 진정한 권위는 정직과 성실에서 나온다고 할 수 있습니다. 정직하고 성실한 지도자라면 국민의 지나친 이기적 욕구와 게으름을 꾸짖고 질타할 수 있어야 합니다. 하지만 지금의 지도자는 남 탓과 정직하지 못한 태도 때문에 국민의 지지와 지도자의 권위를 거의 잃어버렸습니다.

현재 미국 정부가 하는 여러 정책을 생각할 때 아무리 이해를 하려고 해도 이해할 수 없는 점들이 한둘이 아닙니다. 남부 국경을 열어놓아 많은 사람이 불법으로 쏟아져 들어오도록 한 것, 오일과 천연가스 생산을 막은 것, 지나치고 편향된 기후 변화 정책, 비판적 인종 이론과 역사 왜곡, 경찰력을 약화하고 범죄 관련 법을 느슨하게 하여 살인과 범죄가 급증하게 한 것, 세금을 인상하여 기업 활동을 위축시키고 실업자가 늘어나게 한 것, 편향된 언론 보도로 국민의 눈과 귀를 막는 것, 온갖 복지 예산을 늘려 국가 예산을 낭비하는 것 등.... 현 정부는 규제와 지출은 확대하고 생산과 발전은 축소하는 정책으로 일관하고 있습니다. 개인이나 국가나 의도적으로 실패를 지향하지는 않겠지만 지금 정부의 정책은 마치 나라를 망하게 하려는 것이 아닌가 하는 생각을 할 정도입니다. 그렇지 않고서야 나라가 이렇게 총체적으로 망가져 가는 것을 보면서도 정책 기조를 수정하지 않는 것을 이해할 수 없습니다. 러시아에서 수입하는 오일을 중단하여 오일이 모자라면 미국에 매장되어 있는 오일을 생산하면 될 것입니다. 바이든이 대통령에 취임하고 가장 먼저 한 것이 미국 내 오일 생산을 막은 것인데 그 이유는 기후 문제와 환경 정책 때문입니다. 그런데 바이든 대통령의 환경 정책과 다른 나라에 대한 태도는 앞뒤가 맞지 않습니다. 미국이 환경문제 때문에 오일 생산을 중단하였다면 다른 나라도 오일 생산을 중단하도록 하는 것이 옳은 일입니다. 다른 나라에 오일 생산을 늘리라고 요구하면서 미국에서 오일 생산을 하지 않는 것은 이율배반적이고 정의와 공평의 원리에 맞지 않습니다. 기후 문제를 다루려면 정직하고 정확한 과학적 근거에 따른 정책과 문제의 수준에 맞는 대안을 제시하고 해결하도록 노력해야 합니다.

기후와 환경문제 전문가들의 설명에 의하면 유엔이나 바이든 정부의 환경 정책은 거의 왜곡된 논문이나 통계에 따른 것이라고 합니다. 기후와 환경에 대한 논문 중에는 잘못된 정보와 왜곡된 통계 자료가 많다고 합니다. 그 대표적인 예가 앨 고어의 "불편한 진실"입니다. 앨 고어는 그의 저서와 환경운동으로 유엔 정부간기후변화위원회(IPCC) 의장인 라젠드라 파차우리와 공동으로 노벨평화상을 받았지만 앨 고어의 책은 거짓 된 정보로 저술된 것임이 이미 오래전에 드러났습니다. 그런데도 아무도 그렇게 거짓되고 왜곡된 기조의 환경론을 비판하여 바로 잡지 않고 지금의 정부도 그러한 환경운동을 계속 이어오고 있습니다. 지구 온난화를 막기 위해 자동차도 타지 말아야 하고 쇠고기도 먹지 말아야 한다고 하던 파차우리와 앨 고어는 엄청난 저택과 초호화 요트에 자가용 비행기까지 소유하고 있으며 환경운동과 관련된 기업 주식에 투자하여 많은 이익을 챙긴 것

무신론이 지배하는 사회

으로 알려져 있습니다. 또한, 국제 기후와 환경문제에서 중국의 태도가 미스터리입니다. 중국의 일대일로 정책은 유엔이나 바이든 정부 기후 정책에 치명적으로 반하는 것인데, 중국은 그러한 정책을 점점 더 확대하고 있고 미국은 중국의 그러한 정책을 효과적으로 막지 못하면서 미국의 경제를 위축시키고 그러한 환경론에 따른 온갖 정책들에 엄청난 예산을 쏟아붓고 있습니다. 환경론자들의 주장대로라면 우유도 쇠고기도 먹지 말아야 하고 자동차도 타지 말아야 하고 산업과 경제의 성장도 막아야 하고 원시 농경사회로 돌아가야 합니다.

지금의 정부가 추진하는 환경 정책은 사이비 종교의 종말론적 성격이 농후합니다. 그들의 주장대로라면 벌써 지구의 종말이 왔어야 합니다. 마치 시한부 종말론자들의 마지막 날에 대한 예언이 이루어지지 않았듯이 환경 종말론자들의 예측과 경고대로 되지도 않았습니다. 어떤 환경론자는 지구 온난화를 경고하고 다른 환경론자는 빙하기가 도래할지도 모른다고 주장합니다. 예로부터 지구 환경은 더워졌다 추워졌다를 반복해 왔을 뿐 기후 변화로 지구의 종말은 오지 않았습니다. 인간의 욕심과 과소비로 지구 환경이 오염되고 그로 인해 피해를 보는 이들이 생기는 것도 사실입니다. 우리는 과소비를 지양하고 절제를 통해 지구 환경을 보호해야 합니다. 그러나 지금의 환경론은 건전한 환경론이 아닙니다. 주님의 재림은 반드시 이루어질 것이지만 시한부 종말론이 잘못된 것처럼 환경 종말론 같은 환경 운동이나 정책은 바른 것이라고 할 수 없습니다. 왜곡된 환경운동에 편승하여 국가가 종말론 같은 환경 정책을 지향하는 것은 인간의 평화와 질서와 번영과 안녕에 심각한 해를 끼치는 것으로 경계해야 합니다.

 "땅이 있을 동안에는 심음과 거둠과 추위와 더위와 여름과 겨울과 낮과 밤이 쉬지 아니하리라"(창 8:22)

분별의 어려움

서방 언론들의 보도에 의하면 우크라이나를 침공한 러시아 군대는 예상하지 못한 우크라이나 군대의 강력한 저항에 부딪혀 고전을 하고 있다고 합니다. 우크라이나의 대통령은 서방 언론에 케주얼한 복장이나 전투복 차림으로 결사 항전을 진두 지휘하는 애국적 지도자로 소개되고 있습니다. 곳곳에서 러시아 탱크와 장갑차가 파괴되어 불타는 장면과 죽은 러시아 병사들의 처참한 사진들이 연일 언론을 통해 보도되고 있습니다. 러시아군은 진퇴양난의 막다른 골목으로 몰렸고 우크라이나군은 곳곳에서 혁혁한 전과를 올리고 있다고 합니다. 미친 러시아가 핵무기나 생화학 무기를 사용하게 될지도 모르지만, 만약 그렇게 한다면 러시아는 지구에서 사라지게 될 것이기 때문에 러시아가 그와 같은 극단적인 선택을 하기는 어려울 것이고, 머지않아 러시아는 전쟁을 포기하고 철수하게 될 것이라고 서방 언론들은 전망하고 있습니다. 이러한 서방 언론의 보도에 대해 미국의 군사전문가인 Bill Roggio는 서방의 언론들이 우크라이나 전쟁에 대하여 희망 사항을 뉴스로 만들어 전하고 있다고 하였습니다.

전쟁에 대한 사람들의 생각은 이유 여하를 막론하고 먼저 침공한 나라는 나쁘다고 생각하기 때문에 침공을 당한 나라는 동정의 대상이 됩니다. 러시아와 우크라이나의 전쟁도 예외가 아니어서 러시아와 푸틴은 남의 나라 땅을 탐내어 전쟁을 일으킨 악마이고 우크라이나의 지도자와 국민은 자유와 평화를 사랑하여 조국을 지키려는 착한 사람들입니다. 전쟁을 바라보는 사람들의 이러한 기본적인 패러다임 위에다 서방 국가와 언론들의 러시아와 우크라이나 전쟁에 대해 그러한 프레임을 만들기 위해 적극적인 노력을 기울이고 있습니다. 미국을 위시한 우크라이나와 서방 언론들을 통해 보도되는 정보와 러시아에서 흘러나오는 정보와 소식은 너무나도 다릅니다. 전문가들과 순수한 많은 이들조차 어느 정보가 정확한지 분별하기가 쉽지 않을 것입니다. 진실을 알려고 하는 열정과 관련 분야에 관한 공부를 꼼꼼히 하게 되면 큰 그림의 국제 관계와 온갖 이해관계로 얽혀 있는 지도자들과 외교와 경제 문제 등을 잘 알고 있는 학자나 기자들을 통해 진실을 어느 정도는 알 수 있습니다.

어느 네티즌이 이 시대를 가리켜 '봄이 오는 것을 막는 것보다, 국민이 선과 악을 분별하게 하는 것이 더 어려운 시대다'라고 하며 '적어도 악을 돕는 선동에 빠져 우크라이나에 자금을 대 주는 일이 없기를 바란다'고 하였는데, 이 시대와 우크라이나 상황을 소름 끼치도록 통찰하는 표현이라는 생각이 듭니다. 바이든 대통령은 우크라이나에 136억 달러를 지원하기로 하였습니다. 그 외에 더 많은 무기와 지원을 점점 늘려가고 있습니다. 만약 누군가 미국의 우크라이나 지원을 반대하면 그것은 불쌍한 이들을 돕는 일을 반대하는 것으로 인류의 상식적 가치에 반하는 반인륜적인 행위로 오해받을까 봐서 아무도 반대 의견을 내려고 하지 않습니다. 언론들이 우크라이나를 도와야 한다고 홍보성 보도를 하지만 실제로 군대를 보내는 나라는 없습니다. 여자와 아이들과 노인들을 제외한 모든 우크라이나인은 조국 우크라이나에 남아서 애국 전쟁에 나서고 있는 것처럼 보도되고 있지만, 사실은 전쟁을 피해 도망가는 젊은이들도 많다는 사실은 보도하지 않습니다. 우크라이나는 정치와 경제와 군대 할 것 없이 온 사회가 총체적으로 부패가 만연한 나라입니다. 그 부패에 초강대국 미국의 지도자도 여러 명 관련되어 있습니다. 우크라이나는 친 러시아와 친 서방 즉 반 러시아 국민으로 갈라져 심각한 갈등과 분쟁을 겪고 있습니다. 지리적으로 북쪽에서 남쪽으로 흐르는 드니프르(Dnieper) 강을 기준으로 동쪽은 친 러시아 국민이 많고 서쪽은 친 서방측이 많은데, 이 두 국민의 갈등과 분쟁은 전쟁과 살인과 온갖 만행을 자행하는 정도입니다. 그러한 나라 국민이 전쟁이 나자 나라를 지키기 위해 대통령을 비롯해 온 국민이 일치단결하고 있다는 식의 서방 언론들이 하는 보도는 심히 안타까운 마음을 갖게 합니다. 일치단결이 아니라 내전적 상황이라고 할 수 있습니다. 우크라이나는 러시아와 싸우면서 같은 국민들 끼리 싸우는 내전적 상황입니다. 자국민에 대한 검문 검색으로 서로를 경계하고 의심하는 살벌한 상황입니다. 우크라이나는 총체적 부패와 극심한 갈등으로 경제와 국방의 형편이 말이 아닌 상황입니다.

불과 20여 년 전만 해도 군사력이 프랑스와 비슷했던 우크라이나가 비무장 시민이 화염병과 육탄으로 적의 탱크와 맞서야만 하는 나라로 전락하게 된 것은 결코 우연한 일이 아닙니다. 우크라이나의 지도자들이 말로 다 할 수 없이 부패하게 되었다고 하지만, 그런 지도자들과 결탁하여 자기의 이익을 챙긴 미국의 몇몇 지도자들이 합동하여 만들어 낸 결과가 지금의 우크라이나 전쟁입니다. 우크라이나 지도자와 부정 거래 혐의로 의심받는 헌터 바이든이 연인이자 형수인 헤일리 바이든에게 보낸 문자 메시지에서 '젤렌스키 같은 도둑은 일찍이 본 적이 없다. 단바스에서 아이들이 산채로 불태워졌다'라고 한 것으로 알려졌습니다. 도덕적으로 그토록 문란한 헌터가 그렇게 말할 정도라면 젤렌스키의 도덕적 수준과 단바스의 상황이 어떤가를 짐작하게 합니다. 서방 언론은 전쟁을 일으킨 전쟁 범인은 푸틴이고 우크라이나의 지도자와 국민은 자유와 평화와 조국을 사랑하는 불쌍한 국민이라는 감성적 소식 외에는 아무 소식도 전하지 않고 있습니다. 전쟁의 원인은 무엇인지 러시아와 우크라이나 그리고 미국과 나토는 각각 어떤 의무와 책임이 있는지에 대해 심층적으로 분석하여 비판하고 대안을 제시하는 언론을 찾아볼 수 없습니다. 어떤 뉴스가 가짜라고 하

무신론이 지배하는 사회

면 그 뉴스를 가짜라고 하는 그 말을 하는 사람이 가짜 뉴스를 퍼뜨리는 자라고 공격합니다.

국제정치학에 의하면 전쟁은 불의하고 나쁜 나라와 정의롭고 착한 나라가 싸우는 것이 아니라 정의로운 두 나라가 싸우는 것이라고 합니다. 국제 관계에서 옳은 것은 상대적입니다. 러시아 군대는 우크라이나 사람들에게는 나쁘고 악한 군대지만 러시아 사람들에게는 충성스러운 애국자들입니다. 그 반대도 마찬가지입니다. 전쟁하는 두 나라에 대하여 악하다 또는 선하다는 기준으로 판단하는 것은 무리가 있습니다. 우리 편은 무조건 옳고 적은 무조건 나쁘다는 것도 바른 분별과 평가가 아닙니다. 물론 기독교가 가지고 있는 절대 기준에 따라 옳은 것과 옳지 못한 것을 분별할 수 있을 것이고 몹시 나쁜 것과 덜 나쁜 것을 분별할 수도 있을 것입니다. 하지만 국가와 국가가 싸우는 전쟁에 그와 같은 도덕적 기준을 적용하는 것도 무리가 있습니다. 만약에 하나님을 잘 믿는 사람과 불신자가 싸우고 있다고 해도 무조건 하나님을 믿는 신자가 옳다고 할 수 없습니다. 신자와 불신자의 싸움에서 불신자가 신자보다 더 정당하고 옳을 수도 있고 물론 그 반대일 수도 있습니다.

지금 우리는 러시아와 우크라이나의 전쟁에서 러시아 편과 서방 편을 갈라놓고 판단을 하고 있습니다. 러시아가 미국과 같은 수준의 자유 민주주의 국가는 못되지만, 러시아도 분명히 자유 민주주의 국가입니다. 그런데 어떤 언론은 러시아를 공산주의 국가로 이야기하는 경우도 있습니다. 러시아는 공산주의 국가이고 독재국가이기 때문에 나쁘다는 것은 잘못된 정보와 전제에서 하는 잘못된 판단입니다. 나는 미국에 사는 미국 시민권자로서 미국 편이고 서방 편이지만 만약 미국이 러시아보다 더 거짓되고, 정직하지 못하다면 미국이나 서방 편을 들 수 없습니다. 그래서 나는 미국이 하나님을 두려워하는 국가로서 정의로운 나라가 되기를 바라고 부정과 거짓을 비판합니다. 국가의 도덕과 정의를 분별하기는 절대 쉽지 않만, 그런데도 국가와 정부가 도덕과 정의를 존중하게 되도록 한 사람의 국민으로서 할 수 있는 모든 역량을 동원하여 정치와 문화와 교육과 모든 분야에서 하나님 나라 가치관을 가지고 활동해야 한다고 생각합니다. 그렇게 하려면 국가와 정치와 경제와 문화와 그 외 나 자신이 영향을 받는 모든 분야에 대하여 알아야 합니다. 한 나라의 국민은 정부의 정책과 통치를 따라야 하지만 어떤 정책이 옳은지 나쁜지 혹은 어떤 정책이 더 나은지 덜 나은지를 알아야 분별을 할 수 있습니다. 예수님은 진주를 돼지에게 던지지 말라고 하셨는데, 그렇게 하려면 먼저 진주를 알아야 하고 그 다음 돼지를 알아야 합니다. 진주를 잘 모르거나 돼지를 잘 모르면 그 말씀을 순종할 수 없습니다.

초대 교회 시대로부터 교회 안에는 이원론이 들어와 심각하게 복음을 왜곡하였습니다. 이원론은 거룩한 것과 속된 것을 구별하여 이해하고 대합니다. 신을 거룩한 하나님과 악한 신이 존재하는 것으로 생각하고, 사람을 영혼과 육신으로 구별하고 이해하여 육신의 행동이 영혼에 아무런 영향을 미치지 않는다고 생각하여 초대 고린도교회 안에 세상적 기준으로도 용납할 수 없는 윤리적 악이 아무런 거리낌 없이 자행되었습니다. 지금도 거룩함을 장소로 구분하여 이해하는 이들이 있어서 교회는 거룩하고 시장은 악하다고 생각하는 이들이 있습니다. 뿐만 아니라 전도와 선교는 거룩하고 정치는 나쁜 것으로 생각하기도 합니다. 신앙고백 사도신경을 통해 우리가 고백하는 첫째 내용이 '전능하사 천지를 만드신 하나님 아버지를 내가 믿사오며..'입니다. 우리는 과거에 천지를 만드신 하나님을 믿을 뿐 아니라 그 천지를 지금도 다스리시고 돌보시며 아끼시는 하나님을 믿습니다. '천지'는 하나님께서 창조하신 모든 것을 의미하는데, 거기에는 하나님 나라와 교회와 자연과 문화와 그 외 모든 것이 다 들어 있습니다. 천지를 지으시고 다스리시며 보호하시고 돌보시는 하나님은 천지 안에 들어 있는 모든 것에 대하여 그렇게 하신다는 것입니다. 우리는 그 하나님을 믿으며

무신론이 지배하는 사회

그러한 하나님을 믿는다는 것은 그 하나님께서 다스리시고 돌보시고 사랑을 쏟으시는 모든 것에 동참하도록 부름을 받고 있음을 고백하는 것입니다. 하나님께서 악인과 선인의 밭에 동일하게 빛과 비를 내려주시는데, 우리가 빛과 비를 내릴 수는 없지만, 그 하나님의 뜻을 따라 살아야 합니다.

교회의 역할과 일은 말씀 선포와 가르침 그리고 성례와 권징을 통해 교회를 세우는 것이지만 교회를 세우는 일은 거기서 끝나지 않고 교회에서 배우고 훈련받은 이들이 하나님 나라 영역인 천지에서 영향력을 나타내도록 하신 것입니다. 이러한 복음을 잘 못 가르쳐서 마치 거룩한 것과 속된 것이 존재론적으로 구별되는 것처럼 생각하게 한 것은 전적으로 가르치는 목회자의 책임입니다. 바울은 모든 것이 선하다고 하였습니다. 물론 바울이 모든 것을 선하다고 했을 때 존재론적으로 선하다고 한 것은 아닙니다. 선하거나 악하다는 평가는 하나님의 형상을 닮은 인간에게만 할 수 있는 평가입니다. 인간을 제외한 다른 모든 것은 그것을 사용하는 인간의 지향성에 따라 선하게 되기도 하고 악하게 되기도 합니다. 모든 것을 하나님의 영광을 위하여서 하면 거룩하게 되고 죄악 된 욕망에 따라 하게 되면 악하게 되는 것입니다. 만약 정치가 살인처럼 그 자체로 악하다면 우리는 정치에 관여해서는 안 되고 피하고 막아야 합니다. 하지만 정치만큼 인간에게 큰 영향을 끼치는 것도 없는데 하나님께서 그 정치에 관심이 없을 리가 없습니다. 인간이 정치에 지대한 영향을 받기에 하나님께서 정치에 지대한 관심을 가지시고 돌보십니다.

하나님의 모든 백성은 하나님의 그 관심과 배려에 참여해야 합니다. 하나님의 나라는 눈에 보이지 않습니다. 하나님 나라를 아는 것이 그리 쉽지 않습니다. 그래서 예수님께서도 여러 비유로 하나님 나라를 가르치셨습니다. 예수님께서 하나님 나라를 가르쳐 주셨지만, 그 하나님 나라 가르침에는 계시와 은폐가 동시에 작용합니다. 어떤 이들은 바른 가르침을 받아 깨달아 알게 되고 어떤 이들은 가르쳐 주어도 깨닫지 못합니다. 이런 경우를 전제하고 성경은 귀 있는 자는 성령이 교회들에게 하시는 말씀을 들으라고 하였습니다. 우리가 비록 하나님 나라의 백성이지만 하나님의 뜻을 분별하여 깨닫는 것에 있어서는 마치 시각장애인처럼 더듬어 찾을 수밖에 없습니다. 우리는 매 순간 성령님께 의지하여 모든 지성과 감성과 영성의 촉수를 더듬어 하나님의 뜻을 찾아 순종하여야 합니다. 우리는 모두 수없이 많은 시행착오를 하며 살아가고 있지만, 하나님을 사모하여 그분의 뜻을 알기 위하여 목마른 사슴처럼 갈급한 마음으로 바라고 찾으면 성령님의 인도로 하나님의 뜻을 발견하고 분별하는 은혜를 얻게 될 것입니다.

"귀 있는 자는 들을지어다 이 세대를 무엇으로 비유할까 비유하건대 아이들이 장터에 앉아 제 동무를 불러 이르되 우리가 너희를 향하여 피리를 불어도 너희가 춤추지 않고 우리가 슬피 울어도 너희가 가슴을 치지 아니하였다 함과 같도다"(마 11:15-17)

무신론이 지배하는 사회

글로벌리즘의 한계

지금 우크라이나 문제는 미국의 세계에 대한 글로벌리즘 정책이 더 이상 통하지 않기 때문에 발생하게 된 것입니다.

글로벌리즘은 제2차 세계대전이 끝나고 미국이 세계 초강대국이 된 이후 세계 경찰로서 국가들의 분쟁을 면밀히 분석하다가 자유 민주주의 나라끼리는 전쟁을 하지 않는다는 사실을 알게 되었습니다.

이러한 사실을 이론으로 주장한 학자가 있습니다. 18세기 말 독일의 철학자 임마누엘 칸트가 "영원한 평화를 위하여"라는 책에서 그러한 주장을 하였습니다. 칸트의 그같은 주장을 뒷받침하는 논문을 발표한 학자가 미국의 마이클 도일 교수입니다. 마이클 도일 교수가 근대사에서 민주주의 국가끼리 전쟁을 한 사례가 단 한 건도 없다는 논문을 발표했을 때 전 세계 학계는 대단히 큰 충격을 받았습니다. 그것을 민주평화론이라고 합니다. 민주평화론(Democratic peace theory)은 민주주의 국가들 사이에서는 무력 충돌 가능성이 낮다는 가설을 바탕으로 세계 평화 정착을 모색하는 이론입니다. 임마누엘 칸트가 《영구 평화를 위하여. 철학적 논고》에서 제시한 영구평화론이 민주평화론의 사상적 기원이며, 마이클 도일(Michael Doyle) 등에 의해 체계화되었습니다. 이 주장의 첫 번째 명제는 민주주의 국가들 사이에서 전쟁은 일어나지 않는다는 것입니다. 이는 1980년대에 통계적으로 본격 분석되어 사실로서 검증되었습니다. 한편 이것이 민주주의 국가가 아예 전쟁을 하지 않는다는 사실을 의미하지는 않습니다. 두 번째 명제는 민주주의 국가와 비민주주의 국가 간의 전쟁은 일어날 수 있다는 것입니다. 평화가 민주주의 국가 하나에서 내재적으로 결정되는 것이 아니라 두 국가간 상호 관계에 따라 결정된다는 점을 강조하기 위해 일부 이론가들은 '상호민주 평화주의'(mutual democratic pacifism)나 '민주주의간 비적대 가설'(inter-democracy nonaggression hypothesis) 등의 용어를 쓰기도 합니다.

민주주의 국가끼리는 단 한 차례도 전쟁을 하지 않았다는 역사적 사실은 '민주주의=평화'라는 사고방식을 정착시키는 데 크게 기여했습니다. 현대 글로벌리즘은 바로 이러한 학문적 주장의 토대에서 나온 것입니다. 그 주장을 토대로 미국은 모든 나라가 자유민주주의 국가가 되면 전쟁이 사라지게 될 것이라는 가정하에 외교 정책을 펴 왔습니다. 미국은 독재 국가나 왕정 국가들을 자유민주주의 국가로 연착륙시키려는 정책에 공을 들였던 것입니다. 미국의 그러한 글로벌리즘 정책은 실패하고 말았습니다. 종교나 문화가 다른 국가들이 정부와 제도를 바꾼다고 자유민주주의 국가가 되는 것이 아님을 알게 되었습니다. 미국이 중국, 러시아, 이라크, 이란, 아프가니스탄, 우크라이나 등의 나라를 자유민주주의 국가로 바꾸려 했지만 실패하고 말았습니다. 중국의 경우는 자본주의 경제를 토대로 경제가 성장하게 되면 자연스럽게 자유민주주의 국가로 이행할 것이라는 기대를 하고 미국이 중국 경제가 발전하도록 도와주었습니다. 하지만 미국의 그러한 기대는 빗나가고 말았습니다. 중국은 발전한 경제력을 이용하여 더 견고한 공산주의로 세계 패권 국가가 되려고 하고 있습니다. 러시아는 자유민주주의 국가이기는 하지만 아직은 공산주의 영향에서 완전히 벗어나지 못한 과도기 자유민주주의 국가라고 보아야 합니다. 무엇보다 글로벌리즘의 이상은 지구상의 모든 나라가 국가와 인종과 언어와 문화 그리고 종교와 정치 등 모든 것이 달라도 모든 자원과 문화적 산물들을 함께 누리도록 하려는 것입니다. 글로벌리즘의 이러한 이상을 반대할 아무런 이유가 있을 수 없습니다.

언제나 문제는 인간인데, 아무리 좋은 사상이나 철학이나 이상이라도 그것을 운용하는 인간이 악하기 때문에 좋은 것이 악용될 위험이 있고 글로벌리즘도 예외가 아닙니다. 정치 지도자들과 대기업들이 세계 모든 국가와 국민이 모든 자원과 이익을 함께 누리도록 하게 한다는 글로벌리즘의 명분을 앞세워 개인적인 이익을 취하기 때문에 예상하지 못한 한계에 직면하게 되었습니다. 정치 지도자들은 글로벌리즘을 명분으로 권력과 정권 연장을 획책하고 약한 나라를 돕는 과정에서 개인의 이익을 챙기는 경우가 다반사가 되었습니다. 기업들도 저개발 국가를 위한다는 명분으로 기업의 이익이나 기업주 개인의 이익을 우선하는 것이 상식이 되고 있습니다. 무엇보다 글로벌리즘의 심각한 폐해는 정치인과 기업인이 은밀하게 연계하여 저개발 국가에 엄청난 특혜를 주면서 국가의 이익이 아니라 개인의 이익만을 챙기기 때문에 그 과정에서 엄청난 부정과 부패가 발생하게 되는 것입니다. 미국이 중국을 자유민주주의 국가로 바꾸려는 글로벌리즘 정책으로 엄청난 특혜를 베풀면서 그 국가적 특혜의 반대급부를 미국이라는 국가에 돌아오도록 한 것이 아니라 정치인들과 기업인 개인의 욕심만을 채워 온 것이 드러나고 있습니다. 중국이 미국의 글로벌리즘 정책의 특혜를 누리면서 미국은 엄청난 실업과 경제적 어려움을 겪게 되었고 정치계와 경제계에서 그 일을 주도했던 글로벌리스트들만 배를 불렸습니다.

러시아에 대한 미국의 정책도 마찬가지였습니다. 러시아를 미국과 같은 자유민주주의 국가로 만들기 위한 소위 러시아 리셋 정책으로 엄청난 특혜를 제공하였는데, 그 결과 러시아는 소련 해체 이후에 의식주 문제가 어려워 허덕이던 상황에서 전쟁을 수행할 수 있을 만큼 군사력을 키우게 되었습니다. 그 과정에서 미국의 여러 대통령은 매국에 가까운 일을 자행하면서 개인의 이익을 챙겼고 국가에는 엄청난 경제적 부담을 감당해야 하도록 하였습니다. 그 과정에 많은 부정 거래가 이루어졌고 미국의 국가 재정에 손해를 끼쳤습니다. 그와 같은 부정행위들이 특검의 조사를 통해 드러나고 있지만 어디까지 밝힐 수 있을지 의문입니다.

미국의 대통령 레이건, 조지 부시, 클린턴, 조지 W 부시, 오바마 때까지 국제 외교의 기저는 글로벌리즘 정책으로 일관하였습니다. 트럼프 대통령 때부터 더 이상 글로벌리즘의 외교 정책을 그만 두게 되었습니다. 트럼프는 대통령이 되기 전부터 글로벌리즘 정책을 비판하였고 대통령이 되자 미국이 다른 나라를 자유 민주주의 나라로 만들기 위해 전쟁을 하는 것을 반대하여 그의 임기 중에는 미국이 개입하는 단 한 건의 전쟁도 일어나지 않았습니다. 트럼프는 모든 나라가 자국 중심의 문화와 정치와 정책을 가져야 한다고 생각하기 때문에 글로벌리즘을 싫어합니다. 만약 트럼프가 재임하였다면 남부 국경이 열리는 일이나 유가 상승이나 극심한 인플레이션이나 우크라이나 전쟁 같은 일은 일어나지 않았을 것입니다.

지정학적으로나 국제 외교 관계를 생각할 때 우크라이나는 비무장 중립국으로 있는 것이 좋을 것입니다. 우크라이나는 러시아와 서방 세계의 긴장과 상호 위협을 줄이는 완충 국가로 존재해야 할 필요가 있습니다. 러시아와 미국을 비롯한 서방 세계가 서로 싸우지 않기를 원한다면 우크라이나는 비무장 중립국이 되는 것이 좋을 것입니다. 마음속에 어떤 저의가 숨어 있는지는 알 수 없지만, 푸틴의 주장이 바로 우크라이나가 중립국으로 남는 것입니다. 푸틴의 주장은 매우 합리적이고 상식적입니다. 우크라이나를 나토나 EU에 가입시키는 것은 긴장을 더 고조시키고 전쟁의 가능성을 높이는 것입니다. 그렇게 되어 이익을 얻을 국가나 국민은 없습니다. 그런데도 긴장감을 고조시키고 전쟁 가능성을 높이는 정책을 취하는 것은 나쁜 지도자들의 정권욕과 그 긴장과 전쟁을 통해 이익을 취하려는 글로벌리스트들 때문입니다.

순수한 글로벌리즘은 좋은 것이지만 인간은 언제나 좋은 것을 이용하여 권력과 이익을 탐하기 때문에 필연적으로 재앙을 초래하게 됩니다. 이에 대한 성경의 고전적인 교훈이 바벨탑 사건입니다. 인간이 힘과 뜻을 모아 재난을 피하고 평화를 이룩할 수 있다고 생각하는 것은 인간에 대한 오해와 왜곡 때문입니다. 인간이 선하고 지혜롭다는 전제에서 시도되는 모든 계획은 인간에게 이로운 결과 대신 재앙을 불러올 뿐입니다. 모든 인간은 악하기 때문에 그런 인간 이해의 토대에서 인간의 모든 노력은 악을 억제하고 예방하는

무신론이 지배하는 사회

데 집중할 필요가 있습니다. 전쟁을 피하려고 전쟁을 준비하는 것은 성경적 인간관을 전제로 한 지혜입니다. 전쟁을 준비하는 것을 악하다고 하는 주장과 정책은 전쟁을 불러오는 결과를 만들 뿐입니다. 글로벌리즘은 전쟁을 반대하지만, 미국의 경우 전쟁을 일어나게 하고 마치 전쟁을 일으킬 것만 같았던 트럼프는 글로벌리즘의 한계를 알았기에 전쟁을 피할 수 있었습니다. 우크라이나를 친 서방 국가로 만들려고 하는 것은 러시아와 전쟁을 하자는 것과 다름없습니다. 푸틴의 속셈을 다 알 수는 없지만, 서방 언론의 주장처럼 푸틴이 옛 소련 연방의 영토를 되찾으려는 야욕으로 우크라이나를 침략했다는 것은 지나친 면이 있습니다. 적국의 숨은 뜻을 경계하는 것이야 당연하다 하더라도 푸틴은 여러 번 우크라이나가 비무장 중립국이 되기를 바라는 것뿐이라고 주장하였습니다. 전쟁을 끝내기 위해서 협상이 필요한데 서방이 푸틴의 말을 믿지 않는 것은 협상할 의지가 없다는 거나 다름없습니다. 미국과 나토가 우크라이나를 중립국으로 만드는 데 힘을 모으는 것이 좋을 텐데 그 일을 주도할 수 있는 능력이 있는 미국이 그 일을 하지 않는 것을 이해할 수 없습니다. 가능한 협상을 하지 않는 것은 싸우자는 이야기밖에 안 됩니다. 전쟁을 끝내기 위해서는 합리적인 대안이 제시되어야 하는데 아무리 생각해도 우크라이나의 문제 해결은 우크라이나가 중립국이 되는 것입니다. 이기적이고 욕심 많은 글로벌리스트들이 더는 국가 간의 분쟁과 전쟁을 이용해 이익을 챙기지 못하도록 모든 사람이 깨어 있는 의식으로 지켜보아야 합니다. 그리고 언론들은 국가의 외교 정책이 정치인이나 기업인의 이익이 아닌 국가의 이익이 되는 방향으로 시행되도록 비판과 선도의 기능을 해야 할 것입니다. 한 나라가 든든히 서려면 언론이 깨어 있어야 하고 무엇보다 교회가 옳은 것과 그른 것을 분별하는 안목을 세상에 제공하여야 합니다.

 "그들이 이 같은 일을 행하는 자는 사형에 해당한다고 하나님께서 정하심을 알고도 자기들만 행할 뿐 아니라 또한 그런 일을 행하는 자들을 옳다 하느니라."(롬 1:32)

애국 지식인의
미국 비판의 의미

러시아는 우크라이나 동남부 지역에 공을 들여온 것 같습니다. 러시아가 처음 우크라이나를 침공했을 때는 우크라이나가 나토에 가입을 하지 않겠다는 것을 헌법으로 확정할 것과 크림반도와 단바스 지역의 두 공화국의 독립을 인정하라는 것이었습니다. 하지만 전략적 또는 경제적 요충지인 동남부 마리우폴에 대한 욕심을 내는 것 같습니다. 일반 외교 관계를 통해 흘러나오는 정보에 의하면 러시아가 전쟁에 실패하여 협상에 임하는 것이라고 하지만 군사전문가들은 러시아가 철저한 전략으로 1단계 목적을 달성하고 2단계를 준비하고 있다고 합니다. 프랑스 언론에 의하면 처음부터 러시아는 성동격서(聲東擊西)전략으로 수도 키예프에 집중하는 것처럼 하면서 동남부 지역을 집중적으로 공략하여 점령하였다고 합니다. 전쟁 자체가 거짓과 속임수로 하는 것이기 때문에 싸우고 있는 양편과 어느 한 편을 적극적으로 지지하는 사람들에게서 나오는 정보는 정확하지가 않을 가능성이 크고 비교적 객관적인 입장으로부터 나오는 정보가 사실에 더 가깝다고 보아야 합니다. 나토나 EU 국가 중 우크라이나 전쟁 소식과 정보를 비교적 사실에 가깝게 보도하는 나라가 프랑스라고 합니다. 프랑스가 공개한 우크라이나 전황 지도를 보면 러시아가 동남부를 완전히 장악한 것 같습니다. 러시아 군대는 단바스 지역에서 우크라이나 군대를 거의 재기불능 상태로 만든 것 같습니다. 영국국방부에 의하면 러시아가 단바스에서 진공 폭탄인 열압력탄을 사용했다고 하였습니다. 열압력탄은 주변 산소를 빨아들여 강력한 초고온

폭발을 일으키는 대량 살상무기로 평가되고 있습니다.

　군사전문가들은 러시아군이 키예프에서 마치 밀리는 것처럼 희생자를 내면서까지 철저히 우크라이나군을 속여 모든 관심을 그곳에 묶어 두고 동남부에서는 차원이 다른 공격을 단행하여 단바스와 마우리폴을 완전히 장악하였다고 하였습니다. 러시아군은 남부 지역에 집중 공격을 하면서 민간인들을 안전한 곳으로 대피시키는 모습을 보였습니다. 러시아 군대는 우크라이나에 있는 러시아계 시민들을 무자비하게 살해한 신나치주의자들인 아조프 대대에 대한 보복 차원의 공격을 가한 것으로 추측할 수 있습니다.

　남부 마우리폴 지역을 점령한 치안을 담당하는 러시아군이 시민들에게 각종 공과금을 러시아 화폐인 루블화로 내라고 하는 것을 보아 그곳의 전황을 짐작할 수 있을 것 같습니다.

　이러한 와중에 우크라이나와 러시아의 협상은 계속되고 있습니다. 터키 이스탄불에서 열린 협상 회의에서 러시아군의 즉각 철수와 우크라이나 중립화 등이 포함된 임시 평화계획안 협상에 상당한 진전을 이룬 것으로 알려졌습니다. 두 나라 협상팀의 15개 항으로 이뤄진 평화안 초안에 우크라이나가 나토 가입을 포기하고 외국의 군대 주둔이나 군사기지 배치를 하지 않는 안이 포함돼 있다고 합니다. 이에 대해 러시아는 우크라이나 영토 내에서 군사 작전을 중단하고 철군한다는 등의 내용이 포함된 것으로 알려졌습니다. 이 협상은 상당히 진전된 내용을 포함하고 있지만, 양국 지도자나 외교부 또는 군 관계자의 입장들이 엇갈리고 있습니다. 협상이 진전도 있고 현실적으로 가고 있어 희망이 보이기도 하지만 그다음 순간 또 다른 온도의 정보들이 흘러나오고 있어 낙관하기 이르다는 생각이 들기도 하여 안타깝습니다. 주된 협상 내용은 주로 러시아의 우크라이나 중립화 요구와 우크라이나의 안전보장 요구를 놓고 양쪽이 절충 중인 것으로 알려졌습니다. 그런데 문제는 우크라이나의 중립화나 안전보장이 당사자인 두 나라가 협의하고 타협하여 결정할 수 있는 문제가 아니라는 점입니다. 우크라이나 협상팀 대표인 블라

디미르 메딘스키 대통령 보좌관은 우크라이나가 스웨덴이나 오스트리아와 같이 군대를 보유한 중립국 모델을 러시아에 제안했다고 밝혔습니다. 그렇다고 해도 안전보장은 당사국들의 범위를 벗어나는 문제입니다.

파이낸셜 타임스는 미국과 영국, 터키 등이 우크라이나의 안전보장을 담보해주는 방안이 논의되고 있다고 전하면서, 과거 1994년 미국, 영국, 러시아 등이 우크라이나의 안전보장을 약속한 '부다페스트 조약'의 실패 경험을 어떻게 극복할지가 관건이라고 이야기하였습니다. 크림반도와 돈바스 지역 문제도 양쪽이 접점 모색에 어려움을 겪는 것으로 알려졌습니다. 크림반도와 단바스에 대해 우크라이나가 처음에는 러시아군 철수와 반환을 강력히 요구했으나, 최근에는 그 문제를 이번 협상과 분리해 다루는 방안을 검토하고 있다고 파이낸셜 타임스가 전하고 있습니다.

그동안의 전황도 비참하였지만, 협상이 결렬되면 전쟁은 점점 비참하게 진행될 것이고 휴전과 종전 그리고 협상마저 어렵게 될 것입니다. 아무리 양국이 협상을 거듭하고 주변국들이 도와주어도 협상의 열쇠를 쥐고 있는 나라는 미국입니다. 전문가들의 분석에 의하면 지금 러시아와 우크라이나의 협상은 미국이 성사시키려고 마음먹으면 좋은 결과를 끌어낼 수 있다고 합니다. 그런데 지금 미국의 지도자들로부터 흘러나오는 온도가 다른 이상한 발언들이 우리 모두를 불안하게 합니다.

바이든 미국 대통령이 지난 24일 벨기에 브뤼셀에서 열린 나토 정상회의에 참석하였습니다. 이번 나토 정상회담은 우크라이나를 침공한 러시아에 대한 압박 강도를 높이고 나토 회원국들에 대한 안보 공약을 재확인하려는 목적이라고 합니다. 당사국들이 협상을 진행하고 있는 시간에 나토 정상들이 모여 러시아에 대한 제재를 강화한다는 것은 전쟁을 끝내기 싫다는 것이나 다름없습니다. 그러한 의심을 더욱 확인하게 되는 발언이 바이든 대통령의 연설과 기자들의 질문에 대한 대답에서 나왔습니다. 바이든 대통령은 미군이 우크라이나에 들어갈 수도 있고 화학무기를 쓸 수도

무신론이 지배하는 사회

있다고 말했습니다. 그뿐만 아니라 바이든 대통령은 러시아 대통령 푸틴이 더는 권좌에 앉아 있어서는 안 된다는 말을 하였습니다. 미국 대통령의 이 발언은 나토 정상들을 비롯한 세계 모든 사람에게 충격을 주었습니다. 이는 전쟁을 끝낼 마음이 없다는 의미뿐 아니라 3차대전도 불사하겠다는 위협으로 들리기 때문입니다. 우크라이나 전쟁에 대해 미국을 비롯한 서방 국가들이 주류 언론들과 함께 러시아와 푸틴 악마화 프레임을 만들어가고 있지만 바이든 대통령의 이 발언은 나토 정상들까지 머리를 절레절레 흔들게 하였습니다. 마크롱 프랑스 대통령은 대놓고 바이든 대통령을 향하여 말조심하라고 하였습니다. 백악관은 대통령의 발언을 수습하느라 진땀을 흘리고 있습니다. 사람들은 바이든을 향해 저 사람이 미국의 대통령이란 말인가 할 정도로 미국 대통령의 위신과 품격이 추락하고 있습니다. 그래도 바이든은 사과는 하지 않겠다고 하였습니다. 무슨 말을 해도 쉴드를 치고 전폭적으로 두둔해 주는 언론을 믿기 때문인 것 같습니다.

나쁜 결정보다 더 나쁜 것은 즉흥적 결정(decision-making of an accident)이라는 말이 있습니다. 나쁜 결정은 의도가 있지만, 즉흥적인 결정은 아무런 목적도 없는 순전히 감정으로 한 것이기 때문입니다. 지도자는 많은 전쟁이 즉흥적 결정 때문에 발발하게 되었다는 사실을 알고 있어야 합니다. 지금 언론들과 사람들의 관심은 바이든이 실수한 발언에 관심이 쏠리고 있습니다. 그런데 이것은 매우 심각한 또 다른 문제입니다. 대통령이 아무 말이나 함부로 하는 것이 이번만이 아닙니다. 그럴 때마다 언론은 그 문제를 이슈화하면서 쉴드를 치고 대통령을 변호합니다. 이런 프레임 안에서 대통령은 말조심할 필요가 없습니다. 이러한 혼란 중에 사람들은 중요한 본질에 관해 관심이 멀어집니다. 이것은 공산주의자들이 국민을 현혹하기 위해 사용하는 전형적인 수법입니다.

시카고대 존 미어샤이머 교수가 지난 2014년에 외교전문지 포린 어페어스(Foreign Affairs)에 "우크라이나 위기는 왜 서구의 책임인가?"라는 제목의 글을 기고하였습니다. 존 미어샤이머 교수는 그 글에서 "우크라이나 문제의 근원은 북대서양조약기구(NATO·나토)의 확대"라면서 "미국과 유럽 동맹들이 이 위기의 대부분에 책임이 있다"고 주장하였습니다. 2014년은 러시아가 크림반도를 병합하고 돈바스 지역에서 친 러시아 성향 반군 세력이 일어선 시점입니다. 지금 존 미어샤이머 교수는 엄청난 비난을 받고 있습니다. 그는 '현실주의 국제정치이론'의 대표 이론가로, 미국의 지나친 대외 개입 자제를 촉구하는 학자입니다. 그는 그렇게 미국의 대외 정책을 비판한 것 때문에 러시아 나팔수라는 말까지 듣고 있습니다.

문제가 된 것은 존 미어샤이머 교수의 글을 러시아 외교부가 자신들의 입장을 정당화하기 위해 인용한 때문입니다. 그렇다고 그가 러시아를 이롭게 하려고 그와 같은 주장을 한 것은 아닙니다. 그는 현실주의 국제정치학자로서 학자적 양심으로 미국의 이익과 세계 평화를 위해 사실을 말한 것입니다. 그의 애국심을 의심하는 이들도 있지만, 그는 웨스트포인트 출신의 애국적 지식인으로 알려져 있습니다. 그는 진정 미국을 위하고 모두를 위하는 미국의 바람직한 역할이 무엇인가를 제시하였습니다. 아이러니하게도 그의 주장이 러시아의 우크라이나 침공을 정당화하는 논거로 인용되면서 십자포화를 받는 가운데 그는 주간지 뉴요커와의 인터뷰에서도 "미국이 2008년 우크라이나와 조지아를 나토에 가입시킬 의사를 밝힌 것(조지 W. 부시 정부 시절 나토의 부쿠레슈티 선언)이 모든 문제의 시작이었다"라고 지적하였습니다. 현실적으로 러시아에 대한 제재 강도를 높이고 푸틴을 권좌에서 물러나게 해야 한다는 발언이나 정책은 문제 해결에 아무 도움도 되지 않는다고 하였습니다. 미국을 비롯한 서방은 언론을 통해 우크라이나 수호의 도덕적 정당성을 강변하며 노골적으로 러시아를 지나치게 비이성적인 국가로 '악마화'하려는 경향을 드러내고 있는데, 미국을 사랑하고 아끼며 염려하는 지식인들은 그 같은 미국의 주도를 경계하며 비판하고 있습니다. 국제정치학자들은 이제 서구 정가와 언론에서 우크라이나

무신론이 지배하는 사회

수호의 도덕적 정당성을 강변하며 러시아를 지나치게 비이성적인 국가로 몰아가는 경향을 경계하고 있습니다.

미국 외교가에서 '푸틴 광인론'의 대표 주자이자, 대 러시아 강경책을 설파하고 있는 전 러시아 주재 미국 대사 마이클 맥폴은 자신의 트위터에 "이제 러시아인들은 푸틴 편이냐 아니냐로 갈린다"고 역설했다가 "지나치게 위험한 발언"이라는 주변 전문가들의 지적을 받고 삭제했습니다. "악당을 벌해야 한다"는 도덕적 논리가 국제정치 공간에서 통하지 않을 뿐 아니라 분쟁을 더 크게 만들 수 있다는 우려 때문입니다.

존 미어샤이머 교수와 함께 대표적인 현실주의 국제정치학자로 꼽히는 스티븐 월트 하버드대 교수는 2일 야후 뉴스와의 인터뷰에서 "푸틴의 오판에도 불구하고 러시아는 여전히 우크라이나에 비해 강하기 때문에 섣불리 승리를 낙관해서는 안 된다"라고 밝혔습니다. 그는 "러시아와 우크라이나, 유럽과 미국이 이 전쟁에서 자신이 원하는 모든 것을 얻을 수 없다는 사실을 인정하고 긴장 완화에 나서야 한다"라고 강조했습니다.

현재 미국과 나토, 유럽연합(EU) 등이 우크라이나를 향한 지원책을 쏟아내는 가운데서도 직접 군사 개입은 자제하고 우크라이나의 나토와 EU 가입을 추진하지 않는 것 역시 현실주의적인 해석에 바탕을 둔 판단입니다. 왜냐하면, 우크라이나로의 군사 진출 자체가 서구 대 러시아의 전면전, 곧 핵전쟁으로 확산할 수 있다는 우려 때문입니다. 미국이 이러한 판단을 토대로 대응하면서도 우크라이나와 러시아의 협상이 성사되도록 적극적으로 나서지 않는 것은 몹시 나쁜 다른 정치적 목적 때문이라는 합리적 의심을 하게 합니다. 이러한 맥락에서 애국적 지식인들의 미국 비판은 우크라이나 전쟁을 다루는 미국의 정책이 잘못되어가고 있음을 의미한다고 할 수 있습니다.

 "이르시되 너도 오늘 평화에 관한 일을 알았더라면 좋을 뻔하였거니와 지금 네 눈에 숨겨졌도다"(눅 19:42).

소크라테스의 반증 논리

변증법(dialectics)을 그리스어로 디알레크티케(διαλεκτική)라고 하는데 그 뜻은 문답식 대화를 의미합니다. 어떤 주제에 대해 서로 다른 견해를 가진 두 명 이상의 사람들이 이성적 주장을 통해 진리를 확립하고자 하는 방법입니다. 이는 모순을 통해 진리를 찾는 방법으로, 변증의 방식은 정 명제와 반 명제를 사용하여 이들 간에 모순되는 주장의 합 명제를 찾거나 최소한 대화가 지향하는 방향의 질적 변화를 일구어내는 논법입니다. 이는 서양 문명에 있어서 문법이나 수사법과 더불어 중요하게 취급된 자유 인문입니다. 고대와 중세에 수사법과 변증법은 둘 다 대화를 매개로 설득을 목적으로 사용하였습니다. 변증법적 접근의 목표는 이견을 합리적인 토론으로 해결하는 것입니다. 소크라테스의 반증 논리도 이들 중 하나로 여겨지는데, 하나의 전제가 모순에 도달하는 것을 논리적으로 증명하여 모순된 전제를 제거하는 것이 진리로 가는 길임을 보여주려고 한 것입니다. 고대 그리스에서는 이것이 문답법으로 통했으며, 소크라테스에게는 철학적 방법 그 자체였습니다. 소피스트가 부정(不正)을 정의(正義)라고 우기는 비윤리적 기변술(奇辯術)로 이 방법을 사용하여 사회 정의와 윤리를 무참히 짓밟고 젊은이들의 정신을 타락시키고 있을 때 소크라테스는 반증의 논리로 그들의 모순과 거짓을 폭로하고 진리로 가는 길을 제시하려 하였습니다. 소피스트는 언론의 공정성을 무시하는 지식의 장사꾼이었고 소크라테스와 플라톤은 그들을 궤변가로 불렀습니다. 이들은 자연 철학자들의 한계를 인간 이성의 한계로 보고 전통적인 관습과 문화를 바꾸는데 주력하여 종래의 귀족적인 덕 대신 겸손과 정의와 우애를 지향하였으나 결국에는 힘이 정의라는 논법을 사용하기에 이르렀습니다. 인간이 신의 존재를 부정하게 되면 이성을 강조하게 되고 이성의 한계에 부딪히면 이성을 무시하는 대로 나아가 감정과 느낌을 따라 행동하게 됩니다. 여기에 고대 그리스의 소피스트와 현대 상대주의 가치의 접점이 있습니다. 자유와 정의는 인류에게 더없이 귀중한 것이지만 소피스트와 상대주의자들의 자유와 정의는 전통적인 자유나 정의가 아닙니다.

자유와 정의는 인간에게 너무도 귀중한 가치입니다. 특히 자유와 정의는 약자에게 더없이 소중하고 요긴한 것입니다. 무엇보다 정의는 하나님께서 인간에게 주신 것으로 하나님께서 그것이 인간에 의해서 잘 보존되고 지켜지기를 바라십니다. 하나님을 믿고 섬기는 사람은 자유와 정의가 실현되기를 바라고 또 노력해야 합니다. 하나님을 믿지 않는 사람도 자유와 정의를 노골적으로 거부하지 못하는 것은 그만큼 인간에게 필요불가결한 보편 가치이기 때문입니다.

나쁜 사람들이 실제로 자유와 정의를 바라지 않으면서도 겉으로는 정의를 외칩니다. 예수님께서 서기관들과 바리새인들의 가르침은 행하고 지키되 그들의 행위는 본받지 말라고 하셨지만 나쁜 사람이 좋은 말하는 것을 듣는 것도 아주 힘들고 역겨운 것은 부정할 수 없습니다. 나쁜 사람이 나쁜 말 하는 것이야 그러려니 하겠고, 좋은 사람이 좋은 말하는 것이야 더없이 좋은 것이고, 좋은 사람이 어쩌다가 나쁜 말 하는 것도 그럴 수 있겠다 싶지만, 나쁜 사람이 좋은 말 하는 것은 정말 역겹습니다. 나쁜 사람이 좋은 말 하는 것은 단순히 말뿐만 아니라 겉으로 드러나는 모양은 좋지만, 속마음이 악한 경우를 포함합니다. 이사야는 유대인의 제사가 하나님을 힘드시게 하였고 견딜 수 없이 괴롭게 하였다고 지적하였습니다. 예수님은 거짓 선지자를 양의 탈을 쓴 이리라고 하셨습니다. 하나님께서는 나쁜 사람이 좋은 말 하는 것을 아주 싫어하십니다. 하나님께서 나쁜 사람들이 제사 드리는 것에 대하여 구역질이 난다고 하셨고 역겹다고 하셨습니다.

오늘 '정의'라는 말을 들으면 우리는 마음속으로 '정의는 무슨 정의...'라는 생각이 듭니다. 이 세상에서는 옳은 것이 정의가 아니고 힘이 정의입니다. 현대 정치외교학에서는 아주 노골적으로 군사력이 전제되지 않은 외교는 악기 없는 연주회와 같다고 합니다. 정의가 설득력이 있는 것이 아니라 힘이 곧 설득력입니다. 세계에서 미국의 주장과 발언이 설득력이 있는 것은 정의롭기 때문이 아니라 힘이 세기 때문입니다. 국제외교 관계에서만 그런 것이 아니고 어느 집단과 집단의 관계에서도 마찬가지입니다. 결국은 힘 있는 자가 옳은 자이고 정의로운 자입니다. 권력이 세든지 돈이 많든지 해야 발언권도 힘이 있습니다. 심지어 교회에서조차 힘 있는 사람이 발언권을 갖습니다. 교회보다 더 심한 곳이 교단 총회입니다. 교회가 좀 크고 상회비를 좀 많이 내면 그 교회 목사는 발언권이 셉니다. 교회가 세상에 대해서도 그렇습니다. 큰 교회 목사는 성경적이지도 않고 상식에 어긋나는 말을 해도 정치인들이 그 목사 말을 듣습니다. 정치인들이 그런 목사의 말이 옳기 때문에 듣는 것이 아니라 그 교회에 사람이 많이 모이기 때문에 들어주는 것입니다.

이런 세상에서 누군가 정의를 외치면 우리는 잘 새겨서 들어야 합니다. 정의 뿐만 아니라 오늘날에는 모든 것이 혼란스럽고 불확실합니다. 코로나바이러스에 대해서도 모르는 사람은 아무도 없는데 제대로 아는 사람도 거의 없습니다. 정직해도 무지할 수 있습니다. 무지의 폐해가 정직으로 줄어드는 것이 아니라 정직한 사람이 무지하면 온갖 거짓과 왜곡의 숙주가 되어 악에 기여하게 됩니다. 성경은 무지를 죄라고 합니다. 믿음이 무지를 상쇄시키지 못합니다. 올바르고 건강한 믿음은 바른 앎을 동반합니다. 믿음의 사람들은 하나님의 말씀을 자세히 살펴서 깨달아야 하고 또한 하나님께서 창조하시고 섭리하시고 보호하시고 다스리시고 사랑하시는 천지와 그 안에 있는 모든 것에 대해서도 자세히 살펴서 알아가야 합니다. 하나님께서 창조하신 자연을 알기도 쉽지 않지만, 인간의 역사와 문화에 대해서 아는 것도 쉽지 않습니다. 하나님과 그분의 창조와 섭리와 계시와 뜻을 아는 것이 저절로 되는 것이 아니듯이 창조물을 아는 것도 저절로 되지 않습니다. 철학과 과학과 예술과 컴퓨터 기술과 정치와 경제와 항공기를 조종하는 기술은 성경에서 배울 수 없고 그 분야의 이론과 원리를 통해 배워야 합니다. 소크라테스의 반증 논리도 하나님께서 창조하신 천지를 이해하는데 나름 요긴한 방법입니다.

어떤 젊은 사람이 소크라테스에게 급히 달려와서 매우 흥분한 상태로 긴히 할 이야기가 있다고 하였습니다. 소크라테스가 무슨 이야기인지 말해보라고 하였습니다. 그러자 그 청년은 "선생님의 문하생 중 한 사람이 선생님의 가르침에 대해서 좋지 못한 이야기를 하고 다닙니다. 그러니 그 사람을 문하생 그룹에서 당장 내쫓아야 합니다."라고 하였습니다. 소크라테스가 "나는 누가 어떤 말을 하면 세 가지 거르는 필트로 걸러서 받아들인다."라고 하였습니다. 그 세 가지 filtering은, 첫째 Truth이고, 둘째는 Good or Bad이고, 셋째는 Necessity라고 하면서 첫째 테스트 질문을 하였습니다. 'Did you see it with your own eyes?, Did you hear it with your own ears?' 그러자 그 젊은이는 직접 듣거나 본 것이 아니고 다른 사람에게 들었다고 하였습니다. 그러자 소크라테스가 너는 첫 테스트에서 떨어졌다고 하였습니다. 그리고 두 번째 질문하였습니다. "네가 하고자 하는 이야기가 좋은 이야기냐, 아니면 나쁜 이야기냐?" 그 청년이 "좋은 이야기는 아니고 나쁜 이야기입니다."라고 하자 "너는 두 번째 테스트에서도 떨어졌다."라고 하였습니다. 마지막 세 번째 "네가 하고자 하는 이야기가 반드시 해야만 하는 중요하고 필요한 이야기냐?"라고 물었습니다. 그러자 그 젊은이는 "반드시 그런 것은 아닙니다."라고 하자 소크라테스는 "그렇다면 나는 너의 이야기를 듣지 않겠다."라고 하였습니다. 이것을 가리켜 소크라테스의 Disprove의 논리라고 합니다. 무엇이 옳다는 것을 확인하고 증명하는 것을 prove 라고 하는데 Disprove는 '반증하다' 또는 '반박하다'라는 뜻입니다. 즉 어떤 것이 옳지 않고 틀렸음을 증명하는 것입니다. 소크라테스는 이 Disprove 논리를 통해 제자들을 깨우치고 가르쳤습니다.

한번은 그가 제자들에게 물었습니다. "살인이 나쁘기 때문에 신이 하지 말라고 했느냐, 아니면 신이 하지 말라고 했기 때문에 나쁘냐?" 그러자 유티프론이라는 제자가 "그야 살인이 나쁘니까 신이 하지 말라고 했겠지요." 라고 대답하자 "틀렸다."라고 하면서 그 대답이 틀렸음을 Disprove 하였습니다. 이를테면 살인이 나쁘기 때문에 신이 하지 말라고 했다면 살인이 나쁘다고 규정한 신은 살인하지 말라고 한 신보다 더 높은 존재가 되기 때문에 그를 신이라고 할 수 없다는 것입니다. 나는 요즈음 소크라테스의 이 Disprove 방법을 적용하는 지혜가 필요하다고 생각합니다. 어떤 정보나 이야기를 들었을 때 먼저는 그것이 사실이냐를 확인하고, 그다음은 그것이 좋은 이야기인지 나쁜 이야기인지를 판단하고, 마지막 세 번째는 그것이 지금 꼭 필요한가를 확인하여 받아들이면 가짜에 덜 휘둘릴 것으로 생각합니다. 세상을 살아가자면 이런 지혜도 필요합니다.

 "이 세대의 아들들이 자기 시대에 있어서는 빛의 아들들보다 더 지혜로움 이니라."(눅 16:8)

무신론이 지배하는 사회

현대 서구사회에 드리운 전체주의 그림자

전체주의(Totalitarianism)는 공동체나 국가나 이념을 개인보다 우위에 두고, 개인을 전체의 존립과 발전을 위한 수단으로 여기는 사상을 의미합니다. 이탈리아의 독재자였던 베니토 무솔리니는 1920년대 초에 이탈리아의 새로운 파시즘 국가를 지칭하기 위해 '토탈리타리오'(Totalitario)라는 용어를 최초로 사용했고, "국가 안에 모두가 있고, 국가 밖에는 아무도 존재하지 않으며, 국가에 반대하는 그 누구도 존재하지 않는 것"이라고 하였습니다. 그 이후 이탈리아의 정치인이자 언론인인 조반니 아멘돌라 (Giovanni Amendola)가 무솔리니와 그의 추종자들의 정치 현상을 묘사하기 위해 최초로 '토탈리타리스모'(Totalitarismo)라는 용어를 사용하였습니다. 전체주의에 관한 학문적 연구는 제2차 세계 대전 이후 이루어졌는데, 그 정의는 학자마다 조금씩 다릅니다. 흔히, 공산주의를 전체주의 일부라고 분류하기도 합니다. 공산주의 외에 복지 제도, 루소의 사회 계약, 환경 규제, 국유화, 집산 경제 그리고 총기 소지 권리 규제도 전체주의가 선호하는 것이라고 할 수 있습니다. 물론 전체주의에 대한 이러한 이해는 학술적이라기보다 정치적이라고 할 수 있습니다.

1960년대 서구사회에는 소비에트 연방 체제가 소극적인 의미에서 전체주의 성격을 보인다는 공감대가 형성되었습니다. 그 이후 냉전 시기 제1세계인 미국, 영국, 프랑스 등의 자본주의 진영에서는 주로 나치 독일, 파시스트 이탈리아, 일본 제국의 정체(政體)와 더불어, 소비에트 연방과 중화

인민공화국의 정체를 지칭하는 용어로 전체주의를 사용하였습니다. 반면 공산권에서 전체주의는 파시즘과 동의어로 쓰였으며, 대중적으로 쓰이는 용어가 아니었습니다. 전체주의를 정치철학 및 인식 이론 관점에서 최초로 파악한 서적은 칼 포퍼의 『열린 사회와 그 적들』(The Open Society and Its Enemies)입니다.

영국의 과학철학자인 칼 포퍼는 그 책에서 전체주의의 핵심을 역사주의 (Historicism)와 독단주의(Dogmatism)라고 보았습니다. 그리고 역사주의와 독단주의의 씨앗이 되는 학자가 고대 그리스의 철학자인 플라톤이라고 하였습니다. 플라톤은 그의 저서 『국가』에서 처음으로 스승 소크라테스를 비판하였는데, 그 이유는 소크라테스가 전체주의를 옹호하고 민주주의를 경멸하였기 때문이라고 지적하였습니다. 소크라테스 철학 전반을 살펴보게 되면 소크라테스는 전체주의와 거리가 먼 학자라는 것이 칼 포퍼의 주장입니다.

또한 플라톤은 현상계(Phenomenal World)와 절대계(Noumenal World)를 분리하여 사고할 것을 적극적으로 설파하였는데, 이는 독단주의의 기원이 되었다는 것입니다. 그는 감각을 초월한 특수한 인식이 존재한다고 보았으며 그것을 파악하기 위해서는 '이성적 사고'를 해야 한다고 하였습니다. 그러나 이성적 사고는 과학적으로 검증될 수 있는 것이 아니므로 스스로 판단하는 주체의 주관에 맡길 수밖에 없는 것이라고 하였습니다. 이러한 주관을 절대적인 것으로 상정하고, 이것에 따른 전체 구조의 변혁을 주장했던 자가 전체주의 철학자 플라톤이라는 것이 칼 포퍼의 주장입니다. 중세에 오면 플라톤 철학은 기독교의 도구로 변하여 온전한 형태로 발현되지 않았다고 합니다. 이것을 다시 근대에 불러와서 부활시킨 자가 헤겔이라고 하였습니다. 그러나 헤겔은 인간에게 능동적인 실천을 하도록 하지는 못하였고 인간 세계 외부에 존재하는 추상의 영역에서 플라톤의 그것들을 설파하였다는 것입니다. 헤겔의 교의를 인간 세계 내부로까지 확장시켜서 직접적인 실천의 정당성을 부여한 학자가 칼 마르크스라고 하

무신론이 지배하는 사회

였습니다. 칼 포퍼는 마르크스가 근대 전체주의 사고의 태두이기 때문에 정교한 전체주의는 모두 마르크스의 이론을 통할 수밖에 없다고 단언하였습니다. 그리하여 마르크스의 철학을 숭배하는 소비에트 연방이 가장 강력한 전체주의 정권이라고 보았으며, 나치 독일과 파시스트 이탈리아도 역시 전체주의 국가였지만, 그들 국가의 전체주의는 이론적 토대가 부족한 채로 무분별하게 전체주의를 가져다 사용한 정권이라고 하였습니다.

『열린 사회와 그 적들』의 핵심이 되는 주제는, 인간은 본래 완벽하지 않은 동물이며, 인식 이론의 개념으로 볼 때 인간의 인식 능력은 한계가 있다는 것입니다. 그러나 인간은 행복을 추구하는 동물이기에 사회를 지속해서 변화시킬 힘도 지녔다고 하였습니다. 일반적인 부류의 사람들은 그것이 힘들다는 것을 알고 일상생활에서의 소소한 행복을 중시하거나 상대적으로 개혁하기 쉬운 영역을 최대한 비폭력적인 조정을 통하여 이룰 것이지만, 극소수의 '특출한' 부류는 소소한 행복 추구나 느린 개혁의 추구만으로는 전체 사회를 변혁할 수 없으며, 그것은 특정한 법칙에 따라 가능하게 될 것이라는 생각을 하게 된다는 것입니다. 이러한 완벽주의에 빠진 소수의 부류는 '영원히 작동할 수 있는 완벽한 사회 구축'이라는 꿈을 꾸게 되고, 그 결과 인간이 가지고 있는 인식론적 한계를 극복할 수 있다는 교의와 역사는 이러한 인식론적 한계를 극복하는 과정에 따라 발전한다는 '역사주의'를 만들어낼 것이라고 하였습니다. 그리하여 스스로가 가진 '완벽한 인간', '새로운 인간'의 구현을 위하여 사회를 재조직하려고 할 것이라는 것입니다. 만약 한 사회가 이러한 이데올로기로 뭉쳐져 있다면 그 사회를 '닫힌 사회'라고 할 수 있으며, 이와 반대로 인간의 한계를 인정하고 모든 관점을 열어놓는 사회를 '열린 사회'라고 할 수 있다고 하였습니다.

역사적으로 나치 정권은 자신의 목표를 이루기 위해 전체 사회에 존재하는 모든 것을 자신들 집단의 이념에 맞게 고치려고 했으나, 그것은 다분히 감정적이었고, 철학적 토대가 매우 약했다고 지적합니다. 칼 포퍼의 지적은 나치 독일이 전체주의 정권이 맞지만 정교한 이론적 토대가 부족하며, 일관적이지 못하다고 하였습니다. 반면 소비에트 연방은 플라톤의 전체주의 철학을 최종적으로 계승한 마르크스의 교의를 엄격히 고수하는 정권이며, 그 이론적 정교함 또한 가장 뛰어나다고 보았습니다. 칼 포퍼는 진심으로 전체주의적 열망을 가진 정권은 소비에트 연방뿐이라고 하였습니다.

현대 학자 중에는 칼 포퍼의 비판이 전체주의 현상에 대한 인식론적 접근이라는 점에서 탁월하나, 마르크스주의에 대한 얕은 이해와 몰이해에 기초한 비판이라고 지적하기도 합니다. 하지만 그러한 비판들 또한 근본적인 면에서는 마르크스에 대한 오해와 무지에서 비롯된 비판이라고 할 수 있습니다.

오스트리아의 경제철학자인 프리드리히 하이에크는 『노예의 길』에서 전체주의 경제 구조의 형태와 그 역할을 서술하였습니다. 하이에크는 이 저서에서 미국은 물론, 유럽 사회가 정치적으로는 자유를 보장한다고 하더라도, 경제적으로는 집산주의를 점차 채택하여 정치적 자유까지 없애려고 한다고 비판하였습니다. 경제적으로 집산주의가 일반적이 된다면, 그러한 집산주의에서 드러나는 경제적 오류와 붕괴를 막기 위해 정부는 다시 급진적인 집산주의 정책을 실행할 수밖에 없다고 하였습니다. 결과적으로 전체 경제 구조의 붕괴로 이어진 국가는 경제적 풍요로움을 대체할 수 있는 이데올로기를 대중에게 심어주고, 대중을 정치적 또는 경제적 불구자로 만든다는 것입니다. 이렇게 하여 경제 영역에서 집산주의는 정치적 자유까지 소멸하게 하는 위험한 전체주의 관념이라는 것이 하이에크의 주요 논지입니다.

또한, 하이에크는 집산주의 국가의 계획 경제 정책이 갖는 필연적인 비민주성을 지적하였습니다. 계획 경제가 이루어지기 위해서는 모든 국민이 가지고 있는 생산 수단을 정부와 그 정부를 이끄는 특정한 집단에 의해 집산화 해야 하는데, 이 과정에서 국민의 재산권이 박탈된다고 하였습니다. 그러한 재산권 박탈은 민주주의 사회에서 말하는 '평등'을 구체적으로 실현하기 위한 수단으로서 '복지 사회'를 건설하려는 방편으로 선전된다고 하였습니다. 그러나 하이에크는 이것이 그저 전체주의적 선동에 불과하다고 비판합니다. 민주주의 사회에서 평등의 가치는 오로지 자유라는 가치와 병행될 때만 의미가 있다고 강조합니다. 따라서 민주주의 사회의 자유와 평등의 가치는 어느 한쪽을 배제하거나, 편취 해서만 이루어지는 것이 아니라 상호 보완이며 유기적인 결합이라고 하였습니다. 하이에크는 민주주의라는 가치가 이루어질 수 있는 근본적인 인프라로 '자본주의 시장 경제'를 제시합니다. 경제사나 정치사적으로 볼 때 이러한 토대 위에서만 자유와 평등의 유기적 결합이 이루어질 수 있다는 것입니다. 따라서 자유로운 경쟁에 기초한 시장 질서 속에서 이루어진 재원을 통하여서만 평등을 꾀해야 하며, 그것이 민주주의 사회에서 말하는 '평등'이란 가치의 제일 기본적인 전제라고 강조하였습니다.

마지막으로, 하이에크는 집산주의를 유지하기 위한 전(全) 사회적인 이데올로기화가 이루어진 국가를 '사회주의 국가'라고 정의하고 그들은 본래의 목적인 '평등'을 달성할 수 없다고 지적하였습니다. 왜냐하면, 사회주의 국가 스스로가 평등을 위하여 인권을 무참히 파괴했기 때문이라는 것입니다. 공산주의자들이 인권이나 인명을 경시하는 것과 같은 철학에서 사회주의 국가가 정권의 유지를 위해서라면 '평등'이라는 관념적인 가치를 언제든지 파괴할 수 있다는 것입니다. 결과적으로 "사회주의 정부는 자유도, 평등도 이룰 수 없으며, 남는 것은 빈곤, 억압, 폭력과 그들 스스로가 자기 세뇌를 통해 믿는 '이데올로기' 뿐이라고 하였습니다. 러한 이데올로기도 또한 거짓에 기초한 망상에 불과하기에 사회주의 국가는 악순환에서 벗어날 수 없다고 하였습니다. 하이에크는 단도직입적으로 사회주의 국가를 전체주의 국가라고 하였습니다. 독일에서 등장한 나치 정권은 전체주의 정권인데, 전체주의 정권은 예외 없이 경제 영역을 통제한다고 하였습니다. 그러한 맥락에서 볼 때 나치 정권도 사회주의 정권이라는 것입니다.

독일의 철학자인 한나 아렌트는 『전체주의의 기원』에서 전체주의가 갖는 여러 가지 특징을 다음과 같이 규정하였습니다. "첫째, 대중의 열의를 쉬운 개념으로 묶어서 간단하게 보이는 해결책을 제시한다. 이에 따라 구체적인 계획도 표어로 만들어 대중을 동원한다. 둘째, 자신들의 집단이 유일하며, 특수한 역사적 사명감을 지녔으며, 대중이 '커다란 사건'에 참여하고 있음을 강조한다. 셋째, 생활의 모든 부분을 통제할 수 있는 유능한 비밀경찰을 운용한다. 넷째, 대중이 주도하는 폭력적 사고와 직접 행위가 일상적인 것이 되며, 정부가 이것을 장려한다." 이 상태에서 대중은 스스로의 생각을 자유롭게 표현하는 민주적 주체가 아닌, 거대한 계획을 이루기 위해 움직여지는 도구가 되며, 스스로가 이러한 도구가 되는 것을 기꺼이 받아들이게 된다고 하였습니다. 한나 아렌트는 이 전체주의가 갖는 세 가지 특징이 근대 이후에 갑자기 나온 것이 아니고 전근대에도 있었던 것으로서 대중의 열의 및 정치 지도자들의 행동을 통해 확인할 수 있다고 하였습니다. 아렌트는 파시스트 이탈리아, 나치 독일, 볼셰비키 정권들이 그러한 특징을 갖춘 정권이라고 판단했습니다.

지금 미국을 비롯한 서구사회는 현저하게 이념적으로 양분되어 있습니다. 정부의 정책이나 경제나 언론이나 교육과 대학을 비롯하여 지식 집단이나 문화 예술이나 그 외 거의 모든 사회 집단과 활동들이 국민들을 이념적으로 줄을 세워 전체주의로 떠밀고 있다는 느낌을 주고 있습니다. 하나님 나라와 전체주의는 결코 양립할 수 없다는 것이 명확한 성경의 가르침임에도 불구하고 교회가 분별력을 잃고 전체주의를 하나님 나라와 동일시했던 부끄러운 역사를 반성해야 할 것입니다.

"이르시되 하나님 나라의 비밀을 너희에게는 주었으나 외인에게는 모든 것을 비유로 하나니 이는 그들로 보기는 보아도 알지 못하며 듣기는 들어도 깨닫지 못하게 하여 돌이켜 죄 사함을 얻지 못하게 하려 함이라." (막 4:11-12)

무신론이 지배하는 사회

연성(軟性) 전체주의

　미국의 역사를 살펴보면 생명, 종교, 신앙, 자유, 평등, 행복, 정치, 경제, 노예, 인종차별, 전쟁, 혁명, 허용, 금지 등 수많은 주제와 사상과 이념의 숲을 헤치고 오늘에 이르렀지만, 지금은 과거와는 전혀 다른 문제에 직면해 있습니다. 일찍이 '자유의 땅' 미국에서 파시즘이나 사회주의가 부상하는 것에 대해 경고한 이들이 많았습니다. 하지만 그간 파시즘이나 사회주의는 개별적인 사건이나 개개인에게 초점을 맞추는 데 그칠 정도로 희미한 수준이었습니다.

　그러나 최근 미국 내에서 일어나는 일련의 사건들을 보면 겉으로 보기에는 연관성이 없어 보이지만 퍼즐 조각처럼 어떤 그림으로 맞춰져 가고 있다는 느낌을 지울 수가 없습니다. 뉴욕대학의 교수였던 마이클 렉텐월드(Michael Rectenwald)에 따르면 정치인, 정부 관료, 대기업, 기성 학계, 싱크탱크, 비영리 단체, 미디어, 문화 예술계, 심지어 풀뿌리 운동 등 모든 분야의 사람들이 법과 상식을 비웃는 일들을 위해 연대하여 사악한 어떤 목적을 위해 협력하고 있다고 하였습니다. 마이클 교수는 이를 전체주의의 위험이라고 하였습니다. 그들의 힘이 아직 절대적이지는 않지만, 점점 더 그 영향력이 커지고 있으며, 이로 인해 미국 건국의 전통적인 신념과 소중히 간직해온 권리들이 폭정의 정의, 가치, 균형 등에 의해 무너지고 있다고 하였습니다. 25년 동안 마르크스주의자였던 그가 자유주의자가 된 것은 루드비히 폰 미제스(Ludwig von Mises)의 책 『사회주의: 경제적 및 사회학적 분석(Socialism: An Economic and Sociological Analysis)』을 읽기 시작하면서였다고 하였습니다. 그 책을 읽은 2016년 말, 그는 더는 공산주의자가 아니었으며 곧 좌익과 완전히 의절했다고 하였습니다. 그가 마르크스주의자였던 25년 동안 레닌주의, 트로츠키주의, 마오주의, 심지어 좌파 공산주의 등등 거의 모든 종류의 마르크스주의를 섭렵하였지만, 그중 어느 것에도 만족하지 못하였습니다. 후에 깨달은 것이지만 그는 자신 안의 무언가가 독단주의(dogmatism)에 끊임없이 저항했던 것을 알게 되었다고 합니다. 그의 이런 저항은 모든 이념이 자신의 지적 독립심을 침해했기 때문이라고 하였습니다. 미제스의 주장은 마르크스주의에는 전체주의가 내재하여 있기에 폭력 없이는 사회주의-공산주의 건설은 결코 있을 수 없다는 것입니다.

모든 사회주의는 유토피아적이며, 이 유토피아주의는 전체주의로 갈 수밖에 없습니다. 다른 사람들의 권리를 완전히 없애버리지는 않지만, 천부적 인권을 억압하지 않고는 사회주의자나 공산주의자들이 품고 있는 유토피아적 이상은 결코 성립될 수 없습니다. 마르크스주의 좌익 전반에 걸쳐 이와 같은 특성이 깔려 있다는 것을 감지한 이들 중에 개인의 권리를 옹호하는 시민 자유주의자가 된 이들이 많습니다.

지금 사회 엘리트 계층에 속하는 지식인 중의 상당수는 그 오랜 시간 동안 고등교육을 받았음에도 불구하고 사회주의 유토피아주의를 지향하는 사회과학적 설명에 설득되고 있습니다. 아니 어쩌면 고등교육을 받았기 때문에 사회과학적 설명에 설득되는 것이라고 할 수 있습니다. 마르크스주의는 사회과학을 중요하게 생각하지만, 마르크스가 자기의 주장을 비판하는 자들을 "부르주아"라고 인신공격을 한 것은 스스로 사회주의에 대한 과학적 분석을 회피한 것을 입증한 것이라는 지적이 있는데, 이는 너무나 정확한 분석이며 지적이라고 할 수 있습니다. 마르크스주의가 주장하는 사회주의 도래의 필연성은 천년왕국론적 기독교를 끌어들이는 형이상학적이고 종교적인 주장으로서 결코 "과학적"이라고 할 수 없고, 그 자체가 그들 스스로가 그렇게도 싫어하고 비판하는 하나의 종교라는 점을 인정한 것이라고 할 수 있습니다. 이는 경험과 경험할 수 있는 것에서 벗어나 있는 진보의 이론으로서 사적 유물론 개념은 과학이 아니라 형이상학입니다. 마르크스주의의 이상론은 일반적으로 낙원의 기원인 황금시대라는 가정에 기반하고 있는 것으로, 인간은 이 황금시대로부터 점점 멀리 벗어나 종말에 이르고 최종적으로는 모두가 동등하게 좋은 세상, 혹은 가능하다면 더 나은 완벽한 세상의 시대로 돌아간다는 것입니다. 이와 같은 주장은 종교적으로 설명하자면 일종의 구원 사상입니다. 황금시대로의 귀환은 악의 시대의 인간에게 닥친 재난으로부터 인간을 구원하게 된다는 것입니다. 따라서 사회주의나 공산주의의 전체 교리는 현세 구원의 메시지입니다.

사회과학적 사회주의가 형이상학, 천년왕국적인 구원의 약속인 한에서 그에 대해 과학적으로 논증하는 것은 헛되고 불필요한 일이 될 수밖에 없습니다. 마르크스주의자들에게는 생각하는 것이 허용되지 않습니다. 그들은 단지 여러 이슈에 대한 정답을 배우고, 그것을 그대로 반복하는 것에만 집착합니다. 따라서 이성으로 신비주의적인 도그마와 싸우는 것은 헛되고 무익한 일입니다. 광신도를 설득하거나 깨우쳐 줄 방법은 존재하지 않습니다. 사회주의-공산주의 이상에 빠진 이들은 자신들의 머리를 벽에 부딪쳐 스스로 깨어나는 수밖에 없습니다. 지금 미국을 비롯한 서구사회는 사회주의 안에 내재한 전체주의 그림의 퍼즐 조각들이 거의 완성 단계에 도달하고 있음을 직시해야 합니다.

옛 소련의 망명 작가 솔제니친이 미국의 이러한 위험을 경고하여 "거짓으로 살지 말라"는 에세이를 썼었는데, 최근에 로드 드레이어가 그 제목을 그대로 빌려서 책을 썼습니다. 공산주의 국가에서 미국으로 망명한 이들을 인터뷰하여 생생한 증언들을 토대로 쓰인 이 책에서 저자는 "연성 전체주의가 서구세계를 장악하고 있다.", "연성 전체주의의 박해에 대비하라.", "전체주의 시류에 역행하려는 의지가 필요하다."라고 경고하고 있습니다.

대다수 사람들은 미국이 직면하고 있는 전체주의의 위험이라고 하면 현실감이 없는 것으로 무심히 흘려듣거나 혹은 음모론 정도로 생각합니다. 어쩌면 전체주의 자체의 위험보다도 그것을 인식하지 못하는 이들의 사유의 게으름이 더 큰 문제일 수 있습니다. 물이 서서히 데워지는 냄비 속의 개구리는 온도의 변화를 감지하지 못하는 것 때문에 죽음에 이릅니다. 미국을 비롯한 서구사회에 대한 최악의 시나리오는 연성 전체주의를 의식하지 못하여 죽음에 이를 거라는 경고입니다.

연성 전체주의란 이름 그대로 soft totalitarianism인데, 이탈리아의 무솔리니 독재나 히틀러의 독일이나 옛 소련의 레닌 공산주의는 공공연하게 전체주의를 표방하였기 때문에 Hard totalitarianism이라면 지금의 미국이나 서구사회에서 작동하고 있는 전체주의는 민주주의와 자유, 인권, 정의, 평등, 약자와 소수자 보호, 환경운동, 반핵 운동, 청정에너지 등을 표방하며 전체주의를 부정하기 때문에 이를 가리켜 연성 전체주의라고 하였습니다. 연성 전체주의를 성경의 표현대로 하면 양의 탈을 쓴 이리라고 할 수 있습니다.

한때 진보주의자였던 미국의 학부모들이 자기의 자녀들이 학교에서 교사들에 의해 비판적 인종 이론을 배우고 있다는 것을 알고 화들짝 놀라서 이를 반대하는 운동을 벌이고 있습니다. 그러자 명문 대학의 교수가 "아이들의 교육에 대해 교사가 최종 결정권을 갖는 건 지극히 합리적이다. 부모가 갖는 게 아니다."라고 하였습니다. 뿐만 아니라 비판적 인종이론의 위험성 때문에 자녀를 홈스쿨링 하는 부모들이 늘어나자 홈스쿨링은 아이들의 교육에 불온한 영향을 미친다고 하였습니다.

가정은 모든 공동체의 기본 단위로서 신뢰를 바탕으로 이루어져 있습니다. 경성 전체주의 사회 안에서도 가정은 상호 신뢰를 바탕으로 한 기본

단위입니다. 상호 신뢰를 바탕으로 한 가정 공동체는 그 존재 자체가 반전체주의이기 때문에 전체주의는 필연적으로 가정의 창조 질서를 공격합니다. 전체주의 사회에서는 개인과 전체주의 사이에 가교 구실을 하는 그 어떤 조직이나 기관도 존재해서는 안 되기 때문에 전통적인 가정을 제거하려고 합니다. 전체주의는 개인과 전체주의 사이의 그 어떤 단체나 개인도 지배 이념의 경쟁자로 보고, 마르크스주의자들은 전통적인 가족을 개인의 자유를 억압하는 봉건제의 잔재와 자본주의의 유물로 보기 때문에 해체하려고 하는 것입니다. 가족을 해체하고 가정을 파괴하는 것은 개인을 가정의 억압으로부터 해방시키는 것이라고 생각합니다. 생래적으로 전체주의를 배태한 마르크스의 사회주의-공산주의가 전통적인 기독교의 가치관과 가정을 허물려고 하는 것은 전통적 가정들이 건전하게 존재하는 한 자신들의 이상을 이룰 수 없기 때문입니다.

진보주의자들이 성 소수자를 보호한다는 명분으로 성의 차이를 없애려는 것에 그렇게도 집착하는 이유는 전체주의를 지향하기 때문입니다. 전체주의 독재가 가장 효과적으로 작동하는 조건은 전쟁이나 코로나19 팬데믹 같은 것입니다. 기존의 법이나 질서나 가치관이나 심지어 종교적 신앙까지도 임의로 통제할 수 있는 물리적 조건으로 전쟁이나 팬데믹처럼 좋은 것은 없을 것입니다. 구약 시대 거짓 선지자들이 여출일구(如出一口) 이구동성으로 거짓 희망으로 백성들을 속였듯이 지금의 주류 언론들도 여출일구 이구동성으로 진실과 사실을 왜곡하고 거짓 정보로 국민을 속이고 있습니다. 대중주의(Populism), 교육의 하향 평준화, 환경 종말론, 경제민주화, 성 해방, 문화 지우기, 페미니즘, 젠더주의, 정치적 금기어 PC 등 연성 전체주의가 즐겨 표방하는 정책들이 무엇을 지향하고 있는지 사려 깊게 분별해야 합니다.

비판 이론을 창시한 독일의 철학자 막스 호르크하이머(Max Horkheimer)는 이미 오래전에 "서구사회는 전체주의 사회보다 더욱 억압에 시달린다.

그 억압이 보이지 않기 때문이다."라고 하였는데 이는 연성 전체주의를 예견한 언급이라고 할 수 있습니다.

옛 소련의 망명 작가 솔제니친은 1978년 하버드 대학 졸업 연설과 1983년 템플턴상 수상 연설에서 "종교와 신앙을 경시하는 문화적 풍조가 바로 인류문명 파괴의 원인이다."라고 하였고 "현 사회 문제들의 뿌리는 18세기 계몽운동의 이성 중심 인본주의, 즉 사람이 존재하는 모든 것의 중심이며 그보다 높은 상위의 질서를 부정하는 것에서 시작됐습니다. 이 무신론적 인본주의는 현재의 서구세계와 공산주의에 공통으로 뿌리내리려고 있어요. 서구의 지식인들이 그토록 강력하고 끈질기게 공산주의를 동정하는 이유가 바로 여기 있습니다."라고 지적하였습니다. 또한 "반세기 이상 전에 제가 아직 어렸을 때, 러시아에 닥친 대재앙들의 원인에 대해 어른들이 종종 하셨던 말씀이 기억납니다. '사람이 하나님을 잊었기 때문에 이 사달이 난 거야...'

20세기를 점철해 온 주요 특징들을 제가 한마디로 규정한다면 이보다 더 정확하면서 간결하게 표현할 수 없을 것입니다. '사람이 하나님을 잊었다'고 말입니다. 도스토예브스키는 프랑스혁명의 교회에 대한 증오심을 보고 '모든 혁명은 무신론으로 시작한다.'라고 말했지요. 사실이 그렇습니다. 특히 역사상 마르크시즘보다 더 무신론주의/불경건함(godlessness)을 조직적으로 무장시키고 집요하게 악의적으로 실현한 사례가 없습니다. 마르크스와 레닌의 철학 체계는, 그 심리의 중심에 하나님에 대한 증오가 가장 큰 추진력으로 자리 잡고 있습니다. 다른 정치적, 경제적 주장들은 허세일 뿐이죠. 그 전투적 무신론은 공산주의 정책의 부수적이고 지엽적인 결과나 부작용이 아니라 핵심축입니다. 공산주의는 그 악마스러운 목적을 달성하기 위해 종교심과 애국심이 없는 대중이 필요합니다. 그래서 신앙과 국가 정체성을 파괴해야 하는 것이지요.", "종교심과 신앙의 점진적인 침식은, 서구인들로 하여금 삶의 의미를 단순히 쾌락주의적인 '행복의

무신론이 지배하는 사회

추구' 이상의 고결한 것으로 볼 수 없게 만들고, … 선과 악의 개념은 조롱의 대상과 웃음거리로 전락하며…. 일상의 언어에서 사용조차 금지되어 (political correctness!!) 버리고 계급주의적 고려의 일시적인 가치로만 여겨질 것입니다."라고 하였습니다.

지금으로부터 39년 전의 솔제니친의 서구 지식인들을 향한 경고가 바로 지금 상황에 이렇게 적절할 수가 없습니다. 양의 탈을 쓴 연성 전체주의 이리의 사악함과 간교함에 대항하여 싸울 수 있는 용사는 깨어 있는 하나님 나라와 복음의 파수꾼들밖에 없습니다.

"경건한 자가 세상에서 끊어졌고 정직한 자가 사람들 가운데 없도다 무리가 다 피를 흘리려고 매복하며 각기 그물로 형제를 잡으려 하고 두 손으로 악을 부지런히 행하는도다 그 지도자와 재판관은 뇌물을 구하며 권세자는 자기 마음의 욕심을 말하며 그들이 서로 결합하니 그들의 가장 선한 자라도 가시 같고 가장 정직한 자라도 찔레 울타리보다 더하도다 그들의 파수꾼들의 날 곧 그들 가운데에 형벌의 날이 임하였으니 이제는 그들이 요란하리로다."(미 7:2-4)

미 전역을 강타한 토네이도

지난 2021년 12월 10일과 11일 초강력 토네이도가 미 중부 6개 주를 강타하여 엄청난 위력으로 치명적인 피해를 입혔습니다. 백여 명의 인명 피해와 수많은 집과 건물과 자연이 마치 폭격을 맞은 것처럼 초토화 되었습니다. 가장 큰 피해를 입은 켄터키주 메이필드의 양초공장 건물은 형체를 알아볼 수 없을 정도로 초토화 되었습니다. 당시 이 공장에는 약 110여 명이 근무 중이어서 많은 인명 피해가 발생했습니다. 양초공장 직원들이 토네이도를 대피하게 해 줄 것을 회사 측에 요청했으나 회사 측은 대피하면 해고하겠다고 했다는 진술들이 나오고 있어 공분을 사고 있습니다. 수십 개의 토네이도가 동시다발로 켄터키, 아칸소, 일리노이, 미주리, 테네시, 미시시피 등 6개 주를 강타한 재난으로 어떤 보도에 의하면 최소한 84명이 목숨을 잃은 것으로 확인되었고 실종자가 많아 사망자가 100명을 넘어설 것으로 예상하고 있는 가운데 수많은 사람이 보금자리를 잃었고 정전과 단수로 어려움을 겪고 있습니다.

토네이도나 허리케인 같은 자연재해는 예측하기가 어렵고 예측을 한다고 해도 이번 같은 경우는 그 위력이 엄청났기 때문에 속수무책으로 당할 수밖에 없었을 것입니다. 사람이 고의로 토네이도를 일으킨 것이 아니기 때문에 누구를 원망할 수는 없지만 만약에 메이필드 양초회사가 직원들이 대피하지 못하도록 위협한 것이 사실이라면 엄중히 그 책임을 물어야 할 것입니다. 미국인들은 어느 나라 사람들보다 재난에 대하여 철저히 대비

260

하는 편이고 재난을 예방하고 대처하는 장비 또한 세계에서 가장 우수한 것으로 알려져 있지만, 토네이도나 허리케인 같은 자연재해에 대해서는 할 수 있는 것이 별로 없는 것 같습니다. 공화당이나 민주당이나 언론이나 행정부나 사법부나 민간 차원이나 그 어느 탁월한 지도자나 단체도 이같은 자연재해에 대해서는 할 수 있는 것이 별로 없습니다. 이쯤 되면 사람들이 겸손할 만도 한데 도무지 겸손을 어떤 때 사용하는지를 아는 사람들이 없는 것 같습니다.

불과 며칠 아니 몇 시간이나 몇 분 동안 토네이도가 휘몰아쳐도 그 피해가 이렇게 엄청난데 몇 년에 걸쳐 토네이도가 연달아 발생하는 곳이 있습니다. 그 토네이도의 진원지는 다름 아닌 바로 미국의 정치판입니다. 지금 바이든 정부 정책은 마치 여러 개의 토네이도가 동시다발로 또는 연이어 발생하는 것 같은 형국입니다.

이 정부에 의해 발생한 첫 번째 토네이도는 석유와 천연가스 개발을 봉쇄한 것과 송유관을 막은 것입니다. 그 결과 엄청난 실업이 발생하였고 가스 값은 천정부지로 치솟고 있습니다. 이전 정부 때 세계 최대 산유국이었던 미국이 이 정부가 들어서면서 석유 생산을 중단하자 중동 산유국과 러시아는 쾌재를 불렀고 세계를 주도하던 미국의 힘은 점점 약해져만 가고 있습니다. 외교 정책이 서툴고 힘이 약해진 미국 정부는 아프가니스탄을 빠져나올 때, 마치 쫓겨나오듯이 하느라 철수하는 과정에서 여러 명의 미군이 희생되었습니다. 미국이 석유 생산을 중단하자 오일 값이 올라 러시아는 경제적으로 큰 덕을 보고 있을 뿐 아니라 러시아는 자국에서 유럽을 잇는 천연가스관을 통해 EU 국가들에 대한 영향력을 키워가고 있습니다. 트럼프는 미국을 세계 최대 산유국으로 만들어 중동 산유국과 러시아를 비롯한 남미의 산유국에게 지배적 외교력을 행사했었는데 바이든 정부는 러시아에 대해 아무런 주도력도 갖고 있지 못합니다. 그러면서도 이 정부는 러시아가 우크라이나를 침공할 것이라는 위기감을 조성하고 있습니다. 러시아가 엄청난 전쟁 비용을 감당하는 것은 무리일텐데 만약 오일 값이 계속 오른다면 그 비용을 마련할지도 모릅니다.

러시아는 바이든 정부의 오일 정책 덕분에 모처럼 호경기를 누리게 되었습니다. 바이든 정부가 러시아의 우크라이나 침공이 임박한 듯이 이야기하는 것은 어쩌면 다른 한편으로 전쟁을 유도하고 있을 수도 있다는 생각을 하게 합니다. 바이든 정부가 석유와 천연가스 개발을 중단하고 송유관을 폐쇄한 이유는 환경보호 때문인데, 이 정부가 내세우는 환경보호는 건전한 환경 보호론이 아니고 왜곡된 환경 종말론입니다. 이미 알고의 저서 "불편한 진실"에서 드러났듯이 이들의 환경론은 기독교로 말하면 시한부 종말론과 같습니다. 알고의 환경 종말론대로라면 이미 이 세계는 벌써 종말을 맞이했어야 합니다. 하지만 그것이 거짓이었기 때문에 그런 일은 일어나지 않았습니다. 알고는 그 책으로 노벨평화상을 받았지만, 그 정보가 거짓임이 드러났음에도 노벨재단이 아무런 조치를 취하지 않는 것은 그들 역시 왜곡된 환경론으로 덕을 보는 자들이기 때문일 것입니다.

미국의 현 정부가 두 번째 일으킨 정책적 토네이도는 남부 국경을 철폐한 것입니다. 이 정부는 합법적 절차 없이 누구나 미국에 들어올 수 있게 해 놓았습니다. 그 후유증은 천문학적 경비와 사회적 부담으로 결국은 국민이 감당해야 할 몫으로 돌아올 것입니다. 이제 미국은 각종 범죄자와 국제 테러리스트들이 마음 놓고 활동할 수 있는 무대가 되어가고 있습니다. 게다가 치안을 담당하는 경찰의 역할은 인권과 인종차별 등의 이유로 예산이 삭감되고 권한이 축소되어 미국은 범죄자들의 천국이 되어가고 있습니다. 며칠 전에는 LA경찰보호협회 책임자인 Amie McBride가 LA를 방문하는 여행자들에게 우리는 당신들의 안전을 보장할 수 없으니 여행을 자제해 달라는 메시지를 공개하였습니다. 그 메시지에 의하면 LA는 완전히 통제 불능상태라고 하였습니다. 범죄자들은 365일 언제든지 무엇이나 원하는 것을 아무런 제재도 받지 않고 할 수 있다고 하였습니다. 도둑이 가게 들어가 물건을 훔쳐도 훔친 물건이 1천불 미만이면 구속할 수 없도록 법이 바뀌었기 때문에 훈방조치 밖에 할 수가 없습니다. 지금 샌프란시스코와 LA에서 비즈니스 하는 업주들은 정상적으로 비즈니스를 할 수 없어 비즈니스를 포기하거나 다른 주로 이사를 하고 있습니다. 도적질이 합법화된 것이나 다름없기 때문에 피해를 본 시민은 하소연할 데가 없습니다. 뉴욕에도 총기 사고와 살인 사건과 온갖 폭력과 절도 범죄가 감당할 수 없이 늘어나고 있고 경찰은 범죄 현장에서 범인을 체포할 수 없도록 마치 손발이 묶인 것처럼 온갖 규제에 얽매여 치안 활동을 제대로 하지 못하고 있습니다. 중부 6개 주에만 토네이도가 덮친 것이 아니고 뉴욕 같은 대도시는 연방 정부와 뉴욕시의 정책이 토네이도가 되어 시민들을 엄청난 재난 상황으로 몰아넣고 있습니다.

세 번째 미국을 강타하고 있는 토네이도는 남녀 구별을 철폐한 것입니다. 남녀 구별 철폐는 이번 정부가 시작한 것은 아닙니다. 남녀 성의 구별을 철폐해야 한다는 주장은 오래되었지만, 미국에서는 오바마가 동성 결혼을 합법화하면서 구체적으로 남녀 구별을 철폐하기 시작하였습니다. 미국의 학교와 의회가 남녀를 구별하는 용어 사용을 지양하는 정책들을 펴고 있습니다. 남녀를 구별하는 용어는 기본적으로 아버지 어머니 할아버지 할머니 형님 누나 아저씨 아주머니 등 아주 많습니다. 그 모든 용어를 대체할 용어를 만들어야 한다면 그에 따른 혼란은 수십 개의 토네이도로 인한 재난보다 더 파괴적이 될 것입니다. 이는 노파심에 의한 단순한 기우가 아닙니다.

동성 결혼 합법화와 남녀 구별 철폐를 추진하는 에너지는 비판적 인종이론(CRT=Critical Race Theory)입니다. 비판적 인종 이론은 "인종"을 가미해서 만든 미국식 마르크스주의 사회혁명 이론입니다. 마르크스 사회혁명 이론은 사회 구성을 지배자와 피지배자로 또한 가진 자와 못 가진 자로 분류합니다. 옛 소련에서는 마르크스주의를 추종하는 전체주의자들이 계급으로 사람들을 나누어 부르주아 계급과 프롤레타리아 계급 사이를 이간질 했었는데 미국에서는 인종으로 사회를 갈라놓고 백인과 유색인종을 이간시켜 갈라놓으려고 하고 있습니다. 세상은 어느 사회든지 가진 자와 가지지 못한 자로 구성되어 있는데, 미국은 지배적인 백인과 피지배자인 흑인과 유색인종으로 구성되어 있다고 전제합니다. 그리고 미국의 역사에서 백인들은 그동안 흑인들을 지배하고 착취해 왔기 때문에 백인이라는 이유만으로 자숙해야 하고 흑인들에게 보상해야 하고 미안한 마음을 가지고 살아야 한다고 주장합니다.

미국 사회를 이렇게 지배적인 백인과 피지배자인 흑인으로 구별하는 것은 인종을 이용하여 미국 사회를 엎어버리고 사회주의 나라를 만들겠다는 속셈입니다. 비판적 인종 이론을 아무리 그럴듯한 이론과 논리로 설명한다고 하여도 그 핵심은 미국 사회를 뒤엎고 무신론적 사회주의 국가를 세우는 것임을 잊지 말아야 합니다. 지난 3월에는 캘리포니아에서 교사가 학생들에게 인신 공양을 했던 아즈텍 신들에게 바친 기도문과 구호와 토착민의 노래 등을 가르쳐서 문제를 일으키기도 하였습니다. 이런 목적을 지향하는 것이 바로 비판적 인종 이론입니다. 그동안 많은 미국 교사들은 이 비판적 인종 이론을 학교에서 가르쳐 왔습니다. 아이들은 비판적 인종 이론을 배우면서 백인에 대해서는 무조건 비판하고 흑인은 무조건 감싸고 보호해야 하는 것으로 배웠습니다. 모든 백인은 권력과 특권을 가진 인종차별주의자이고 억압자이며, 모든 비(非)백인은 억압받는 피해자라는 것이 비판적 인종 이론의 핵심입니다.

미국의 많은 어린이들은 머리가 크기 전부터 이 비판적 인종 이론으로 교육을 받아 왔습니다. 이 이론을 실제로 아이들에게 가르친 이들은 미국식 전교조에 해당하는 미국교사연합과 미국 교사연맹(American

무신론이 지배하는 사회

Teachers Union, American Foundation of Teachers)에 소속된 교사들입니다. 미국도 불완전하기 이를 데 없는 나라에 불과하지만 그래도 상대적으로 지구상에서 인종차별이 가장 적은 나라인데 미국식 전교조들은 미국은 반드시 없어져야 할 국가이고 해체되어야 할 사회라고 규정하여 혁명을 위한 무례한 행동을 서슴지 않고 있습니다. 이 이론에 의하면 미국뿐 아니라 유럽계 인종이나 국가가 만든 모든 단체는 악의 축이며 모조리 해체시켜야 한다고 주장합니다. 그리고 멜라닌 색소가 부족한 사람(백인)은 집단적 죄책감을 느끼고 회개해야 한다며 백인들의 원죄를 생물학적이고 존재론적 차원까지 확대 적용하고 있습니다.

비판적 인종 이론이 인종차별을 없앤다는 그들의 주장과 달리, 실제로 이 이론을 배우고 따르는 이들은 다른 집단이나 인종에 대해 더 많은 반감과 차별을 나타내게 되어 미국 사회를 지금의 극단적인 갈등의 상태로 만들어 놓았습니다. 그들은 미국의 역사를 노예제도 중심으로 다시 써야 한다고 주장하고 가르쳐서 아이들을 애국자로 교육하는 것이 아니라 미국을 극도로 싫어하는 사람으로 만들어가고 있습니다. 이들이 인종 문제를 다루면서 아이들에게 아즈텍 신도들의 구호를 가르치며 소위 혁명 정신을 불어넣고 있는 것은 백인우월주의와 기독교 신앙을 연장선상에 두고 공격하여 제거하려는 의도입니다.

미국 내 최대 규모인 로스앤젤레스 통합 교육구는 2023년부터 졸업을 하려면 '인종학(ethnic studies)'을 의무적으로 수강해야 한다고 발표했습니다. 미 전국에서 가장 부유한 지역 중 하나인 실리콘밸리의 쿠퍼티노 통합 교육구에서는 3학년 학생들에게 인종, 성별, 종교, 가족 구성, 성 정체성 등에 대한 개념을 해체해야 한다고 반복적으로 지시했습니다. 그 후 '정체성 도표(identity map)'를 만들어서 다양한 정체성의 교차 지점에서 얻은 권력과 특권을 바탕으로 순위를 다시 매기라고 지시했습니다. 이것이 미국에서 8~9세 아이들이 받는 교육의 현실입니다. 이러한 교육을 받은 아이들은 모든 일을 인종적 관점에서 보기 시작했고 비판적 인종 이론과 다른 견해를 지닌 사람들을 적대시하기에 이르렀습니다.

이러한 가운데 너무나도 기쁘고, 감사하게 지난 8월에 미국 연방상원이 전 미국의 유치원부터 12학년까지 교과 과정에서 CRT를 가르치는 교과 과정이나 프로그램에 대한 연방 자금 지원 금지 법안을 통과시켰습니다. 이제 학교에서 CRT와 관계된 프로그램에 대해서는 어떤 연방 정부의 지원도 받을 수 없게 되었습니다. 앞으로도 정부 정책에 의해 발생하는 수많은 재난적 상황에 대해 이같은 결정들이 계속 이어지기를 기도하며 기대합니다.

"바사의 고레스 왕 원년에 여호와께서 예레미야의 입으로 하신 말씀을 이루시려고 여호와께서 바사의 고레스 왕의 마음을 감동시키시매 그가 온 나라에 공포도 하고 조서도 내려 이르되 바사 왕 고레스가 이같이 말하노니 하늘의 신 여호와께서 세상 만국을 내게 주셨고 나에게 명령하여 유다 예루살렘에 성전을 건축하라 하셨나니 너희 중에 그의 백성 된 자는 다 올라갈지어다 너희 하나님 여호와께서 함께 하시기를 원하노라 하였더라"(대하 36:22,23)

무신론이 지배하는 사회

모더니즘의 붕괴 현상들

지금은 개인이나 정부가 보수적인지 아니면 이른바 진보적인지를 분별할 수 있는 주제들이 있습니다. 그 주제가 바로 LGBT입니다. LGBT는 성소수자 중 레즈비언(Lesbian), 게이(Gay), 양성애자(Bisexual), 트랜스젠더(Transgender)를 합하여 부르는 단어입니다. 본래 성소수자를 의미하는 퀴어(Queer)라는 용어가 있지만 LGBT라는 용어를 사용하게 된 것은 퀴어(Queer)에 비해 덜 논쟁적이기 때문으로 알려지고 있습니다. 왜냐하면 퀴어는 본래 "이상한", "색다른" 등을 나타내는 단어였기 때문이 아닌가 생각합니다. 지금은 LGBT에 Q를 붙여 LGBTQ라고 합니다. 사람들은 LGBTQ를 용납하는 것에 대해 매우 부정적인데, 개인이나 정부가 LGBTQ를 긍정적으로 받아들이고 적극적으로 지지하거나 장려한다면 무신론에 지배당하는 것이 틀림없습니다.

보수적 가치를 존중하는 사람은 LGBTQ에 대해 긍정적일 수 없습니다. 또한, LGBTQ처럼 그 지지 여하에 따라 좌우를 분명하게 분별할 수 있지는 않지만, 환경문제도 어떤 관점을 취하느냐에 따라 좌우로 갈라지는 경향이 있습니다. 단 환경문제는 델리케이트 한 부분이 많아서 자신이 의식하지 못하고 왜곡된 환경론을 지지하는 이들이 많다는 점에서 더 위험하다고 할 수도 있습니다. 환경을 보호하자는 데 반대를 하거나 다른 의견을 내는 것은 오해를 받기 쉽습니다. 환경을 보호하자는 데 반대를 하는 것이 아니라, 원칙적으로 환경을 지키고 보호해야 하는 것에는 동의할 뿐 아니라 적극적이어야 하지만 왜곡된 환경론을 그대로 따라가는 것은 지양해야 합니다.

정말 환경을 생각하는 사람은 말로서가 아니라 개인의 일상에서 환경보호를 실천하지만 왜곡된 환경운동가들은 그 자신이 엄청난 낭비와 사치로 환경을 해치는 경우가 많습니다. 유명한 환경보호 운동가 중에 검소하게 살아서 환경보호를 실천하는 이들을 찾아보기가 쉽지 않습니다. 환경문제는 극단적인 환경론자들의 주장처럼 석탄 연료나 석유를 많이 사용하는 것에 의해 지구의 종말이 오는 것이라고 할 수 없습니다. 그럴 가능성이 100% 없다고 단언할 수는 없지만 정직한 과학자들의 연구에 의하면 환경의 변화는 주기적으로 또는 비주기적으로 찾아오는 것으로 알려져 있습니다. 그런데도 오늘의 환경운동은 비전문가들의 환경운동에 의해 지나치게 왜곡되고 있습니다. 국가나 국제단체가 제시하는 환경보호 정책들은 거의 극단적인 환경론을 따르는 정책이기 때문에 오히려 반환경적이고 정상적인 경제발전을 방해하여 가난한 이들을 더욱 힘들게 합니다. 그런데도 그러한 환경 보호 정책을 반대하면 환경보호를 반대하는 것으로 몰아 비난합니다. 미국에서 LGBTQ나 환경문제에 대해 정부와 다른 의견을 내거나 주장하면 언론의 집중 공격을 받게 되거나 아예 그런 주장이나 뉴스가 화제가 되지 못하도록 철저히 차단되고 있습니다.

과거에는 사람들이 모든 권위가 신에게서 나온다고 믿었지만, 현대에는 모든 권위가 사실로부터 나온다고 믿습니다. 어떤 것이 사실인지 아닌지는 전문가에 의한 과학적 판단을 따르게 되었습니다. 모든 것에 대해 사실 검토가 중요하고 결국 과학적 판단을 따르기 때문에 과학이 최종적인 권위를 갖게 됩니다. 오늘 사람들이 강조하고 중요하게 생각하는 것이 소위 팩트 체크입니다. 의견이 분분하여 논쟁이 발생할 때 팩트 체크를 통해 사실이 밝혀지면 논쟁이 종식됩니다. 거의 모든 분야에서 팩트 체크가 중요하게 취급되고 있습니다. 문제는 팩트 체크를 하는 전문가들이 팩트를 체

무신론이 지배하는 사회

크할 때 과학과 학자적 양심을 따르지 않고 정치적으로 판단하는 경우가 많다는 사실입니다.

최근 미국에서 경악할만한 사건이 일어났습니다. 페이스북이 법정에서 자신들이 한 팩트 체크는 팩트가 아니라 자기들의 의견일 뿐이라고 진술하였습니다. 그동안 페이스북을 비롯하여 빅테크들이 무소불위의 힘을 휘두르며 일반인은 물론이고 대통령의 발언까지 통제해 왔습니다. 이를테면 어떤 사람의 주장이나 발언이 마음에 들지 않거나 자기들의 입장과 다르면 트위터나 페이스북이나 구글이 그 사람의 주장이나 발언이 국민들에게 전달되지 못하도록 막거나 지워버립니다. 어떤 주장이나 발언이나 심지어 이론이나 논문이나 통계까지도 자기들의 마음에 맞지 않으면 왜곡하거나 지워버리거나 아예 인터넷에 올리지 못하도록 막아왔습니다. 그렇게 할 수 있는 권한은 전적으로 빅테크 오너에게 있습니다. 왜냐하면, 그들 기업은 국가가 삼권이 분리되어 서로 견제하는 것처럼 CEO의 권한을 통제할 수 있는 조직이나 법을 가지고 있지 않기 때문입니다. 따라서 그동안 빅테크 CEO들은 누구의 말도 듣지 않고 무소불위의 권력을 휘둘렀던 것입니다.

빅테크들은 거의가 무신론적 사상에 영향을 받는 이들이기 때문에 그들의 절대 권력을 보수적인 사람들을 공격하는 데 집중적으로 사용하였습니다. 이를테면 진보는 두둔하고 보수는 비난하거나 그 영향이 사람들에게 미치지 못하도록 가로막았습니다. 그들이 그러한 힘을 행사하는 나름의 근거가 있는데, 그것이 바로 팩트 체크라고 하는 것입니다. 또한, 그들의 팩트 체크가 잘못된 경우가 많지만, 그것을 문제 삼을 수도 없고 문제 삼았다고 해도 현 정부와 언론과 빅테크들이 단합이나 한 듯이 한목소리를 내기 때문에 참 팩트를 밝히려는 싸움은 거의 불가능에 가깝다고 할 수 있습니다. 그런데 이번에 페이스북이 법정에서 자신들의 팩트 체크가 팩트가 아니고 의견이라고 시인하였습니다.

사건의 내용은 다음과 같습니다. 미국 ABC와 Fox News의 기자로 오랫동안 근무한 베스트셀러 작가인 존 스토셀(John Stossel)이 캘리포니아 주 정부가 삼림을 다루는 정책의 기술적인 부분을 심층 취재한 두 개의 비디오가 페이스북 사람들의 마음에 들지 않았습니다. 존 스토셀은 캘리포니아에 산불이 자주 나기 때문에 혹 주 정부의 삼림 정책의 기술적인 부분에 문제가 있는 것은 아닌지 알아보기 위해 취재를 한 것입니다. 그런데 페이스북은 스토셀의 태도와 말투가 마음에 들지 않는다며 그의 비디오를 가짜 뉴스로 분류해 버렸습니다. 이 어처구니없는 조치에 대해서 스토셀은 페이스북이 자신의 명예를 훼손했다며 고소를 하였습니다. 그가 취재한 내용은 이념적으로 누구를 비판하려는 것이 아니라 철저하게 객관적인 입장에서 삼림 정책의 기술적인 부분에 대하여 조사를 한 것입니다. 고소를 당한 페이스북이 변호인단을 통해 법정에서 스토셀의 보도가 가짜라고 한 것에 대하여 변론할 때 변론의 정당성이 궁한 나머지 자기들이 한 팩트 체크는 팩트가 아니고 자기들의 의견일 뿐이라는 궤변을 늘어놓았습니다. 페이스북이 그동안 팩트 체크를 통해 정보나 소식을 통제하고 경고하거나 계정을 삭제해 온 것이 한두 건이 아닌데 자신들의 팩트 체크가 의견에 불과하다고 무책임하게 이야기하는 것은 아무 말이나 거침없이 해대는 독재자의 행태나 다름없다고 할 수 있습니다. 이 사건이 이렇게 중요한데도 주류 언론은 일절 보도를 하지 않고 있습니다. 그렇다면 그동안 팩트 체크라는 이름으로 그들이 저지른 횡포와 그 피해자들은 어떻게 되는 것인지 충격이 아닐 수 없습니다.

사람들이 어떤 문제가 생겼을 때, 거의 습관적으로 정부의 정책이 최선책이라고 믿어버리지만, 그 속에는 우리가 경악할 나쁜 비밀이 숨어있다는 사실을 모르는 경우가 많습니다. 그동안 참 팩트를 밝히려는 시도는 정부와 주류 언론과 빅텍크에 의해 철저하게 차단되어 왔습니다. 이들은 정직한 이들의 팩트 체크가 팩트가 아니라 자기들의 팩트 체크가 옳고 다른 팩트 체크는 거짓이고 가짜라고 하기 때문에 사람들은 혼란스러울 수밖에 없습니다.

팩트가 이렇게 중요하게 취급된 데는 그 역사가 오래되었습니다. 1789년 프랑스혁명 전까지는 사람들은 모든 권위가 신에게서 나온다고 믿었습니다. 그러나 프랑스혁명 이후부터는 사람들의 생각이 달라졌습니다. 모든 권위는 신에게서 오는 것이 아니고 모든 사람이 동의할 수 있는 사실로부터 나온다고 생각하게 되었습니다. 사실은 과장이나 축소나 왜곡 없이 어떤 현실의 있는 그대로를 의미합니다. 문예사조에서 사실에 대한 강조는 낭만주의와 대립하는, 콩트의 실증주의의 영향을 바탕으로 감성적 낭만주의에 대한 반동으로 나타난 사조입니다. 이를 가리켜 사실주의라고 부릅니다. 사실의 어원은 라틴어의 '레알리스realis'로 이는 '실물'을 뜻하는 것으로,'관념'과 대립되는 말입니다. 사실주의는 현실을 과장하거나 주관적 판단을 개입시키거나 하지 않고 객관적으로 파악하여 그 사물과 현실의 개성을 강조합니다. 또한, 사실주의는 인간의 본질을 역사적, 사회적 존재로 보는 세계관이기도 합니다. 즉 사실주의는 객관적 현실에 대한 인식의 진실한 모습, 그 일반화된 성격을 획득하고, 인간 생활을 그 발전과정에서 파악하여 생활의 진실, 생활 과정의 전형적인 것의 법칙성을 추구합니다. 그래서 사람들은 무엇이든지 팩트에 근거해야 믿을 수 있다고 생각하게 되었습니다. 종전에 전통을 중시하던 데서 과학과 통계를 중요시하는 팩트 위주의 리더십이 등장 하게 된 것입니다.

오늘에도 팩트에 대한 사람들의 요구는 여전히 절대적이라고 할 수 있습니다. 인터넷을 통한 정보의 홍수 속에 사실의 중요성이 강조되는 곳은 아마 과학과 역사, 그리고 언론 분야일 것입니다. 정치 분야에도 사실이 중요하지만 언론에게 있어서 사실만큼 중요한 것은 없다고 보아야 합니다. 사실에 대한 이러한 강조가 조직화 되고 이념으로 발전한 것이 모더니즘입니다. 프랑스혁명 이전에는 신으로부터 권한을 부여받은 왕이 절대 권한을 행사하였지만, 혁명 이후부터는 사실이 강조되면서 그 사실을 과학적으로 확정하는 전문가들의 주장을 이용하여 정치인들이 지도력을 행사하기 시작하였습니다. 그런데 어떠한 문제든지 전문가의 팩트 체크가 최종 권위를 갖는 지난 200여 년의 모더니즘도 그 유효기간이 다 한듯합니다. 물론 아직은 세계의 모든 정부가 모더니즘 베이스로 지도력을 행사하고 있지만, 이제는 옛날처럼 전문가들의 팩트 체크 결과를 전적으로 신뢰할 수 없습니다. 지금도 여전히 팩트 체크가 중요하지만 그 오용의 폐해가 점점 심각한 지경에 이르렀습니다. 이기적인 정치인들이 이념을 이용 하듯이 팩트도 이용하여 그 부작용과 피해를 심화시키고 있습니다.

사실 여부에 대한 논증은 주장과 근거의 결합으로 이루어지지만 팩트는 잘못된 논증을 타당하게 만들 수도 있습니다. 예를 들어 정글이나 심해 동물의 행동에 관한 연구를 통한 팩트 제시에 대해서는 문제 삼을 사람이 별로 없지만, 팩트 체크가 정치 현실에서는 매우 복잡하고 확정하기가 어려워서 나쁜 의도를 가진 사람들에 의해 왜곡되고 오용될 위험이 있습니다. 논쟁이 되는 문제를 검증하는 과정에서 한쪽이 '팩트'라고 제시한 데이터가 자기에게 유리하도록 편집된 데이터일 수 있습니다. 이를테면 어떤 것이 사실이기는 하지만 진실이 아닐 수 있습니다. 그런데도 전문지식이 부족한 일반인들은 왜곡된 팩트나 정보를 하늘같이 믿고 극단적인 반응을 하게 되는 경우가 허다합니다. 팩트를 밝히는 것은 모든 이들의 의무가 되어야 하지만 그것을 검증하는 절차가 없다면 왜곡된 정보가 대중에게 확산되어 억울한 피해자를 만들게 됩니다. 한 사건에서 어떤 팩트가 참이지만 또 다른 더 중요한 팩트를 숨기면 사건에 대한 왜곡이 되는 것입니다.

현대에 이르러 팩트 체크는 수많은 오류를 내포하게 되었습니다. 옳은 전제로 잘못된 결론을 끌어내는 것은 충분히 가능합니다. 전제가 팩트라도 논리적 오류가 있는 논증의 오류는 치유가 거의 불가능합니다. 인신공격의 오류, 피장파장의 오류, 발생학적 오류, 문맥을 무시한 인용, 의도확대의 오류, 성급한 일반화의 오류, 거짓 원인의 오류, 공통원인 무시의 오류, 인과 전도의 오류 등은 팩트인 전제에서 잘못된 결론을 끌어낼 수 있는 오류들입니다. 현대 좌파 정치인들과 지식인들은 이러한 오류를 이용하는 귀재들입니다. 하지만 지금은 그들의 탁월한(?) 기술과 능력이 대중에게 불신을 사게 되었고 반복되는 편집된 팩트 체크에 식상하게 하였습니다. 팩트 체크에 대한 이런 대중의 불신은 모더니즘의 붕괴를 촉진하고 있습니다. 이제 일반 대중들이 전문가의 말도 신뢰하지 않게 되었습니다. 이러한 현상이 가장 심한 곳이 미국이 아닌가 생각합니다. 특히 코로나19를 다루는 정부 정책이나 그 정책을 지지하는 언론이나 전문가들의 주장은 비전문가인 일반인들이 보아도 말이 안 되는 수준의 팩트 편집임을 알 수 있어서 대중들이 점점 등을 돌리고 있습니다. 어둡고 암울한 한 해가 저무는 데 이 해가 코로나19도 데리고 저물기를 바라지만 모더니즘이 붕괴되고 저무는 것은 역사의 종말 같다는 느낌이 들어 두렵기까지 합니다.

"악한 자의 나타남은 사탄의 활동을 따라 모든 능력과 표적과 거짓 기적과 불의의 모든 속임으로 멸망하는 자들에게 있으리니 이는 그들이 진리의 사랑을 받지 아니하여 구원함을 받지 못함이라 이러므로 하나님이 미혹의 역사를 그들에게 보내사 거짓 것을 믿게 하심은 진리를 믿지 않고 불의를 좋아하는 모든 자들로 하여금 심판을 받게 하려 하심이라."(살후 2:9-12)

평화를 원하거든 전쟁을 준비하라

서기 4세기 경의 로마의 전략가인 플라비우스 베게티우스 레나투스가 그의 군사학 논고에서 "시 비스 파쳄, 파라 벨룸(Si vis pacem, para bellum) 이라는 유명한 말을 하였습니다. 이 말은 "평화를 원한다면 전쟁을 준비하라"는 라틴어입니다. 역설처럼 생각되는 이 말의 출처가 플라비우스의 논문이기 때문에 사람들은 이 말이 담고 있는 의미를 그가 처음으로 깨달은 것으로 쉽게 생각하지만, 이미 플라톤의 법률론에도 같은 뜻이 드러나 있을 뿐 아니라 많은 사람이 오래전부터 지금까지 그렇게 믿고 받아들이는 교훈입니다. 인간은 어느 시대나 평화를 위해서 전쟁을 준비하고 전쟁을 감행하였습니다. 전쟁의 경험은 많은 사람이 하였지만, 그 전쟁이 평화를 위한 전쟁이었음을 이론적으로 정립한 사람이 플라비우스입니다. 사람들은 자신이 수많은 전쟁을 준비하고 전쟁을 감행해왔으면서도 플라비우스의 말에 사뭇 놀라게 됩니다. 경험은 아무나 하지만 표현은 아무나 할 수 있는 것이 아니기 때문에 자신의 경험이 타인에 의해 이론적으로 제시될 때 충격을 받게 되기도 합니다. 플라비우스가 "평화를 원한다면 전쟁을 준비하라"라고 한 것은 그때까지 사람들이 하지 않았던 새로운 이치를 제시한 것이 아니라 언제나 인간들이 해 왔던 것을 이론적으로 정립한 것입니다."평화를 원한다면 전쟁을 준비하라"라는 말의 원문 표현은 "평화를 원하는 이들은 전쟁을 준비한다.(Igitur qui desiderat pacem, praeparet bellum.)"라고 되어있다는데, 이로 보아서 이것이 플라비우스가 발견한 이치가 아님을 알 수 있습니다.

무신론이 지배하는 사회

2천 년 전이나 지금이나 사람들은 평화를 얻기 위해 전쟁을 준비하고 주님이 다시 오실 역사의 마지막 날까지 평화를 얻기 위한 전쟁 준비는 끝나지 않을 것입니다. 현대 국제 정치학에서도 "평화를 원한다면 전쟁을 준비하라"라는 플라비우스의 군사전략을 그대로 답습하고 있는 것은 그것이 평화를 얻고 지키는 인간의 지혜라고 생각하기 때문입니다.

 그런데 플라비우스의 군사전략을 극도로 싫어한 사람이 있습니다. 오스트리아 여류 소설가인 베르타 폰 주트너(Bertha von Suttner)는 1889년에 《무기를 내려놓으시오! (Die Waffen nieder!)》라는 소설을 발표하면서 평화주의 운동가가 되어 1905년 여성으로서는 최초로 노벨평화상을 수상했습니다. 그녀는 1891년 오스트리아에서 평화주의 기구를 설립하여 활동하면서 대외적으로 알려지기 시작하였습니다. 그녀의 평화주의 운동은 헨리 토머스 버클과 허버트 스펜서와 그리고 찰스 다윈의 저서에 큰 영향을 받은 것으로 알려져 있습니다. 그녀는 1주일간의 짧은 기간 동안 노벨의 비서로 고용되었던 인연으로 노벨이 사망한 1896년까지 노벨과 편지를 주고받으며 노벨이 노벨상에 평화 부문을 포함시키도록 영향을 끼쳤고 1905년에 노벨평화상을 수상하였으며 오스트리아 화폐에 그녀의 초상화가 그려져 있지만, 그녀는 극단적인 평화주의자로 평가되고 있습니다.

 그녀는 "무기를 내려놓으시오"를 발표하면서 플라비우스의 군사전략을 비판하는 평화의 여전사가 되어 "무기를 내려놓으라!!"고 외치며 세계를 누비고 다녔습니다. 그러나 세상은 그녀의 말을 비웃으며 아이러니하게도 역사는 그녀의 주장을 역으로 거슬렀습니다. 그녀가 노벨평화상을 수상한 지 10년이 채 되기 전인 1914년 1차 세계대전이 발발하여 4년간 지속하여 천만 명 이상이 목숨을 잃었습니다.

 그럼에도 불구하고 우리는 폭력이나 전쟁이 아닌 평화를 실현하기 위한 노력을 멈춰서는 안 됩니다. 하지만 우리가 잊지 말아야 하는 것은 세상은 언제나 악한 인간의 욕망이 주도하고 있는 현실임을 인정하고 냉철

한 이성으로 대처해야 한다는 점입니다. 이를테면 무장 강도가 인질의 생명을 위협할 때 강도에게 무기를 내려놓고 대화할 것을 종용해야 하지만 그 방법이 통하지 않을 상황을 대비하여 동시에 무력으로 강도를 제압할 수 있도록 만반의 준비를 해야 합니다. 마찬가지로 전쟁은 언제나 일체 다른 선택의 여지가 없는 최후의 방법이어야 하지만 전쟁 준비 자체를 거부하는 것은 비현실적인 극단적 평화주의입니다. 극단적 평화주의는 잘못된 인간관에서 비롯되는 것입니다. 인간이 본래 선하다면 실수로 저지르는 폭력이나 전쟁을 평화적 설득으로 막을 수 있을 것입니다. 그러나 인간이 악하다면 평화적 설득에만 의존할 수 없고 폭력적 억제의 방법을 병행해야 합니다. 인간 역사에서 평화적 설득을 무시하여 폭력 지상주의로 인류에게 고통을 주었던 일들이 무수히 많았다는 것을 우리는 반성해야 합니다. 또한, 동시에 인간의 악을 강제와 폭력으로 억제하여 나름의 불완전한 평화를 유지하여 인류에게 이바지한 예도 무수히 많았다는 사실에 감사해야 합니다.

성경은 인간을 선한 존재로 보지 않고 철저히 타락하여 선을 행할 능력을 완전히 상실한 악하고 무능한 존재라고 가르칩니다. 성경이 선을 행하기에 완전히 무능한 존재인 인간에게 선과 의를 추구하라고 요구하는 것은 인간의 능력을 인정해서가 아니라 하나님의 의로운 통치에 순종하고 참여하라는 것입니다. 순종은 인간의 능력이 아닙니다.

미국의 바이든 정부가 남부 국경을 열어놓은 것은 결코 좋은 정책이라고 할 수 없고 평화주의로도 정당화될 수 없습니다. 우리의 감성은 극단적 평화주의자들에 의해 미혹되는 경우가 많습니다. 때로는 감성을 뒤로하고 이성적인 판단에 따라 냉정하게 인간의 수준과 현실을 직시할 필요가 있습니다. 지금이 바로 그런 때가 아닌가 생각합니다. 극단적인 평화주의자들은 인간 감성에 호소하고 이성적으로 냉정하게 현실을 직시하지 못하는 이들은 감성을 따라 판단하여 화를 부르게 됩니다.

대한민국 정부가 평화를 부르짖으며 군사력을 축소하는 것은 현실을 이성적으로 냉정하게 직시하여 내린 판단이 아니라 현실을 왜곡하는 감성적 대응이라 생각합니다. 대통령이 베트남 작가 바오닌이 그의 소설 〈전쟁의 슬픔〉에서 한 "가장 나쁜 평화라도 가장 좋은 전쟁보다 낫다."고 한 말을 좋아한다며 극단적인 남북 대치 현실에 대하여 평화적 정책으로 일관하는 것은 현실에 대한 왜곡이며 오해이고 국가와 국민을 위험에 빠뜨리는 것입니다. 전쟁의 참화를 몸으로 겪은 작가가 전쟁과 평화를 대비하여 "가장 나쁜 평화라도 가장 좋은 전쟁보다 낫다."고 문학적으로 표현하는 것을 문제 삼을 필요는 없지만, 그 말을 대한민국 안보정책에 그대로 적용하는 것은 매우 잘못된 것이라고 생각합니다.

전쟁과 평화는 개념의 논리상 구분하여 설명하는 것이지 현실에서 그 둘이 구분되어 별도로 존재하는 것이 아닙니다. 평화는 전쟁 중에도 있을 수 있고, 평화가 전쟁을 부르기도 하고, 전쟁이 평화를 만들기도 합니다. 인간의 역사에서 이런 현실을 극복한 이상적인 국가는 존재한 적이 없고 존재할 수도 없습니다. 한 국가의 안보정책을 책임지고 있는 통치자가 문학적 감성으로 안보정책을 수립하고 시행하는 것은 무지하고 무책임한 것이고 그것을 묵인하는 관료들이나 국회의원이나 모든 국민이 책임져야 할 일입니다. 바오닌의 이 말에 동의하는 24명의 세계 13개 나라 작가들이 전쟁의 위기가 고조되고 있는 한반도 위기 상황을 대화로 해결하라고 호소문을 발표한 것은 나무랄 일이 아닙니다. 그것은 그들의 평화를 위한 긍정적인 역할로 받으면 될 것입니다. 국가 안보에 대해서 기독교인들은 국가의 상황을 위해 기도하는 것이 마땅히 해야 할 역할입니다. 문학가들의 평화에 대한 호소나 기독교인들의 기도가 직접적인 군사전략이 될 수는 없습니다. 하나님은 사랑이시고 주님은 평화의 왕이시지만 기독교가 모든 전쟁을 거부하지 않는 것은 인간이 악하기 때문에 더 나쁜 상황을 막기 위함입니다. 인간 역사에서 전쟁을 통해 불안전한 평화를 이루고 지켜낸 경우는 무수히 많습니다. 세상에 완전한 평화는 있을 수 없고 평화를 이루기 위해서 평화의 방법을 사용하기 위한 노력을 게을리 해서도 안 되며 동시에 평화를 이루고 지키기 위해 성실하게 전쟁에 대비하는 것도 모든 국가의 의무이며 책임입니다. 전쟁을 좋아하는 것은 악한 것이지만 전쟁에 대비하여 준비하지 않는 것은 무책임하고 어리석은 것입니다. 논리적으로 아무리 정당하고 이상적인 이론이라도 인간이 악한 존재라는 사실이 전제되지 않은 이론이라면 무용지물이 될 뿐 아니라 그러한 이론을 현실에 적용하는 것은 시간과 에너지의 낭비이고 엄청난 인명피해를 초래할 수도 있습니다.

역설이지만 전쟁을 준비하는 것은 전쟁을 억제하고 전쟁을 하지 않기 위한 것입니다. 핵폭탄을 만드는 목적도 그것을 사용하는 데 있는 것이 아니고 전쟁을 억제하기 위한 것입니다. 인간이 악하기 때문에 모든 것이 선한 의도대로 안 될 가능성의 위험이 언제나 존재하지만, 그런데도 우리는 전쟁을 억제하기 위해 성실하고 철저하게 전쟁을 준비해야 합니다. 역사적으로 평화주의가 전쟁을 억제하고 예방한 것보다 철저한 전쟁 준비가 전쟁을 억제하고 예방한 경우가 더 많다는 사실을 부정하지 말아야 합니다. 인간 역사의 종말의 순간까지 전쟁의 위험과 전쟁은 사라지지 않을 것입니다. 하나님 나라 백성은 평화주의자가 되어야 하지만 극단적인 평화주의자가 되어 전쟁 준비를 소홀히 하여 불행을 자초하는 어리석은 자가 되지 말아야 합니다.

"너희 중의 누가 망대를 세우고자 할진대 자기의 가진 것이 준공하기까지에 족할는지 먼저 앉아 그 비용을 계산하지 아니하겠느냐 그렇게 아니하여 그 기초만 쌓고 능히 이루지 못하면 보는 자가 다 비웃어 이르되 이 사람이 공사를 시작하고 능히 이루지 못하였다 하리라 또 어떤 임금이 다른 임금과 싸우러 갈 때에 먼저 앉아 일만 명으로써 저 이만 명을 거느리고 오는 자를 대적할 수 있을까 헤아리지 아니하겠느냐 만일 못할 터이면 그가 아직 멀리 있을 때에 사신을 보내어 화친을 청할지니라"(눅 14:28-32)

무신론이 지배하는 사회

COVID19 치료제 개발에 대한
정치적 백태클 1

축구 경기에서 몸을 사용하여 공격자의 공을 뺏어내는 수비기술을 태클이라고 합니다. 일반적으로 사람들은 축구에서 태클이라 하면 슬라이딩 태클을 떠올리지만 이는 태클의 한 종류일 뿐입니다. 반칙을 하지 않으면서 태클을 잘 쓰는 것은 축구의 기술입니다. 태클을 할 때 공이 아닌 상대 선수의 다리를 차게 되면 반칙이 선언됩니다. 실수가 아니라 고의적으로 그렇게 하는 태클은 반칙이기 때문에 즉각 옐로카드나 레드카드를 받게 됩니다. 백태클은 상대선수 뒤에서 접근하여 공을 향하여 다리를 뻗어 공을 뺏는 행동입니다. 축구 경기에서 백태클은 반칙이며, 그 위험성에 비춰 발이 공에 접촉하지 않을시 경고, 발이 상대의 발이나 발목에 강력한 충격을 주면 퇴장 처분을 합니다. 특히 백태클은 상대가 보지 못하는 뒤에서 하는 것이라서 매우 위험합니다. 백태클이 반칙이면 즉각 옐로카드나 레드카드를 받게 되고 심하면 퇴장을 당할 수도 있습니다. 그럼에도 불구하고 반칙의 태클을 거는 것은 상대가 득점 골을 넣을 수 있을 것 같은데 수비할 다른 방법이 없다고 판단될 때 하게 됩니다. 그런 경우에도 반칙을 하면 안 되지만 경기에서 그런 경우가 가끔 일어납니다. 스포츠 경기에서 더 심각한 문제는 어떤 선수가 반칙을 했는데도 심판이 아무런 조치를 취하지 않는 경우입니다. 그렇게 되면 그것은 정상적인 경기라고 할 수 없습니다.

실제 경기에서 그러한 경우는 극히 드물지만 지금 우리가 살아가고 있는 현실에서는 착한 이들의 선한 일에 반칙 태클을 걸어 선한 의지를 좌절시키는 일들이 반복해서 일어나고 있습니다.

지난 2021년 1월 1일에 아내가 COVID19에 감염되어 앓기 시작하였고 나는 그 다음 날부터 앓기 시작하여 아내와 나는 3주간을 심하게 앓았고 그후에도 한동안 후유증에 시달렸습니다. 일년이 지난 지금까지도 그 후유증이 아닌가 의심이 가는 알 수 없는 증세가 가끔 나타나는 것은 COVID19이 그만큼 치명적인 것임을 보여주는 증거라고 할 수 있습니다. 그런데 COVID19이 왜곡되고 지나치게 과장되어 개인적으로나 사회적으로 나아가서 국가적으로 엄청난 혼란과 경제적 손실을 보고 있으며 또한 사람들이 정신적 육체적 불편과 고통을 호소하고 있습니다. 처음부터 정부가 진실한 전문가들의 의견을 존중하여 이성적으로 과학적으로 대처했더라면 입원환자와 사망자를 줄일 수 있었을 것이라고 생각합니다. 정부, 국회, 의료 기관 관계자, 의사, 정치인, 언론, 대학교수, 빅테크, 유튜버들이 각기 다른 주장을 하여 혼란은 가중 되었고 국민들은 거의 패닉 상태에 빠졌습니다.

전문가의 설명에 의하면 거의 모든 바이러스는 1차 감염이 가장 심하고 그 다음부터는 점점 약해져서 세 단계를 건너가면 백신 효과를 내는 것으로 알려져 있습니다. COVID19도 예외가 아니어서 1차에 이어 나타난 변이 바이러스는 1차 바이러스에 비하면 많이 약해진 것을 알 수 있습니다. 아마도 오미크론은 COVID19를 늘 찾아오는 겨울 감기 수준으로 연착륙시키지 않을까 하는 생각을 하게 됩니다. 오미크론이 처음 나타나기 시작한 지난해 말부터 어떤 전문가는 오미크론이 COVID19를 종식시킬 크리스마스 선물이 될 수도 있을 거라고 하였습니다. 오미크론이 빠른 속도로 확산하고 있지만 그동안 COVID19를 과장하여 온갖 규제를 강화하며 과잉 대응하던 정부나 관련 의료기관 관계자들까지도 오미크론은 치명적이지 않다고 이야기 하였습니다. 실제로 지금 이스라엘은 오미크론이 무서운 속도로 확산하고 있지만 그것은 백신 효과를 낼 정도일 것으로 기대하며 대처하고 있습니다.

아내와 나의 COVID19 감염 검사 결과가 양성으로 나오자 뉴욕 시에서 전화를 하여 일체 바깥출입을 삼갈 것과 호흡 곤란이나 혼수상태나 또는 과다 출혈이 있을 경우를 제외하고는 병원에도 가지 말라고 엄히 당부하였습니다. 1차 COVID19에 감염 된 이들은 여러 심한 증세로 고통을 견디는 것이 힘들었지만 그보다 더 힘들었던 것은 COVID19에 대해 정확한 정보가 없어서 병의 진행에 대한 예측을 할 수 없었기 때문이었습니다. 감염 환자는 점점 늘어나는데 정부도 의사도 책임 있는 대응을 할 수 없었던 그야말로 아웃 오브 컨트롤 상황이었습니다. 바이러스가 중국 우한에서 시작되었기 때문에 지금까지도 COVID19를 중공 바이러스라고 부르는 이들이 있지만, 치료가 급선무인 상황에서 누구의 책임을 따지려는 것이 아니라 바이러스가 어디에서 어떤 경로를 통해 시작되고 확산되었는지를 과학적으로 파악하여 대응해야 했지만 중국 공산당은 그것을 숨기고 왜곡하여 세계적 확산을 초래하게 하였습니다.

COVID19이 전 세계로 확산되자 미국이나 한국 정부를 비롯하여 여러 나라 정부들의 대응 정책이 갈팡질팡하는 모습을 보이기 시작하였습니다. 갑자기 당한 일이었기에 각국 정부들도 어쩔 수 없이 그럴수밖에 없었겠지만, 시간이 지나면서 정부의 대응에 납득이 가지 않는 부분들이 보이기 시작하였습니다. 그것은 사람의 생명을 위협하는 전염병을 정부가 의학전문가들의 의견을 존중하여 과학적으로 대응하지 않고 정치적으로 대응한다는 합리적 의심을 하게 하는 정책들을 내놓았기 때문입니다. 전염병이 확산하는 상황이나 그 치명성의 정도에 따라서 정부에 의한 강제적 규제가 필요할 수 있지만 정치인이나 정당이나 언론들이 COVID19를 정치적으로 이용 하였고 그들의 정치적 대응에 많은 의사들이 왜곡된 이론과 가짜 논문까지 동원하여 그러한 대응의 정당성에 가짜 의학적 근거를 제공하여 힘을 실어주었습니다. 치명적인 전염병에 효과적으로 대응하려면 강제적 규제가 필요하다는 당위성을 강조하면 할 말이 없지만, 먼저는 전문가의 과학적 판단이 존중되어야 하고 그 다음 정부의 정책은 지도자의 지혜와 양심에 의존할 수밖에 없습니다. COVID19의 경우는 직접적으로 사람의 생명을 다루는 정책이기 때문에 국민의 생명을 보호하는 데 모든 정책의 초점이 맞추어져야 하지만 미국 정부나 한국 정부 뿐 아니라 전 세계 거의 모든 정부가 다분히 정치적으로 대응하였습니다.

미국의 경우 COVID19이 확산되기 시작한 이래 2년이 지난 지금까지 정부와 언론과 정치에 휘둘리는 의사들은 치료제 개발에는 적극적인 태도를 보이지 않고 단지 백신에만 올인하고 있는 것을 우리는 보고 있습니다. COVID19이 점점 확산되는 상황에서 백신 개발을 서두르고 강조해야하지만 그보다 더 우선해야 할 일은 당장 죽어가는 환자들을 살리기 위해 치료약을 찾고 개발하는 일입니다. COVID19에 맞는 약이 개발되지 않은 상황에서는 기존에 개발된 약들 중에 효과가 있는 약을 찾아야 합니다. 다행히 COVID19 초기부터 치료에 효과가 입증된 약들이 국내외적으로 여럿이 발견되어 실제로 많은 환자들이 입원과 사망의 위험에서 벗어날 수 있었습니다.

그 약들 중에 가장 많이 알려지고 효과를 본 약이 하이드록시클로로퀸이었습니다. 중국, 프랑스, 남아공, 미국을 비롯한 세계 여러 곳에서 COVID19 환자 치료에 하이드록시클로로퀸의 효과를 입증한 의사들의 보고가 잇따라 나왔습니다. 이에 세계보건기구(WHO)가 코로나19 치료제를 발굴하기 위해 전 세계적인 임상실험 프로젝트인 '연대(Solidarity)'를 발표하였고 당시 트럼프 대통령은 COVID19 치료제에 대하여 게임 체인저(Game changer)라고 언급한 데 이어, 하이드록시클로로퀸 2900만회 복용량을 비축하였다고 발표하였습니다. 그런데 COVID19 치료제로 하이드록시클로로퀸의 사용에 대하여 국립알르지전염병연구소(NIAID) 소장 파우치가 부정적인 입장을 내놓았습니다. 그는 COVID19 치료제로 하이드록시클로로퀸의 효과가 일회적이고 미미하다고 하며 부정적인 입장을 보였습니다. 그러는 동안 코로나19 치료제를 발굴하기 위해 전 세계적인 임상실험 프로젝트인 '연대(Solidarity)'를 통해 하이드록시클로로퀸에 대하여 집중적인 연구가 이루어졌고 상당한 효과가 있을 것으로 예상되는 결과가 보고되었고 약간의 부작용에 대한 우려의 의견도 있었습니다. 부작용에 대한 우려의 의견은 아주 미미한 수준이고 전체적인 분위기는 효과가 있을 것이라는 것이었습니다.

그때 우리는 COAID19에 대응하는 두 흐름이 표면화 되고 있음을 보게 되었습니다. 대부분의 의사들은 COVID19는 치료가 불가능하다는 전제에서 출발하였습니다. 그러나 몇몇 의사들은 자신들이 직접 환자들을 하이드록시클로로퀸으로 치료하여 좋은 효과를 보고 스스로 감격해 하며 그 사실을 가능한 많이 홍보하려고 하였습니다. 이렇게 상반된 두 입장에 대하여 WHO가 결성한 연대를 통해 연구한 결과 효과가 있는 것으로 나타났습니다. 이제 대통령과 백악관 그리고 긍정적 보고를 하였던 의사들은 COVID19 치료제로 하이드록시클로로퀸의 사용 승인이 되리라고 기대하며 좋아하였습니다. 그런데 민주당과 언론 그리고 정치적 의사들과 파우치는 하이드록시클로로퀸의 사용 승인을 반대하였습니다.

반대의 이유는 부작용입니다. 많은 이들은 하이드록시클로로퀸이 개발되어 사용 되어 온 역사가 반세기가 넘었다는 사실과 아무리 안전한 약이라도 약간의 부작용은 있게 마련이라는 사실을 알고 있습니다. 반대자들은 부작용을 강조하며 사용 승인을 반대하였습니다. 그러한 반대가 너무 말이 안 된다고 생각하였는지 정부 차원에서 하이드록시클로로퀸에 대하여 긴급사용을 승인 하였습니다. 그러나 그 약은 병원에서만 사용하도록 하였고 대상은 중증 말기 환자에게만 사용하도록 하였습니다. 그들이 하이드록시클로로퀸은 초기에 사용해야 효과가 있다는 사실을 몰랐을 리가 없습니다. 중증 환자에게 하이드록시클로로퀸은 최적의 투여 시기를 놓쳤기 때문에 효과를 볼 수 없었습니다. 이러한 결과를 그들은 아마도 예측하였을 것입니다. 치명적 전염병으로부터 수많은 생명을 구하려는 이들의 착하고 선한 노력에 대하여 이렇게 집요하고 교묘하게 백태클을 걸었던 세력은 지금까지도 그 짓을 계속하고 있습니다. 그 무렵에 권위 있는 대학 교수들이 권위 있는 의학 저널에 가짜 논문을 발표하였습니다. 그 논문은 임상 실험 결과 하이드록시클로로퀸이 부작용의 피해가 예상되고 사망자 수도 낮추지 못할 것이라고 하였습니다. 그 논문이 2주 동안 그 저널에 올라가 있다가 아무런 이유도 설명도 없이 논문을 내렸습니다. 그 가짜 논문은 COVID19 치료제 개발에 치명적인 좌절을 안겼습니다. 그 해 2020년 여름에 FDA가 하이드록시클로로퀸의 사용을 전면 금지한다는 성명을 발표하였습니다. 그에 대한 자세한 내용은 다음에 이야기 하도록 하겠습니다.

"인자가 그 천사들을 보내리니 그들이 그 나라에서 모든 넘어지게 하는 것과 또 불법을 행하는 자들을 거두어 내어 풀무 불에 던져 넣으리니 거기서 울며 이를 갈게 되리라."(마 13:41, 42)

무신론이 지배하는 사회

COVID19 치료제 개발에 대한
정치적 백태클 2

지난 13일 미연방대법원이 100인 이상 민간사업체 대상 백신 의무화 조치가 관련법에서 규정한 권한을 넘어선 위법적 명령이라고 판결했습니다. 피고 측인 바이든 행정부 관리들은 1970년 제정된 산업안전보건법에 따른 적법한 권한 행사라고 주장했지만, 다수 대법관은 이에 동의하지 않았습니다. 연방대법원은 판결문에서 "원고는 행정부가 의무화를 부과할 권한이 부족했다는 그들의 주장을 입증하는 데 성공한 것 같다"며 "행정 기관은 법령에 따라 설립된 것이며, 따라서 의회가 수여한 권한만 보유한다"고 밝히고 이어 "행정부는 8,400만명의 미국인에게 Covid19 백신을 접종하거나 자비 부담으로 매주 검사를 받도록 명령했다. 이는 통상적인 연방 권한의 범위를 넘어선 것으로, 수많은 근로자의 생명과 건강을 심각하게 침해한 것"이라고 지적했습니다. 이번 심리의 쟁점은 Covid19이 직업상 위험인지 보편적 위험인지 여부였는데 직업상 위험이라고 주장한 소수 의견이 있었지만, 판결문에서는 "동의할 수 없다"고 명시하였습니다. 그러면서 "미국인 대부분이 직업이 있고 근무 중에 동일한 위험에 직면한다. 따라서 산업안전보건청이 일상생활 위험을 규제하도록 허용할 경우, 의회의 명확한 승인 없이 대폭 확대된 규제 권한을 갖게 될 것"이라고 우려했습니다. 이번 판결로 민간기업 백신 의무화 소송 사건은 하급심인 제6 연방 항소법원으로 돌려보내졌습니다. 항소법원이 추가적인 조치를 하기 전까지 100인 이상 민간사업체 백신 의무화는 중단됩니다. 하지만 의료기관 종사자 백신 의무화는 적법하다고 판단하였기 때문에 이 역시 하급심으로 돌려보내 졌지만 그대로 유지될 것입니다.

바이든 정부가 내린 100인 이상 민간기업 종사자들의 백신 의무화 조치는 전례가 없는 것임도 연방대법원의 심리를 통해 알려지게 되었습니다. 백신 의무화 조치가 의료기관 종사자들에게는 그대로 유지하도록 한 대법원의 판단도 믿을만한 의학적 근거가 있는 것인지 논란의 여지가 남아 있습니다.

바이든 정부가 Covid19 백신 의무화 조치를 이렇게 무리하게 강행한 이면에는 Covid19 치료제 개발의 좌절이라는 잘 알려지지 않은 진실이 가려져 있습니다. 또한, 이번의 경우 백신이 긴급하게 필요했기 때문에 정부와 자선단체 등이 백신 연구 프로젝트에 엄청난 돈을 투자하였습니다. 빌 게이츠 재단을 비롯해 알리바바 설립자 잭 마, 컨트리 음악 스타 돌리 파튼 등도 백신 개발에 자금을 지원하였습니다. BBC는 과학 데이터 분석 회사 에어피니티(Airfinity)의 조사보고를 인용하여 전 세계 국가들은 총 65억 파운드(약 9조 4472억 원)에 달하는 자금을 투입했고, 비영리 단체들도 약 15억 파운드(약 2조 1801억)를 지원했다고 하였습니다. 그 외 26억 파운드(약 3조 7789억) 정도만 기업 자체 투자에서 나왔는데, 이 경우는 대부분 외부 자금에 의존도가 매우 높다고 하였습니다. 정부를 비롯한 자선단체나 기업이나 개인 투자자 모두는 백신 의무화 조치를 적극적으로 환영할 것이라고 쉽게 추측할 수 있습니다. 기존의 백신을 접종한 사람들이 백신 접종을 하지 않은 사람보다 더 많이 오미크론에 감염되었다는 것은 백신 접종 자체의 효용성을 의심하게 합니다. 그런데도 오미크론 백신을 또 개발해야 한다고 하는 주장은 사람들이 이해하고 받아들이기 어렵습니다.

에포크타임스 보도에 의하면 지난 2021년 12월 8일 일리노이주 네이퍼빌의 에드워드 병원에서 20일간 인공호흡기에 의존해 생명을 유지하고 있던 71세의 홍콩인 응씨는 이버멕틴(ivermectin)을 사용한 지 3주 만에 병원에서 퇴원하여 건강을 회복하고 있습니다. 응씨는 시카고에 사는 손녀의 첫 돌을 축하하기 위해 입국했다가 Covid19에 감염되어 증세가 급속히 악화하여 인공호흡기에 의존하게 되었습니다. 응씨가 이버멕틴으로 치료되어 회복되기까지 과정은 그의 딸의 병원을 상대로 집요한 법정투쟁을 통해 이루어졌습니다. 미 질병통제예방센터(CDC)와 식품의약국(FDA)이 모두 Covid19 치료제로 이버멕틴을 사용하지 말라고 권고하였기 때문에 병원 측이 이버멕틴 사용을 가로막았고 환자 응씨의 딸은 법정투쟁을 통해 법원으로부터 이버멕틴 사용 허락을 받아냈습니다. 그러나 그 병원 측이 치료를 거부했기 때문에 딸의 주치의 베인 박사가 치료하려고 하자 백신 접종을 하지 않은 의사는 치료할 수 없다며 병원 측이 가로막았습니다. 이에 응씨 가족은 또다시 법정투쟁을 통해 베인 박사가 치료할 수 있다는 판결을 받아냈고, 11월 8일부터 15일간 매일 저녁 응씨에게 이버멕틴을 주사하자 의식도 없이 누워만 있던 응씨는 즉시 개선 징후가 보였고 11월 27일에 퇴원하여 건강을 회복하고 있다고 하였습니다.

이렇게 할 수 있었던 것도 2018년 5월에 트럼프 대통령이 서명한 '시도할 권리 법안'(Right to Try Act)이 뒷받침된 때문입니다. 이 법은 '생명을 위협하는 질병이나 위독한 상태로 진단받은 환자들이 지금까지 승인된 모든 치료법을 시도한 후 임상시험 참여 기준도에 미달할 경우, 승인되지 않은 특정 치료법을 시도할 권한을 보장한다'라고 명시하고 있습니다. 응씨의 딸은 에포크타임스와의 인터뷰를 통해 "상의하려는 전화가 이곳저곳에서 걸려오고 있다"라며 "이 중에는 Covid19로 위독한 상황에 처했지만, 병원 측 반대로 이버멕틴을 사용해보지도 못한 채 가족을 잃은 사람도 있다"라고 하였습니다. 이번 소송에서 승소 판결을 끌어낸 에릭슨 변호사는 응씨처럼 이버멕틴 치료를 원하는 사람들에게 Covid19 치료법을 개발하여 보급하는 단체인 '프린트 라인 Covid19 크리티클 게어 얼라이언스'(홈페이지 Covid19CriticalCare.com)에 문의할 것을 조언하였습니다. 뜻 있는 의사들과 전직 언론인들이 지난해 4월에 설립한 이 단체는 주류 의학계에서 채택한 Covid19 치료법 외에 다양한 치료 방법을 개발하여 보급하고 있으며 이버멕틴 사용도 지원하고 있다고 하였습니다. 미국 전역에서 이렇게 생명을 살리는 일에 헌신하고 있는 의사들과 사람들과 단체들이 많다는 사실은 널리 알려져야 합니다.

Covid19 바이러스에 감염된 환자들이 고통을 호소하고 죽어가고 있지만, 치료에 효과가 입증된 약들이 있는데도 정부가 그 사용을 승인하지 않고 오히려 사용하지 못하도록 막는 것은 도저히 이해할 수 없는 조치입니다. 백신 개발은 시간이 걸리는 것이니까 당장 죽어가는 환자들을 위해서 Covid19을 위해 만들어진 약이 아니더라도 임상시험 결과 효과가 있다면 정부는 의사의 지도에 따라 사용할 수 있도록 허락을 해주어야 합니다. 모든 약은 어느 정도의 부작용이 있게 마련인데, 정부 안에는 그것을 아는 이들이 많지만, 부작용 운운하면서 정치 의사들을 이용하여 치료제 사용을 막고 있습니다. 그 결과 그 약들을 사용하였다면 살릴 수 있었을 수많은 사람을 죽게 내버려 둔 것입니다.

정부와 정치 의사들은 Covid19 치료에 효과가 입증된 약 사용을 금지할 뿐 아니라 적극적으로 방해하고 있습니다. 언론들은 거의 광란에 가까운 수준으로 그 일에 맞장구를 치며 적극적으로 가담하고 있습니다.

피터 맥컬린 박사는 지난 2년 동안 Covid19 심화 과정을 집중적으로 관찰하고 직접 환자를 치료하며 치료제를 개발하는 일에 배우는 학생의 자세로, 또는 사람들을 이 전염병으로부터 구해야 한다는 정직한 의사의 태도로, 나아가 수많은 의사 지망생들을 가르치고 일선에서 일하는 의사들을 더 발전된 이론과 임상시험 결과를 제공하여 돕는 일을 소명으로 여기며 활동해 온 귀한 분입니다.

아래 내용은 맥컬린 박사가 말한 것을 요약 정리한 것입니다. 내용 중에는 멕컬러 박사가 직접 말한 것처럼 인칭을 사용하기도 하였습니다.

Covid19의 경우 초기부터 정부와 의료계는 이상한 의견을 내보였습니다. 즉 입원 전 단계에서 치료할 수 없다는 견해를 내놓은 것입니다. 어떤 질병에 대하여 의료계나 정부가 집단으로 그런 가정을 제시한 적은 단한 번도 없었습니다. 그것도 빠른 대응으로 그런 견해를 내놓은 것은 이해할 수가 없습니다. Covid19 확진 첫 환자가 발생하자 즉시 그런 견해를 내놓은 것입니다. 아마도 그런 견해를 내놓은 것은 두려움과 자기보호 때문이 아니었나 생각합니다. 의사를 비롯하여 병원에 종사하는 모든 이들이 입원 전 단계에서 환자와 마주치는 것이 위험하다고 생각하였습니다. 환자가 입원하는 것은 병원과 사무실 그리고 기타 치료 시설을 오염시켜다른 환자들을 위험에 빠뜨릴 수 있다고 보았습니다. 그래서 입원 전 단계에서 접근금지조치를 취한 것입니다. 만약 병원이 아니고 다른 장소라면그런 조치가 당연하지만, 병원에서 "Covid19은 치료가 안 된다"고 하는것은 심리적으로 의사들의 자기 정당화일 뿐입니다. 의사들이 자기는 환자를 치료하고 싶지만 치료가 불가능하다고 하는 것은 의사의 소명을 저버린매우 게으른 태도입니다. 그런데 처음에는 치료가 불가능하다고 했어도2년이 지난 지금까지 치료가 불가능하다는 입장을 견지하는 것은 아무도이해하지 않으려고 할 것입니다. Covid19은 치료가 불가능하다는 가정은 처음부터 잘못된 가정이었고 그런 가정에서 나온 대응들 역시 잘못된것일 수밖에 없습니다.

"게으른 자는 길에 사자가 있다 거리에 사자가 있다 하느니라 문짝이 돌쩌귀를 따라서 도는 것 같이 게으른 자는 침상에서 도느니라 게으른 자는 그손을 그릇에 넣고도 입으로 올리기를 괴로워하느니라 게으른 자는 사리에 맞게 대답하는 사람 일곱보다 자기를 지혜롭게 여기느니라"(잠 25:13-16)

COVID19 치료제 개발에 대한
정치적 백태클 3

미국을 비롯하여 전 세계 많은 정부가 COVID19에 대한 대응으로 백신만을 고집하는 동안 언론을 통해 잘 알려지지 않은 많은 의사는 COVID19에 좋은 효과가 있는 약들을 사용하여 많은 환자를 살렸습니다. 그들은 정부가 승인하지 않은 치료제를 사용하지 못하도록 여러 방법으로 규제하고 제재와 압력을 가하였지만 많은 불이익을 감수하며 죽어가는 환자들을 살려낸 COVID19 팬데믹 시기의 영웅들입니다. 이 영웅들은 모두 연대하여 그 일을 해낸 것이 아니고 자신들의 의학적 경험과 상식과 임상시험을 통해 각자의 병원과 일터에서 그 일을 해냈습니다. 그뿐만 아니라 생명을 살리는 일이 정부의 규제와 언론의 비난을 통하여 방해를 받자 뜻을 같이하는 의사들이 좋은 정보를 교환하며 정부와 의료 종사자들에게 호소하기 시작하였습니다. 그로 인해 세계적으로 많은 의사들이 도움과 용기와 좋은 정보를 얻게 되었고 그 결과 수많은 COVID19 환자들이 입원과 죽음을 피하게 되었을 것으로 추측됩니다.

이러한 활동의 중심에 피터 맥컬러 박사가 있습니다. 피터 맥컬러 박사는 "CardioRenal Medicine"라는 의학저널의 편집장으로 있으면서 해당 분야에서 가장 많은 논문을 게재하였습니다. 그는 40년 간 현역 의사로서 일하면서 모든 경우에 언제나 생명을 살리는 일에 우선순위를 두고 일을 하였습니다. 미국에서 의사가 전문의 자격을 유지하려면 매 10년마다 자격 취득을 위한 시험을 치러야 합니다. 그 과정에서 맥컬러 박사는 질병의 분포와 결정 요인에 관한 연구인 전염병학을 공부하고 실험도 하였습니다. 이를테면 심장과 신장이 물리학적 시스템뿐만 아니라 어떻게 호르몬과 신경 전체와 불가분의 관계에 있는지에 대한 연구도 하였습니다. 그런 연구로 시스템은 진단과 치료에 있어서 대단히 중요하다는 점을 밝혔습니다. 이러한 연구에 기여한 의사들이 많고 그 결과들은 스위스 바젤에 있는 Karger 출판사에서 펴내고 있다고 합니다. 지금 맥컬러 박사는 여러 해째 "심혈관 의학 리뷰"라는 의학 저널의 편집장으로 있으면서 심장 신장 의학 초판본 교과서 편찬 작업 편집장으로도 활동하였고 심장 의학의 바이블로 여겨지는 "Braun's Cardiology" 교과서의 한 단원인 '심장병과 신장병 간의 접점'을 직접 집필하기도 하였습니다. 그는 오랜 기간 전 세계 의료계 종사자들을 대상으로 강의를 했고 국립보건원(NIH)을 비롯해 여러 정부 기관에서 강의를 해왔으며 NIH의 데이터 안전 모니터링 위원회에서 활동하기도 하였습니다. 그뿐만 아니라 대형 제약사들과 시험과 진단 회사의 대규모 임상시험에 운영 위원회나 집행 위원회 일원으로 참가하기도 하였습니다. 그는 자기의 전공을 넘어 다양한 분야에서 중요한 활동을 통해 많은 경험을 쌓아왔으며 지금도 계속 활동하고 있습니다. 그 모든 과정에서 그가 참여한 660건 이상의 검토 논문이 국립의학도서관에 소장되어 있다고 합니다. 그는 거의 매번 최고 책임자의 위치에서 논문들을 검토하였습니다.

COVID19의 경우 전체를 망라하는 의학적 중요성 때문에 모든 분야의 최고 전문가들이 위기를 해결하기 위해 나섰습니다. 거기서도 맥컬러 박사는 많은 기여를 하였습니다. 바로 거기서 그는 COVID19 초기 미국 정부와 의사들이 치료할 수 없다고 한 가정을 깨고 의사들이 입원 전 단계에서 어떻게 COVID19를 치료할 것인지에 대한 이야기를 하였습니다. 그 논문에서 그와 동료들이 사용한 원칙은 COAID19는 대규모 사상자가 발생한 사건이라 대규모 무작위 임상을 기다릴 수 없다는 것이었습니다. 심장 내과에서 대규모 임상이라고 하면 2~4만 명 환자를 대상으로 했다는 것을 의미하지만 COVID19는 복잡한 질병이기 때문에 한 가지 약물만으로는 치료할 수 없고 여러 약을 조합하여 사용해야만 한다고 생각하였습니다. 하지만 그런 형태의 임상시험은 아직도 계획되지 않고 있습니다. 미국의 전염병 학회, 미국 내과 의사협회, CDC, NIH 같은 의학계는 대규모 임상이 있어야 가이드라인을 낼 수가 있습니다.

맥컬러 박사와 그의 동료들은 정부나 의료계의 대규모 임상시험을 기다리고 정부가 지침이나 프로토콜을 제공할 때까지 기다린다면 생명을 구할 희망이 없다고 생각하여 때를 놓치지 말아야 한다고 판단하였습니다. 하지만 COVID19 팬데믹이 시작한 2020년 2월부터 그의 논문이 게재된 2020년 8월까지 지체되었습니다. 그들은 이론과 임상 경험을 신속하게 습득해야 했고 의학 문헌 자료를 활용하며 실무 의사들과 대화하고 그 자신이 직접 환자를 관찰했습니다. 그렇게 모아진 원칙들을 통합하고 그 결과물을 모두 읽게 하고 저자들에게 동의를 구하고 상호 교차 검토를 통해 수정하여 최종 교정을 보고 출판사와 계약을 맺고 판권을 취득하고 2020년 8월 7일에 출판하게 되었습니다. 이는 정말 기념비적인 일이었습니다. 처음부터 부정적 전제였던 치료할 수 없다고 한 의사들에게 어떻게 COVID19를 치료할지를 가르쳐 주는 최초의 논문이 출판되었습니다. 이 논문은 곧바로 COVID19 외래환자들이 가장 많이 다운로드하는 논문이 되었습니다. 전 세계 의료계와 환자들과 그 가족들이 학수고대하던 COVID19 치료 방법이 제시된 것입니다. 논문이 제출되고 곧바로 PubMed.jov를 체크했을 때 5만 5천 건의 논문이 출판되었었지만, 논문들은 바이러스의 다양한 측면들을 기술하고 있었고 일부는 치료의 단서를 기술하고 있었지만 단 한 편의 논문도 COVID19를 어떻게 치료할 것인가에 관해 이야기 한 논문은 없었다고 합니다. 그러한 사

무신론이 지배하는 사회

실은 이 논문이 얼마나 획기적인지 웅변적으로 증명한 것이라고 할 수 있습니다. 맥컬러 박사는 그러한 과정에서도 200여 명이 넘는 환자들을 직접 치료하였습니다. 다른 의료진에게 도움을 주어 치료한 환자까지 포함하면 1천 명이 넘는다고 합니다. 많은 의사가 그에게 연락하여 도움을 받고 또는 환자를 소개하기도 하였습니다. 그의 COVID19 치료에 대한 조언은 지구촌 전체를 망라하고 있습니다. 맥컬러 박사 외에도 COVID19 환자들을 치료한 의사들은 많습니다. 불행 중 다행인 것은 2020년 한 해 동안 의학 지식이 많은 발전을 한 것이라고 그는 말하였습니다. 그들은 긴급사용이 승인된 최초의 약품에 대한 데이터를 입수하였습니다. 그 논문은 적어도 4개월 내에는 업데이트가 필요 없는 수준이었습니다. 그 후 수많은 의사가 참여한 논문이 2020년 12월에 심혈관 의학저널에 실렸습니다. 논문 제목은 "COAID-19 초기 외래환자를 대상으로 한 순차적 복합 약물 치료법"[Multifaceted highly targeted sequential multidrug treatment of early ambulatory high-risk SARS-CoV-2 infection(COVID-19)]이었습니다.

미국 의학저널과 심혈관 의학 리뷰 내용을 바탕으로 미국 내과 외과 의사협회에서는 '가정 치료 가이드'를 발간하여 대중들이 수천만 번 다운로드하는 문서가 되었습니다. 그 결과 수천만 명의 입원을 예방하고 수십만 명의 생명을 구하는데 이바지하였을 것으로 추측합니다. 너무 왜곡되고 거짓된 정보가 많으므로 이처럼 귀중한 정보도 사람들이 믿지를 못하는 안타까움이 있습니다. COVID19 치료제로 가장 많이 게재되고 처음 사용된 치료 약물은 하이드록시클로로퀸이었습니다. 이 약의 효과에 대해서는 3백 건 이상의 논문이 뒷받침하고 있습니다. 그다음 치료제는 이버맥틴(Ivermectine)이었고 이 약을 의학적으로 뒷받침하는 논문은 63건이었습니다. 그 후 계속하여 맥컬러 박사 팀은 코르티고스테로이드에 관한 무작위 실험과 분석을 통해 효능을 입증하였습니다. 이들은 COVID19 임상실험 가운데 가장 대 규모로 그리고 최고 수준의 실험을 하였고 지금도 연구와 실험을 계속하고 있습니다.

일종의 소염제인 콜히친을 Colcorona 임상이라는 이름으로 몬트리올 심장 연구소에서 실험하였는데 질적으로 다른 치료제를 압도하여 입원과 사망을 극적으로 줄였습니다. 이런 검토를 거친 논문이지만 그 정보를 확산시키는 데 문제가 있습니다. 세계 어느 정부나 의료기관도 환자들을 위해 해당 치료제에 대해 지속적인 검토를 의뢰해 오지 않았다고 합니다. 이런 일은 정부가 당연히 적극적으로 지원하여 정부 기관들이 매월 단위로 치료제 진척 상황을 국민에게 업데이트해 주어야 하는 것입니다. 국민이 공중 보건 공무원에게 월급을 주는 것은 그런 일을 하게 하기 위해서입니다.

지금까지 미국에서 긴급사용 승인 난 제품이 5~10가지가 된다고 합니다. 긴급사용 승인은 말 그대로 위급한 상황에 해당합니다. 정부나 민간 구호 단계에서 신속하게 어떤 제품을 쓸 때는 승인이 필요합니다. 그런 경우 시장 출시 절차를 일일이 다 거치는 것은 사치에 해당한다고 할 수 있습니다. 중요한 것은 약품이 시장에 출시될 때 매우 중요한 측면 중 하나는 어떻게 마케팅할 것이냐 하는 것입니다. 미국식약청(FDA) 활동의 대부분은 약품 광고와 관련이 있습니다. 포장이나 내용물이나 라벨은 어떤 면에서는 약품 마케팅을 위한 규제 라이선스라고 할 수 있습니다. 제품 위에 붙는 어떤 약품의 표시는 실제로 광고 라벨을 위한 것입니다. 성분 표시는 의사들이 제품을 어떻게 사용할지 알려주는 것은 아니지만 기본적으로 제약회사가 주장할 수 있는 경계를 만들어 주는 역할을 합니다. 그것이 라벨의 역할입니다. 지금까지 나온 모든 긴급 사용 승인은 그 사용을 뒷받침할 충분한 정보가 있으면 승인을 하자는 취지이고 긴급사용 승인이 의미하는 건 정부 당국자나 의사들도 그 약물이 효과가 있을지는 모른다는 뜻입니다. 따라서 긴급사용 승인은 목숨을 구할 수 있을지는 모르지만, 정부 당국자와 의료기관이 제공할 수 있는 최선입니다. 그래서 긴급사용 승인을 받은 첫 제품이 하이드록시클로로퀸이었습니다.

하이드록시클로로퀸의 초기 데이트로부터 전 세계 국가들이 본 것은 바이러스 복제를 방해할 수 있는 것으로 나타났고 심지어 초기 임상 연구에서조차 안전하고 효과가 있는 것으로 나타났습니다. 루머티스 관절염과 루푸스 말라리아 예방에 쓰인다는 것을 알고 있었고 다른 말라리아 치료제인 메플로퀸과 클로로퀸도 있었습니다. 의학계는 말라리아 치료제가 기생충을 상대로 효과가 있다는 것을 알고 있었습니다. 세포 내부에서 작용하고 염증을 급격하게 줄여주는 것으로 알려져 있습니다. 이것은 COVID19에 딱 맞는 조합으로 알려져 있습니다. 바이러스는 세포 내부에서 활동하고 끔찍한 염증을 유발합니다. 그래서 수십 년 전에 연구하여 개발한 것이지만 목록 1순위가 되는 것이 당연하였습니다. 실제로 미국에서는 병원에서 사용할 수 있도록 하이드록시클로로퀸의 긴급사용 승인이 있었습니다. 맥컬러 박사는 아주 잘된 일이라며 좋아하였습니다. 미국 밖에서 사용되는 전력 비축물자에 대해서도 알게 되었는데 3-4월에 걸쳐 듣게 된 소식은 하이드록시클로로퀸이 자유롭게 제대로 유통되지 못하고 있다는 것이었습니다. 사용에 제재가 가해지기 시작한 것입니다. 예를 들어 프랑스에서는 처방전 없이 누구나 구매할 수 있었던 것이 처방 약이 되었습니다. 호주에서는 의사가 하이드록시클로로퀸을 사용하면 벌금이나 감옥에 갈 수 있다는 규정이 4월에 나왔습니다. 미국에서는 하이드록시클로로퀸을 병원에서 응급환자에게만 사용할 수 있게 하였습니다. 그 약이 초기에 사용해야 효과가 있다는 것을 알면서도.

 "그들이 이같은 일을 행하는 자는 사형에 해당한다고 하나님께서 정하심을 알고도 자기들만 행할 뿐 아니라 또한 그런 일을 행하는 자들을 옳다 하느니라"(롬 1:32)

COVID19 치료제 개발에 대한 정치적 백태클 4

2020년 3월 29일 미국 식품의약국 (FDA)은 말라리아 치료제인 '클로로퀸(chloroquine)'과 '하이드록시클로로퀸 (hydroxychloroquine)'을 COVID19 치료제로 긴급사용 승인 (emergency use authorization, EUA)을 하였습니다. 이 두 치료제는 병원에 입원 한 10대와 성인 COVID19 환자의 치료뿐 아니라 임상실험용으로도 사용할 수 있게 하였습니다. 클로로퀸은 1934년 바이엘 (Bayer)이 개발한 말라리아 치료제로 류머티즘 관절염 치료제로도 사용되었습니다. 하이드록시클로로퀸은 클로로퀸을 변형한 약물로 말라리아, 루푸스, 류머티즘 관절염 치료에 사용 되고 있습니다. 이 두 치료제를 COVID19 환자에게 사용할 수 있도록 FDA가 긴급 승인을 한 것은 디디에 라울(Didier Raoult) 프랑스 마르세유 감염병 연구기관 교수의 연구 결과와 그 외 미국을 비롯한 세계 여러 의사의 긍정적인 임상시험 결과들이 보고되었기 때문이었습니다.

라울 교수팀은 36명의 COVID19 환자에게 하이드록시클로로퀸과 항생제 아지트로마이신(azithromycin) 투여 후 RT-PCR로 바이러스 양을 검사 했고 연구팀은 투여 5일째 환자 100%의 음성 결과를 확인했다고 밝혔습니다. 그런데 중국의 루 홍주(Lu Hongzhou) 푸단대 공중 보건 임상 센터(public health clinical center) 교수 연구팀은 하이드록시클로로퀸이 COVID19 환자에게 치료 효과가 없었다는 연구 결과를 내놓았습니다.

FDA 국장은 하이드록시클로로퀸에 대한 임상시험이 더 필요하다는 의견을 냈고 FDA의 과학자인 루치아나 보리오는 긴급 승인에 대해 부정적인 발언을 하였으며 이 두 약을 장기간 먹거나 고용량을 복용하면 시력 손상과 심장 박동 장애 같은 부작용이 발생할 수 있다는 주장들이 언론에 보도되었습니다.

당시 디트로이트에 있는 헨리 포드 병원에서는 수천 명을 대상으로 하이드록시클로로퀸에 관한 대규모 연구가 진행 중이었습니다. 참가자들의 동의도 얻었고 모든 변수는 자세히 모니터링 되었습니다. 연구 결과 초기에 사용하면 사망률을 극적으로 낮출 수 있다는 결과가 나왔습니다. 이 연구 결과는 아주 큰 영향을 끼치고 효과를 볼 수 있는 연구였습니다. 그때 맥컬러 박사는 백악관에 있는 피터 나바로 보좌관의 요청으로 미국에서 긴급사용 승인을 입원 환자뿐만 아니라 외래환자들에게까지 확대하는 것을 돕기 위해 일하게 되었습니다. 헨리 포드 병원의 데이터에 따르면 조기에 투여할 경우 나중에 산소호흡기 같은 것은 사용하지 않아도 될 정도로 효과가 확인된 것입니다. 조기에 투여하여 그것을 지렛대 삼아 입원과 사망 위험을 줄이자는 것이었습니다. 그렇게 일련의 사건들이 일어났고 이는 대통령이 '게임 체인저'라는 언급을 할 만큼 고무적이었습니다. 한 기자가 국립알르지면역연구소 소장에게 "당신은 의사로서 COVID19 환자 치료에 하이드록시클로로퀸을 사용하시겠습니까?"라고 묻자 그는 "예, 할 수 있으면 임상시험에서요"라고 대답하였습니다. 이것은 치료제를 기다리는 수많은 환자와 임상시험을 통해 긍정적인 효과를 확인하고 있는 많은 의사에게 희망을 주는 청신호였습니다.

바로 그때 매우 충격적인 일들이 일어났습니다. 그중 한 가지는 2020년 6월에 가장 권위 있는 의학 저널 중 하나인 "The Lancet"에 가짜 논문 하나가 게재된 것입니다. 그 가짜 논문은 수만 명의 COVID19 환자를 대상으로 임상실험을 했다고 주장하였습니다. 전 세계 여러 병원에 입원해 있는 40대 COVID19 환자들을 대상으로 했다는 것이었습니다. 그 임상 결과는 하이드록시클로로퀸이 부작용의 피해를 줄 가능성이 약간 크고 사망률도 낮추지 못하는 것으로 나왔다는 것입니다. 치명적인 피해도 아닌 약간의 피해를 준다는 것이었습니다. 그런 내용의 논문이 최고 권위의 저널에 실린 것입니다. The Lancet은 세계적으로 '뉴잉글랜드 의학저널' 수준의 권위 있는 저널입니다. 그 논문이 거의 2주 동안 The Lancet에 올려져 있었습니다. 맥컬러 박사는 그 논문을 보면서 "COVID19으로 입원하는 환자는 80대 노인이지 40대가 아니다'라고 말했습니다. 그는 이어 "세상에 어떻게 이런 데이터를 한데 모을 수 있을까?"라고 하였습니다. 데이터 사용 계약 합의에도 몇 달이 걸리고, 협업을 하는데도 몇 달이 걸리는데 그 논문은 도무지 앞뒤가 안 맞는 내용으로 되어있다고 하였습니다. 맥컬러 박사는, 의학계에서 데이터는 하늘에서 떨어지는 것이 아니라며 여러 의문을 제기하였습니다. 그들은 어떻게 동의를 얻었을까요? 어떻게 감사위원회(IRB)의 승인을 얻었을까요?

그 논문의 저자들은 하버드대 출신이고 'Surgisphere' 라는 기업이 그 뒤에 있다고 하였습니다. 그와 같은 뉴스가 미디어를 통해 2주 동안 보도되자 의사들은 하이드록시클로로퀸에 대해 불신하기 시작하였습니다. 그러다가 The Lancet은 어느 순간 갑자기 그 논문을 내려버렸습니다. 아무런 설명도 없었고 사과도 없었습니다. 그 이후에는 NIH에서 하이드록시클로로퀸과 아지트로마이신을 이용해 2천 명의 환자들을 대상으로 무작위 임상시험을 실시할 예정이었습니다. 거기에 여러 병원이 참여했고 노트북도 지급했고 약품도 배분했으며 모든 준비를 마쳤습니다. 하지만 그 논문의 영향으로 실제로 2천 명의 환자 가운데 지원한 환자는 20명에 불과하였습니다. 아무런 제대로 된 설명 없이 그들은 프로그램을 중단한다고 발표하였습니다. NIH는 COVID19이 최초로 유행한 가운데서 모든 자금이 집행된 프로그램을 중단한 것입니다. 그리고 얼마 후에는 FDA가

하이드록시클로로퀸의 사용을 전면 금지한다는 성명을 발표하였습니다. 이것이 2020년 여름에 일어난 일입니다. 추가적인 검토나 어떤 논의나 언급조차도 없었습니다. 그날 이후로 "하이드록시클로로퀸을 사용하지 마라"는 메시지가 모든 보건 시스템에 전달되었습니다. COVID19 발발 첫 해 여름에 그렇게 충격적인 일이 일어났습니다.

이어 팬데믹 두 번째 해인 2021년에는 이버멕틴(Ivermectin) 사용을 막았습니다. 당시 이버맥틴은 NIH의 관심에서 벗어나 있었습니다. 정부와 관련 산하 기관들은 어떤 형태의 양질의 경구용 약물 무작위 임상 연구도 중단하였습니다. 이버맥틴에 대해서는 미국 밖의 연구에 의존할 수밖에 없었습니다. 동물 구충제인 이버맥틴은 하이드록시클로로퀸과 마찬가지로 적어도 세 가지 작용 기전을 가지고 있다고 합니다. 여러 데이터는 그 사실을 뒷받침했습니다. 물론 완벽하지는 않았지만 하이드록시클로로퀸의 효능을 뒷받침하는 논문은 300건 이상이었습니다. 60건이 넘는 연구가 이버맥틴을 뒷받침했지만 이버맥틴에 대해서는 긴급사용 승인이 없었습니다. 이어 공식적으로 2021년 9월에 미국 의학협회는 나무나 충격적이게도 이버맥틴 사용을 폐지하는 계획을 발표하였습니다. 미국의사협회는 마치 정치 집단처럼 행동하였습니다. 다른 약물에 대해서는 의견을 내지도 않고 치료 가이드라인도 내지 않았습니다. 이를테면 전문가 집단을 모아서 의논하여 결정을 내린 것이 아니라는 뜻입니다.

왜 그 단체는 이버맥틴 사용을 폐지하기로 했을까요? FDA는 트위터와 다른 소셜 미디어어와 중요 언론을 통해 그 결정을 받아들인다는 입장을 내놓았습니다. 그들의 입장은 "이버맥틴은 말용 구충제에 불과하다"라는 것이었습니다. 그리고 "COVID19에 동물용 약을 사용하지 마라"는 것이었습니다. 모든 주류 언론이 그 내용을 앞 다투어 보도하였습니다. 심지어 패러디되기도 하였습니다. 그들은 CNN 의학 전문기자에게 물었고 그 기자는 단정적으로 "이버맥틴이 COVID19에 효과가 있음을 뒷받침하는 어떤 증거도 없다"라고 하였습니다. NIAID 국장도 같은 말을 했습니다. 많은 미국인이 그 효과를 뒷받침하는 60건이 넘는 연구와 무작위 실험 관찰 결과가 있다는 것을 알고 있는데도 그들은 아랑곳하지 않고 그렇게 말했습니다. 그 연구에 따르면 입원이나 사망률의 약 70% 감소 효과가 있는 것으로 나타나 있습니다. 국민이 알고 있는 것을 미국 정치인들과 의학협회와 언론들은 정반대로 말하였습니다. 맥컬러 박사는 이것이야말로 광란에 가까운 모습이라고 할 수밖에 없다고 하였습니다. 심지어 오클라호마의 한 병원에는 이버맥틴 중독자들로 넘쳐나고 있다는 루머가 돌기도 하였습니다. 이버맥틴 중독 환자가 너무 많아 총상 환자가 병원 복도에서 죽어가고 있다는 루머도 돌았습니다. 참다못해 병원 관계자가 나와서 그런 일은 없다고 해명을 하였습니다. 뿐만 아니라 독극물 통제 센터가 이버맥틴 중독 환자로 마비상태라는 루머가 돌기도 하였습니다. 그들은 TrialSiteNews에서 정보를 입수하였다고 하였는데 그것도 거짓말이었습니다.

그 사건은 하이드록시클로로퀸의 속편이었습니다. 하이드록시클로로퀸의 부작용에 대한 루머도 많았는데 그것은 대부분 복용법에 관한 문제였습니다. 이를테면 식전 복용이나 식후 복용이냐와 같은 문제였습니다. 맥컬러 박사는 여기에 하이드록시클로로퀸과 이버맥틴을 규제하고 탄압해야 한다는 음모가 작용한 것이 확실하다고 볼 수밖에 없다고 하였습니다. 국민은 죽든 말든 누구를 위해서인지 효과 좋은 치료제 사용과 개발을 못 하게 큰 힘이 백태클을 걸었다고 밖에 다른 생각을 할 수 없다는 것입니다.

이러한 COVID19 치료제 사용과 개발은 여러 나라에서 철저히 차단되었습니다. 심지어 호주에서는 하이드록시클로로퀸을 사용하면 징역형에 처하도록 하였습니다. 남아프리카에서는 이버맥틴으로 환자를 치료한 의사가 실제로 처벌을 받기도 하였습니다. 캐나다, 영국, 유럽 연합, 호주, 남아프리카에서 이 약들은 엄격히 금지되고 있습니다. 의사들이 처방을 해도 약사들이 약을 지어주지 않았습니다. 그들은 그 약들이 금지되었기 때문에 효과에 대해서도 알 수 없었을 것입니다. 보험회사도 한 몫 했습니다. 의사들이 이버맥틴이나 하이드록시클로로퀸을 사용하면 보험 계약을 해지하였습니다. 의료위원회에도 자신들의 행동에 책임을 져야 할 것입니다. 그들은 그런 약물의 사용을 감시하고 위협하고 징계를 내리기도 하였습니다.

이런 와중에 흥미로운 일이 남아메리카와 남아프리카에서 일어났습니다. 남아메리카의 브랜티오스 박사와 남아프리카의 체티 박사는 새로운 프로토콜을 발명했습니다. 이버맥틴이나 하이드록시클로로퀸을 사용하지 않고 항히스타민제, 항응혈제, 소염제 같은 다른 약물을 사용해 같은 용도로 사용하여 효과를 보고 있습니다. 이버맥틴이나 하이드록시클로로퀸 사용을 막으려는 이들에게는 약 오르는 일이지만 … 너무 기가 차서 말이 나오지 않는 일입니다. 대명천지에 이런 일이 국가와 정부 차원에서 소위 지도자들에 의해 저질러지고 있으니 이러한 사실을 뭐라고 이야기해야 할지 모르겠습니다.

그러다가 2020년 11월이 되어서 COVID19 외래환자를 위한 최초의 승인을 받은 제품이 등장하였습니다. 그것은 단일클론 항체요법이라는 블록버스터급 약물입니다. 최초로 사용 가능해진 약물은 릴리 제약사에서 나온 밤라니비맙(bamlanivimab)입니다. 이 약을 에테세비맙(etesevimab)과 병용요법으로 치료하여 입원과 사망 발생률을 4.8% 낮춘다는 연구가 나왔습니다. 이 연구는 하버드 의과대학 매사추세츠병원 마이클 더건(Michael Dougan, MD) 박사 연구팀이 이루어냈고 2020년 7월 14일 뉴잉글랜드 저널 오브 메디슨(NEJM)을 통해 발표되었습니다.

이 연구 임상시험 규모는 크지 않았지만, 부작용은 거의 없었고 효과 또한 확인되어 정부가 1억 도주를 구매하였고 향후 수억 도주를 더 구매할 것이라고 Medical Economics가 보도하였습니다. 이 보도는 거의 아무런 치료를 받지 못한 채 절망하고 있던 환자들에게 희소식이 아닐 수 없었습니다. 이미 발생한 손상은 막을 수 없고 염증을 멈추게 할 수는 없지만, 복합 약물치료가 될 수 있는 약이었습니다. 맥켈러는 이 요법을 2020년 12월에 프로토콜에 포함시켰습니다. 그런데 그런 발명에도 언론은 일체의 찬사가 없었습니다. 그래서 그 약의 80% 이상이 진열대 신세가 되고 말았다는 것입니다. 환자들이 많은 요양원은 그 약에 대해 들은 바가 없다고 하였고, 병원 응급실에도 공급이 안 되었습니다. 그리고 결정적이게도 바로 그해 12월에 백신이 나왔습니다. 그 당시 백신은 CVS나 Walgreen 같은 데서 이미 광고가 나가고 있었습니다. 2020년 10월에 문의하는 전화를 하면 '1차 유행 기간에 백신을 여러분에게 공급하게 되어 기쁘게 생각합니다.'라는 처방 안내가 녹음되어 나왔습니다. 2020년 겨울 미국에 COVID19 대유행이 시작할 때 사람들은 생명을 구할 치료제를 찾고 있는데 미래에 나올 백신 홍보 메시지를 들어야만 했습니다. 백신은 긴급사용 승인을 받았습니다. 백신 긴급사용 승인은 생물학전에 대비한 군인들에게 탄저균 같은 백신에 해당하는 것이라고 합니다.

COVID19 이전까지 긴급사용 승인을 받은 제품이 대량으로 시장에 유통 된 적은 단 한 차례도 없었다고 합니다. 또한, 긴급 승인된 백신이 상업화된 적도 없었습니다. 긴급하게 생명을 구하기 위한 긴급사용 승인에서 상업이 큰 이익을 취하는 것은 국민의 생명을 담보로 이익을 취하려는 자들의 음모라는 생각이 드는 것은 결코 무리한 상상이 아니라 합리적 의심입니다. COVID19 규제 또한 상식을 벗어난 것이 한둘이 아닙니다. 2021년 8월 9일 바이든 대통령은 연방정부 공무원과 계약직 근로자, 군인 등 수백만 명에게 반드시 COVID19 백신을 맞으라는 행정명령에 서명하였습니다. 하지만 바이든 대통령의 행정명령에는 연방

의회 의원들과 직원들, 연방법원 판사와 법원 직원들, 사법부 직원은 포함되지 않았습니다.

이 형평성에 어긋나는 문제에 대해 언론이 아무런 문제를 제기하지 않고 있습니다. COVID19 바이러스가 입법부와 사법부 사람들에게는 해당 사항이 없다면 국민이 이해할 수 있도록 설명을 해야 할 것입니다. 국경을 철폐하여 아무나 들어오게 하고, 남녀 성에 대한 구별도 철폐하여 성의 구별을 나타내는 호칭을 사용하지 말라고 하며, 실패도 성공이라 하고, 잘못하고도 잘했다고 하는 이 막무가내의 정부와 언론에 대해 국민은 어떻게 해야 할지를 진지하고 정직하게 생각해야 하고 민주 시민으로 책임 있는 대응을 해야 할 것입니다.

 "외식하는 자여 너희가 천지의 기상은 분간할 줄 알면서 어찌 이 시대는 분간하지 못하느냐 또 어찌하여 옳은 것을 스스로 판단하지 아니하느냐" (눅 12:56-57)

마녀사냥 패러디하는 미 CDC의
COVID19 Report

　중국 우한발 COVID19 역병이 전 세계를 쓰나미처럼 덮쳤습니다. 세계의 수많은 국가의 정부나 의료진들이나 국민들은 COVID19의 정체를 확실히 알지 못한 가운데 올바른 정보도 얻지 못하고 막연한 추측과 짐작과 떠도는 온갖 미확인 소문에 의해 패닉 상태에 빠졌습니다. 처음부터 COVID19의 정확한 정보를 숨기고 왜곡한 중국 공산당 정부에 의해서 온 세계는 말로 다 할 수 없는 고통과 피해를 당하였습니다. 수많은 사람이 죽었고 두려움에 떨고 있으며 많은 나라가 천문학적 경제적 손실을 보고 있습니다. 그런데 중국 우한발 COVID19이 인간 생명을 유린하고 공포와 두려움을 확산시키며 치명적 경제손실을 초래하고 있지만, 인간 생명과 안정과 국가 경제를 우선하여 보호해야 할 몇몇 나라들에서는 정부와 공공기관들과 언론들과 전문가들까지 COVID19를 마녀사냥으로 패러디하는 정황이 드러나고 있습니다.

　미국은 대통령과 행정부가 발 빠르게 중국인 입국을 통제하는 대응을 하였지만 야당과 언론과 질병예방센터는 중국을 두둔하고 행정부의 대응이 미흡했다고 비판하면서 COVID19가 상상을 초월하는 엄청난 사상자를 낼 것이라고 줄기차게 주장합니다. 주류 언론들은 대통령과 행정부가 효과적으로 대응하지 못했다고 비난하면서 공포스러운 COVID19 피해 사례들을 모아 강조하여 보도하였습니다. 그 결과 온 사회는 COVID19

　　　　　　　　　　　　　　무신론이 지배하는 사회

공포에 얼어붙었고 모든 공공기관이 정상업무를 중단하였고 비즈니스와 학교와 교회까지 문을 닫아야 했습니다. 사상 유례없는 경제 성장을 지속하던 미국 경제는 하루아침에 곤두박질을 쳤고 모든 사람은 전에 경험해보지 못한 너무나 당황스럽고 어처구니없는 사태에 한없이 무기력해졌습니다. COVID19의 정체를 전문가들의 연구를 통해 신속하게 파악하고 침착하고 단호하게 대처해야 할 질병예방센터는 "큰일 났다! 미국 망하게 생겼다! 트럼프 행정부 꼴좋다."라는 투로 공포심을 자극하는 발언과 태도로 일관하였습니다. 지난 6월 25일 미 질병통제예방센터(CDC) 레드필드 국장은 확진자가 250만 명에 달하지만 10배가 넘는 2,400만 명에 이를 수도 있다고 하였습니다. 또한, 제2차 코로나 유행에 대한 우려가 커지고 있다고 공포심을 자극하는 발언을 하였습니다. 과학자가 예언자처럼 말하면 안 됩니다. 미 CDC 국장이라면 COVID19이 팬데믹 상황임을 누구보다 잘 알 테고, 온 국민이 얼마나 불안해하고 예민해 있는지를 고려하여 정확한 과학적 정보라도 혼란과 공포를 부추기지 않도록 배려하여 조심스럽게 알려야 할 책임이 있는데 마치 점쟁이나 사이비 교주처럼 불길한 예언 같은 말을 쏟아내는 것은 도무지 이해할 수 없습니다. CDC의 보고를 접할 때마다 저렇게 말하면 안 되는데... 라고 의아하게 생각하면서도 그래도 믿어야지 했었는데, 기우가 아니었음을 확인하게 되어 또 한번 충격을 받았습니다.

지난 8월 30일 미 질병예방센터 CDC의 데이터에 의하면 우한폐렴인 COVID19으로 인한 사망자는 9,210명으로 나타났습니다. 이 사망자 수는 CDC가 그동안 발표한 사망자 수를 슬그머니 수정한 데이터입니다. CDC가 8월 22일 자로 밝힌 COVID19로 인한 사망자는 161,392명입니다. CDC가 공표했던 161,392명의 사망자는 대체로 두세 가지 질병을 앓고 있던 사람들입니다. 이를테면 우한폐렴이 직접 사망원인이 아니라는 뜻입니다. 우한폐렴에 감염되었더라도 심장병이나 암을 앓고 있던 이들이 부지기수였습니다. 161,392명의 사망자 가운데 6%만 우한폐렴으로 사망한 것입니다. 나머지 94%는 평균적으로 2.6개의 다른 질병을 앓고 있었습니다. CDC의 이 보고에 대해 대통령도 트윗을 통해 CDC가 통계를 몰래 조작한 것이 드러났다고 지적하였습니다. 16만 명 가운데 94%가 다른 기저질환이 있었고 압도적 다수가 고령이라고 보고되었습니다. 온갖 기저질환으로 사망한 경우까지 모두 COVID19로 인한 사망자로 통계를 작성한 것입니다. 그러다가 무슨 이유에서인지 슬그머니 그 수를 수정하여 161,392명을 9,210명으로 고쳐서 보고하였습니다. 6%의 착오가 있었다면 그럴 수 있다고 하겠지만 94%의 착오는 실수라고 보기 어렵습니다.

온 나라가 재난을 당할 때 그 관리를 책임지고 있는 기관이라면 단호하고 정확하게 대처해야 하지만 국민이 불필요한 공포심을 갖지 않고 신중하게 대응하도록 해야 할 책임이 있습니다. 재난의 상황에서는 재난 자체도 중요하지만, 국민이 잘못된 정보에 의해 과잉 반응하여 재난을 증폭시키지 않도록 해야 합니다. 이에 대한 책임은 행정부나 의회나 언론이나 공공기관이나 전문가나 나아가서는 국민 모두에게 있습니다. 만약에 재난 상황에서 어느 개인이 잘못된 정보를 퍼뜨려 혼란과 손실이 더욱 늘어나게 하였다면 그 책임을 엄중히 묻게 될 것입니다. 하지만 정부나 의회나 언론이나 공공기관이 그런 짓을 하면 쉽게 책임을 물을 수 없습니다. 무엇보다 정부나 공공기관이나 언론이 재난에 대한 책임을 미운 놈에게 뒤집어씌우는 기회로 이용하여 수많은 사람을 죽게 하고 고통과 두려움에 떨게 하고 엄청난 경제적 손실을 초래하였다면 그 책임을 묻기가 사실상 불가능합니다. 하지만 재난을 그렇게 이용하는 것은 생명과 질서와 국가와 보편 가치에 대한 용서할 수 없는 패악질이라는 사실을 온 국민이 직시해야 합니다.

이 공포의 재난을 다스리는 기관이나 책임자는 한 치의 오차도 일어나

무신론이 지배하는 사회

지 않도록 최선을 다해야 합니다. 그런데 국가적 재난의 상황에 대한 보고가 실수라고 볼 수 없는 수준에서 자행되었습니다. 그렇다면 누가 무슨 의도와 목적으로 이 엄청난 일을 저지르게 되었을까요? 정확하게는 모르지만 여러 집단의 사람들이 비슷한 이해관계로 공동전선을 형성하게 된 것이 아닌가 하는 합리적 의심을 하게 됩니다. 뿐만 아니라 다수의 사람은 잘못된 정보에 의해 악의 없이 그 공동전선에 참여하게 되기도 하였을 것입니다.

지난 미 대선에서 모든 언론은 98% 이상이 힐러리가 당선될 것이라고 기대하고 예측하고 보도하였습니다. 하지만 그 예측을 뒤집는 결과가 나왔습니다. 그 결과에 대해 두 가지를 생각할 수 있습니다. 온갖 과학적 통계와 지식을 갖춘 전문적인 언론의 예측이 그 정도로 빗나갔다면 언론 기관과 언론인들은 자격 미달이거나 무책임이거나 둘 중의 하나입니다. 그도 아닌 제3의 이유라면 더 용서받을 수 없는 일입니다. 즉 의도적으로 여론을 그렇게 조성하고 거짓 예측을 했다면 그것은 범죄입니다. 그럴 수도 있습니다. 한 개인이 아니라 집단이 실수할 수도 있습니다. 하지만 그랬다면 사과를 해야 합니다. 하지만 그 누구도 사과하지 않았습니다. 바라고 기대한 일이 빗나가자 당선된 대통령을 탄핵하기 위해 러시아 스캔들을 만들어 의회와 언론과 몇몇 고위 정보기관장들까지 동원되어 집요하게 흔들어대다가 거짓으로 드러나게 되자 그 또한 아무런 사과 한마디 없이 아니면 말고 식으로 꼬리를 내리고 말았습니다. 그런 일이 한둘이 아닙니다. 그 연장선상에 마녀사냥을 패러디하는 CDC의 COVID19 Report가 있습니다. CDC는 이 사실에 대해 해명하고 사과를 하고, 책임을 져야 합니다. 이 엄청난 사건을 거의 모든 주류 언론들은 제대로 보도를 하지 않고 있습니다.

"말레우스 말레피카룸"(마녀 잡는 망치)이라는 책이 있습니다. 이 책은 오랫동안 작자 미상으로 알려졌으나 최근에 도미니코회의 두 수도자인 독일

퀼른 대학교 학장 야콥 슈프렝거와, 오스트리아 잘츠부르크 대학교 신학교수이자 오스트리아 티롤 지역 종교재판관인 하인리히 크레머가 쓴 것으로 확인되었습니다. 중요한 사실은 이 책은 교황 인노쎈트 8세가 서명하고 인증해 준 마녀사냥 교본이라는 점입니다. 독자들의 신뢰를 얻기 위해 교수들의 추천과 교황의 칙서까지 이용한 이 책의 출판으로 유럽 전역에서 200여 년간 마녀사냥의 분위기가 고조되었으며 17세기까지 대략 20만~50만 명의 무고한 사람들이 온갖 악랄한 방법으로 고문을 당하고 처형되었습니다.

어느 시대에나 소위 마녀(?)는 있었습니다. 성경은 "진언자나 신접자나 박수나 초혼자를 너희 가운데에 용납하지 말라"(신 18:11)고 하였습니다. 하나님께서는 인신 제사를 지내는 자, 점술자, 복술가, 술객, 마술사, 주문을 외는 자, 도깨비 또는 귀신을 불러 물어보는 자, 혼백에게 물어보는 자를 진멸하라고 하셨습니다. 그런데 중세에는 "말레우스 말레피카룸"이라는 마녀사냥 교본에 의해 심지어 약초를 캐는 여자도 마녀로 지목되어 고문을 당하고 처형되었습니다. 한 번 마녀로 지목되거나 고발되면 살아나기가 불가능하였습니다. 고문을 하여 마녀라고 자백을 하면 마녀이기 때문에 처형하고, 마녀가 아니라고 하면 더 심한 고문을 당하게 되고 그래도 자백을 하지 않으면 지독한 마녀라고 하여 악랄한 방법으로 처형하였습니다. "마녀"를 자의적으로 정의하고 적용하여 미운 자는 누구라도 처형할 수 있었습니다. 교황이 서명하고 교수들이 추천한 책이 마녀라고 하면 거의 모든 사람은 그대로 믿었습니다.

그 시대에도 마녀사냥을 반대하는 이들이 없지는 않았으나 대세를 거스르기는 역부족이었습니다. 무고한 이들이 마녀로 지목되어 고문을 당하고 처형될 때 사람들은 마녀에 대해 새로운 확신을 하게 되었습니다. 한없이 착하고 친절한 여자도 마녀 재판관에게 밉게 보이면 마녀가 되고, 사람들은 "그녀가 마녀일 줄이야!"라고 놀라워하며 "마녀라면 당연히 처형해

무신론이 지배하는 사회

야지"라고 하였습니다.

　요즘도 마녀 사냥꾼들이 있습니다. 신실한 사람을 파렴치범으로 만들기도 하고, 애국자를 매국노로 만들기도 하고, 정직한 사람을 거짓말쟁이로 만들기도 하고, 성실한 기업인을 이기적인 범죄자로 만들기도 하고, 보편 가치를 존중하는 사람을 소수자를 차별하는 사람으로 만들기도 합니다. 이 시대의 마녀 사냥꾼은 언론과 사익을 좇는 정치인들과 정치 지향적인 지식인들과 무지하여 그릇된 정보를 믿고 마녀 사냥꾼들에게 갈채를 보내는 국민입니다. 형식과 방법만 조금 변형되었을 뿐 지금, 이 순간에도 마녀 사냥은 계속되고 있고 무지한 국민은 마녀사냥이 정당하다며 지지를 보내고 있습니다. COVID19 때문에 죽은 사람이 9,210명인데 161,392명이라고 거짓 통계를 보고하여 온 나라가 공황에 빠졌고 회복하기 쉽지 않은 경제적 불황과 절망에 빠져있습니다. COVID19의 거짓 통계와 정보와 공포감 조성으로 피해를 본 자들은 모두 마녀사냥의 피해자들인 셈입니다. 그리스도인들은 거짓말을 하지도 말아야 하지만 거짓말에 속지도 말아야 합니다.

 "오직 위로부터 난 지혜는 첫째 성결하고 다음에 화평하고 관용하고 양순하며 긍휼과 선한 열매가 가득하고 편견과 거짓이 없나니"(약 3:17).

제3의 물결,
학교가 위험하다

　제3의 물결(The Third Wave)은 미국의 미래학자인 앨빈 토플러가 1980년에 쓴 책의 제목이며 그가 제안한 물결 이론으로 현대 정보사회를 설명하고자 하는 이론의 이름입니다. 이 책은 20세기 후반과 21세기의 다가오는 정보혁명과 정보사회를 예견하는 것으로 유명합니다. 첫 번째 물결은 농업혁명인데, 수렵 채집사회에서 본격적 문명의 시대로 접어들게 되는 농경사회로의 혁명적 사회 변화이고, 두 번째 물결은 산업혁명으로, 농경사회에서 산업사회로의 사회 변화로서 핵가족과 더불어 고도의 산업화로 대량생산, 대량분배, 대량소비, 대량교육, 대량휴양, 대중문화, 대량파괴 무기들에 기반하고 있는데, 이러한 것들은 표준화, 중앙화, 집중화 그리고 동기화를 통해 엮어지게 되며 관료주의라 부르는 조직에 의해 운영된다고 하였고, 세 번째 물결 즉 제3의 물결은 후기 산업화 사회이며 정보화 사회를 말하는데, 1950년대 후반부터 산업사회에서 정보사회로의 변혁이 일어나기 시작했다고 주장하는 이론입니다. 이 사회에서는 탈대량화, 다양화, 지식기반 생산과 변화의 가속이 있으리라 예측하여, 변화가 앞으로, 역으로, 그리고 옆으로도 가능하다고 주장합니다.

　그는 현대의 갖가지 사회 현상들을 제2의 물결에서 제3의 물결로 넘어가는 과도기적 현상으로 해석합니다. 그는 지구의 종말이나 인류 멸망을

　무신론이 지배하는 사회

말하는 비관적인 견해를 거부하고, 제3의 물결이 인류에게 가져다 줄 새로운 가능성과 비전을 제시합니다. 인류 문명의 변화와 발전의 역사를 물결이라는 상징 언어로 해석하여 소개함으로 신선한 도전과 충격을 안겨주었습니다. 그는 "부의 미래"라는 책을 통해 제4의 물결을 예견하여 생명공학과 우주공학의 발전으로 인류 문명의 혁명적 변화를 내다보았습니다. 대부분의 미래에 대한 예측 이론은 비관적이지만 앨빈 토플러의 물결이론은 문명 낙관론입니다. 부의 혁명이 오히려 세계적 빈곤을 해결해 나갈 것이라고 낙관하고 있습니다. 그러나 성경은 인류 문명에 대해 종말론적 낙관론을 지지하지 않습니다. 예수님의 종말에 대한 경고(마24장)나, 사도 바울의 종말의 특징들(딤후3:1-5)이나, 요한계시록에 나타나는 인류 문명의 종말은 바벨론 심판으로 대변되며(계18장), 새 하늘과 새 땅의 징조의 특징을 설명하고 있어서 그의 물결 이론은 기독교 개혁주의 종말론과 아주 달라서 사려 깊은 분별이 필요합니다.

또 다른 하나의 제3의 물결은 피터 와그너(Peter WAgner) 박사와 존 윔버(John Wimber) 목사의 성령과 은사주의 운동입니다. 피터 와그너 박사는 20세기 성령 운동을 3기로 나누어 제1, 제2, 제3 성령의 물결로 표현했습니다. 제1 물결은 오순절 운동, 제2 물결은 카리스마적 운동, 제3 물결은 오순절 운동과 카리스마적 운동을 합친 것을 말합니다. 제3의 물결 특징은 병자가 치유 받으며, 절름발이가 걸으며, 귀신이 쫓겨나며, 신약시대에 나타난 초자연적인 능력의 현상이 나타납니다. 성령의 임재와 기름부으심을 강조하고 귀신을 쫓고 병자를 고치며 방언과 각종 은사를 강조합니다. 제3의 물결이 일어난 것은 존 윔버(John wimber)목사의 빈야드(Vineyard)교회였으며, 빈야드 교회에서 일어난 성령의 물결은 '토론토 블레싱(Tornoto Blessing)'으로 알려진 존 아놋(John Arnot) 목사의 토론토 에어포트교회로 이어졌으며, 이 물결은 플로리다주 펜사콜라의 브라운스빌교회로 연결됩니다. 제3의 물결에서 나타나는 외적인 현상은 성령의 권능으로 넘어짐, 환상을 보는 것, 진동, 치유, 거룩한 웃음, 방언, 축귀 등의 현상입니다. 피터 와그너와 존 윔버는 제3의 물결 운동이 현재와 미래 교회의 대안이라고 생각하였지만, 지금 그렇게 생각하는 이들은 많지 않습니다.

사실 오늘 이야기의 중심 주제는 앨빈 토플러의 제3의 물결이나 피터 와그너의 제3의 물결이 아니라 미국 캘리포니아 쿠벌리 고등학교 역사 교사인 론 존스의 제3의 물결입니다. 1967년 어느 날 론 존스는 "독재정치"라는 주제로 히틀러와 나치의 홀로코스트(유대인 대학살) 영상 시청 수업을 하고 있었습니다. 그 시간에 한 학생이 "선생님, 나치는 10퍼센트에 불과했는데 왜 90퍼센트의 독일 시민들은 홀로코스트를 막지 않았나요?"라고 질문하였습니다. 존스는 학생의 질문에 말로서 설명하는 것의 어려움을 느끼고, 학생 스스로 체험을 통해 그 원인과 이유를 발견하도록 해야겠다고 생각하고 사회 심리학적 실험을 하기로 하였습니다. 아직 학기가 마치려면 몇 달이 남았고, 수업 진도는 이미 2차 세계대전까지 나간 상태였기에 1주일을 할애해서 그 실험을 하기로 하였습니다. 그는 학생들에게 다음 주부터 당시 독일인이 겪은 경험의 일부를 모의 실험할 것이라고 예고하였습니다.

존스는 수업 시작 당일 훈련의 미덕에 대해 강의하였습니다. 운동선수나 발레 댄서나 화가는 성공을 위한 하나의 동작을 완성하기 위해 얼마나 열심히 그리고 규칙적으로 노력하는가를 이야기하였습니다. 그리고 과학자는 새로운 아이디어에 대해 헌신적인 노력을 하며 자기 제어를 통해 의지를 강하게 하고 정신과 육체의 고통을 감수하는 것에 관하여 이야기하였습니다. 그리고 훈련의 능력을 경험하게 하는 하나의 방법으로 새로운 앉는 자세를 연습할 것을 명령하였습니다. 어떤 자세가 집중력을 높이고 의지를 강하게 하는지 설명하였습니다. 그 자세는 발을 바닥에 딱 붙이고 등이 곧게 펴지도록 앉는 것으로 시작했습니다. 그와 같은 자세가 자신

무신론이 지배하는 사회

에게 어떤 느낌을 주는지 질문도 하였습니다. 자유롭게 놀다가 신호를 보내면 그 자세로 신속하게 앉는 것을 반복시켰습니다. 일체 잡담은 허용하지 않았고 그 같은 행동을 반복한 결과 15초가 소요되던 행동이 5초로 단축되었습니다. 학생들을 수업의 종료를 알리는 벨 소리가 끝날 때까지 차렷 자세로 앉아 있게 하였습니다. 모든 학생은 연필과 메모할 종이를 가지고 다녀야 하고, 질문하고 대답할 때에는 항상 책상 옆으로 나와 일어서야 하며, 대답하거나 질문할 때 항상 "미스터 존스"라는 말로 시작하도록 하였습니다. 잠깐 소리 내지 않고 책을 읽는 연습을 시켰습니다. 행동과 반응이 느린 학생들을 꾸짖었고 제대로 잘할 때까지 행동을 반복시켰습니다. 모든 질문과 대답은 세 단어 이하로 하도록 하였습니다. 존스는 학생들이 권위적인 규율과 명령에 그렇게 적극적으로 반응할지 몰랐습니다. 학생들은 사관생도처럼 권위와 규율에 따라 일사불란하게 움직였으며, 전에는 몇몇 똑똑한 학생들에 의해 주도 되던 수업 분위기가 반 전체 학생들이 골고루 참여하는 분위기가 되었고 대답의 수준도 향상되었습니다. 학생들의 질문과 대답이 향상되자 교사의 역할도 줄어들었습니다. 그 특수한 수업 활동을 "제3의 물결"이라고 이름 지었고 그 수업 공동체를 상징하는 인사법, 표어, 포스터, 깃발이 만들어졌고 학생들은 수업 시간 이후에도 그 규율에 따라 행동하였습니다. 회원증을 만들어 공동체 의식을 강화했고 회원증 뒷면에 빨간 십자가 표시 회원증을 받은 몇몇 학생에게는 "갈매기 군단"이라는 이름과 함께 공동체의 질서를 유지시키라는 특명을 주어 공동체의 목적과 규율을 따르지 않거나 소홀히 하는 학생을 찾아서 보고하도록 하였습니다. 학습의 효과에 학생 스스로도 감동하였고 다른 교사들과 학생들에게까지 알려지게 되어 수업에 참여하는 숫자가 20명에서 200명으로 늘었습니다. 비판자들은 반역자로 고발되었고 이 운동은 급기야 학교 밖에서 이를테면 제자 삼는 데까지 확대되었습니다. 학교 전체가 하나의 파도가 되어 새로운 운동을 일으킨다는 목적으로 확대된 제3의 물결은 훈련의 능력, 규율을 통한 능력, 공동체를 통한 능력, 실천을 통한 능력, 긍지를 통한 능력으로 마침내 전국적으로 확대될 것이라고 존스는 학생들에게 말했습니다. 실험 수업 5일째 존스는 회원들에게 그들은 정치적 변화를 위해 기꺼이 투쟁할 용의가 있는 학생들을 찾아내기 위한 전국적인 운동의 일부라는 '비밀'을 고지했습니다. 존스는 그 수업에 참여한 학생들을 "이 운동을 돕고자 선발된 정예 집단의 청년들"이라고 치켜세웠습니다. 그리고 그 다음 날 대통령 후보인 제3의 물결 지도자가 텔레비전에 나와 '제3의 물결 청년단' 결성을 발표할 예정이라고 알렸습니다. 다음 날 200명이 넘는 학생들이 쿠벌리 고등학교 강당에 모였습니다. 제3의 물결 회원들은 하얀 셔츠를 유니폼처럼 입고 손수 만든 완장을 찼습니다. 강당 주변에 깃발을 걸었고, 덩치 큰 근육질 학생들이 문 앞에서 보초를 서 있고, 존스의 친구들은 기자를 가장해 강당 이곳저곳의 사진을 찍고 취재하며 돌아다녔습니다. 마침내 강당에 마련된 텔레비전이 켜지자 제3의 물결 회원들은 "규율을 통한 힘"이라는 구호를 크게 외쳤습니다. 이제 거기에 모인 200명의 학생은 숨을 죽이고 오랫동안 TV 화면을 응시하고 있었지만 끝내 지도자는 나타나지 않았습니다.

존스가 앞으로 나서서 말하기 시작하였습니다. "잘 들어. 얘들아, 중요한 이야기를 할 거야. 앉아라. 지도자는 없어. 제3의 물결이라는 젊은이들의 국가적 차원의 운동? 그런 거 없어. 너희는 이용당한 거야. 조종당한 거야. 너희 자신의 욕망으로 밀려난 채 지금 너희는 여기 있는 너희 자신을 발견한 거야. 너희는 우리가 공부하던 독일 나치보다 더하거나 덜하지도 않아."

TV 화면에는 뉘른베르크 집회의 포효하는 영상에 유령 같은 이미지에 나치시대 독일 역사가 줄줄이 나타나고 있었습니다. 훈련, 수퍼 인종의 행진, 선동하는 새빨간 거짓말, 오만, 폭력, 테러, 강제 승차로 밀리는 사람들, 죽음의 수용소 악취의 비쥬얼, 눈 없는 얼굴들, 재판, 무지의 변명 "나는 내

　　　　　　　　　　　무신론이 지배하는 사회

일을 했을 뿐이야! 내 일을 했을 뿐이라고..." 갑자기 필름은 뭐라고 쓰여 있는 프레임에서 얼어붙은 듯이 멈추었습니다. "모든 사람은 비난을 받아야한다. 아무도 그들이 어떤 식으로든 참여하지 않았다고 주장할 수 없다."

하지만 그 수업에 참여하여 열심히 그리고 열정적으로 참여했던 학생들은 자신들이 체험했던 사실을 평생 비밀로 간직하게 될 것입니다. 그 누구도 자신이 권위와 욕망에 조종당했다고 인정하고 싶지 않기 때문입니다. 몇 년 뒤 존스는 이 실험에 대해 쓴 글에서"쿠벌리 고등학교에서 내가 가르친 4년 동안 아무도 제3의 물결 집회에 참가한 것을 인정하지 않았다. 우리 모두가 그것을 잊고 싶어 했다."라고 하였습니다.

학교는 교육하는 곳입니다. 교육은 학교가 표방하고 있는 이념이고 목적입니다. 학교는 보편 가치와 국가와 사회가 표방하는 이념과 사상과 가치와 목적을 지향하도록 가르치는 곳입니다. 사람들이 학교에 대해 거의 비판을 하지 않는 것은 위와 같은 학교의 기능에 대해 이론의 여지가 별로 없기 때문입니다. 그러나 지금의 상황은 심각하게 달라졌습니다. 학교도 위험한 곳이 되었습니다. 한 교사의 거짓되거나 왜곡된 신념에 의해 학생들이 열성적이고 저돌적인 나치당원이나 홍위병 양성소로 돌변할 수 있습니다. 그 가능성은 쿠벌리 고등학교 론 존스의 실험을 통해 충분히 입증되었습니다. 존스는 그 실험을 통해 누구나 나치의 게슈타포가 될 수 있음을 경고하였지만, 그가 실제 나치즘 신봉자였다면 학교는 가장 위험한 곳이 되는 것입니다. 실제로 나치즘 못지않은 막시즘과 그 아류 사상과 이념으로 무장된 교사들이 이곳 미국 대학 강단이나 한국의 중고등학교 강단에 적지 않게 포진하고 있으며 실험이 아닌 문화 지우기와 기독교 지우기를 위해 게슈타포 같은 전위대를 양성하고 있다고 할 수 있습니다.

 "망령되고 허탄한 신화를 버리고 경건에 이르도록 네 자신을 연단하라."(딤전 4:7)

문화 지우기는
기독교 지우기다

　여러 신을 섬기는 다신교 사회는 다른 신이나 다른 종교에 대해 관대합니다. 고대 로마 제국도 제국 안에서 여러 신을 섬기는 다신교를 허용하였기 때문에 초기에는 기독교의 선교 활동이 비교적 순조로웠습니다. 그러나 기독교는 스스로 다른 신이나 다른 종교를 용납할 수 없기 때문에 다른 종교를 믿는 자들이나 통치자들에게 미움과 경계의 대상이 되었고 때로는 국가 정책을 반대하는 집단으로 오해를 받으며 그로 인하여 모함과 어려움을 겪기도 하였습니다. 나쁜 지도자들은 기독교인들이 유일신 하나님과 예수님만을 믿고 주인으로 섬기는 타협하지 않는 신앙을 로마 제국에 대한 반역으로 몰아 희생양으로 삼았습니다. 고금을 막론하고 정치 지도자들은 자신들의 실정이나 실패를 만회하는 희생양을 필요로 하는데, 로마 제국도 예외는 아니었습니다. 로마 제국도 국가적 재난이나 전쟁의 실패나 심지어 지도자의 실정에 대한 책임을 기독교인들에게 돌렸습니다. 나쁜 독재자일수록 국론이 분분한 것을 용납하지 않기 때문에 타협하지 않는 기독교인들은 언제나 국가에 반역하는 집단으로 오해를 받거나 모함의 대상이 되었습니다. 당시 기독교는 황제를 두려워하지 않는 유일한 집단이었습니다.

　강력한 로마 제국이 점점 쇠락해지자 황제는 그 책임을 기독교 때문이라고 하였습니다. 데키우스(Decius Valerianus 249-251) 황제는 250년에 기독교를 지워버리려는 법령을 선포하였습니다. 그 법령은 제국 안의 모든 시민은 제국이 허락하는 신만을 섬기도록 하였는데, 이는 기독교인들을 말살하려는 의도적인 법령이었습니다. 당연히 기독교인들은 이에 반발하였지만, 기독교인들은 행정관이 지켜보는 가운데 로마의 신에게 제사를 드릴 것을 강요받았습니다. 그렇게 되자 수많은 기독교인이 이방 제사를 거부하다가 순교하였고 우리가 상상하는 것 이상으로 수많은 배교자도 나오게 되었습니다. 당시 교회의 지도자였던 키프리아누스의 지적에 의하면 당시 기독교인들은 오랜 평화로 인하여 신앙생활의 기강이 해이해졌고 부와 사치와 쾌락에 빠져 있었습니다. 그와 같은 영적 타락에 당시 교회 지도자들이 앞장서는 지경이었습니다. 이는 어쩌면 현대 교회들의 부정적 모습과도 흡사하다고 할 수 있습니다. 그 이후 로마 제국의 여러 황제는 같은 이유로 기독교를 박해하고 지워버리려 했던 것을 우리는 역사의 기록에서 찾아볼 수 있습니다.

로마 제국의 기독교 지우기보다 훨씬 앞서 기독교를 지우려 했던 이들이 있습니다. 그들은 다름 아닌 유대인들입니다. 예수님의 권위와 인기를 시기했던 바리새인들과 사두개인들 그리고 서기관들과 공회원들은 잠깐 예수님께 관심을 보이다가 예수님으로부터 외식과 교만을 지적받자 경계하고 비판하며 미워하기 시작하였습니다. 그들에게서 시작된 예수님께 대한 반감과 박해는 예수님 사후 극성 유대교도들에 의해 사도들의 활동을 방해하는 것으로 집요하게 계속되었습니다. 심지어 그들은 로마 제국이 기독교를 박해하도록 모함 하기까지 하였습니다. 바울이 전하는 복음을 천하에서 없애버려야 할 염병이라고 규정하고 바울을 죽이기 전에는 먹지도 마시지도 않겠다고 맹세한 유대인들이 많았습니다. 그들은 그렇게 하는 것이 하나님께 충성하고 율법의 가르침을 철저하게 실천하는 것이라고 믿었습니다.

근대에 이르러서 기독교를 지우려 한 사상과 집단은 칼 마르크스와 공산주의 그리고 그 사상의 아류인 좌파 사상가들과 공산주의자와 사회주의자들입니다. 마르크스의 사상의 계보는 복잡하지만, 그 사상의 출발점은 무신론과 유물사관입니다. 마르크스 사상과 공산주의는 단순히 하나님의 존재를 부정하는 무신론이 아니라 하나님과 기독교를 극도로 싫어하고 증오하는 무신론입니다. 그들은 공산주의 혁명을 완수하는 데 있어서 최대의 적이 기독교라고 생각하였습니다. 실제로 공산주의 혁명이 실패하자 그 원인이 기독교 때문이라고 하였습니다. 따라서 공산주의 혁명이 성공하려면 우선 기독교를 철저하게 지워버려야 한다고 믿었습니다. 그들의 생각과 판단은 어떤 면에서 정확하였습니다. 기독교가 살아 있는 한 공산주의 혁명이 성공할 수가 없습니다. 왜냐하면, 기독교는 무신론과 유물사관을 절대로 용납할 수 없기 때문입니다. 아이러니하게도 현대에 생각 없는 순진한 기독교인 중에 무신론과 유물사관의 공산주의나 사회주의를 지지하는 이들이 있습니다. 현대 기독교는 그러한 자들에 의해 심각하게 도전받고 있습니다.

최근 진보주의권 내에서 "woke"라는 용어가 널리 사용 되고 있습니다. 그들은 이 용어를 깨어있는, "내가 너보다 더 깨어있다.", "내가 도덕적으로 더 깨어 있다."는 뜻으로 사용합니다. 이 용어는 좌파 정부의 정책과 진보주의 운동과 깊은 관련을 맺고 있습니다. 그들이 주장하는 인종 평등화, LGBT의 권리, 페미니즘, 환경보호 같은 것에서 자신들이 더 포용적이고 도덕적으로 깨어있다고 주장합니다. 안타까운 것은 지식인들과 젊은이들이 이러한 주장에 쉽게 넘어가는데, 이러한 현실을 프랑스의 작가 레이몽 아롱이 "정직하고 머리가 좋은 사람은 절대로 좌파가 될 수 없다. 모순투성이인 사회주의 본질을 모른다면 머리가 나쁜 것이고 알고도 추종하면 거짓말쟁이다."라고 신랄하게 비판하였습니다. "도덕적으로 더 깨어 있다"는 "woke"는 어설픈 지식인과 젊은이들의 영혼을 유린하고 있습니다. "woke"는 새로운(?) 문화를 만드는 woke-culture이고 이 운동의 연장선상에 문화 지우기(Cancel Culture)가 활발하게 진행되고 있습니다.

지난 1월 4일 미 하원 개회 때 감리교 목사인 임마누엘 클리버 의원이 기도할 때 "Amen, Awomen"라고 기도를 마쳤습니다. 아멘의 멘이 남자를 가리키기 때문에 성 불평등을 조장하는 용어라고 하여 그렇게 하였습니다. 이어서 하원 의장 펠로시는 하원 규칙 개정안에서 성별을 나타내는 용어를 사용하지 말고 성 중립적 용어를 사용할 것을 촉구하며 이는 역사상 가장 포용적인 의회 제안과 관련이 있다고 하였습니다.

　며칠 전에는 캘리포니아 교육부 새 커리큘럼에 고대 맥시코의 신 아스테카에게 기도하는 내용을 포함할 것을 제안하였고, 뉴욕 맨하탄에 있는 성공회 계통의 그레이스 처치 스쿨(Grace Church School)에서는 학생과 교사, 교직원 및 부모를 대상으로 발간한 언어 사용 지침에서 교내에서 성 정체성을 포함하는 '엄마(mom)', '아빠(dad)' 같은 단어를 사용하지 말도록 권장하였습니다. 이 지침서는 '포용적인 언어'라는 제목하에 사람들이 대화할 때 암묵적으로 전제하는 일반적인 가족상을 제거해야 할 '유해한 가정(假定·assumptions)'으로 규정했습니다. 이것이 지금 미국의 엘리트 사립학교에서 벌어지고 있는 일입니다. 이 학교 교장 조지 데이비슨은 성명을 내고 "우리 학교는 입학 첫날부터 학생들에게 언어를 사려 깊게 사용하라고 교육해왔다."라며 "학교의 모든 학생이 살아 있는 두 부모(parents)를 두고 있는 것은 아니다"라고 하였습니다.

　이와 같은 일들이 소위 woke-culture이고 Cancel Culture입니다. 깨어있는(?) 새로운 문화를 만들기 위해 기존의 전통문화를 지우는 일들이 사회 곳곳에서 진행되고 있습니다. 우리가 주의 깊게 살펴보면 그들이 지워야 한다는 문화는 거의 기독교 문화입니다. 겉으로 보기에는 포용적인 것처럼 포장하고 있지만, 인종 평등화, 소수자 권리, 페미니즘 등이 모두 하나님의 창조 원리와 질서를 거부하는 것들입니다. 좀 더 과격한 문화 지우기를 들여다보면 남자와 백인과 기독교를 제거해야 할 대상으로 하고 있고 더 노골적으로 이야기하면 문화 지우기는 모든 보수주의와 우익 성향까지 지워야 할 대상으로 설정하고 있습니다.

유사시 전 세계 프롤레타리아가 대동단결하여 유럽을 순식간에 혁명화할 것이라는 예측이 1914년 1차 세계대전에서 빗나가자 마르크스는 노동자들이 계급이익을 보지 못하도록 눈을 가리는 서구 문명을 파괴해야 한다는 결론을 도출하였습니다.

신 마르크스주의자 루카치와 그람시는 문화혁명을 위해 각각 급진적 성 혁명과 진지전을 주장하였는데, 헝가리 볼셰비키 정부 문화담당관이 된 루카치는 부모와 학교의 권위, 가족에 대한 애정과 국가에 대한 충성을 무너뜨리기 위해 급진적 인성교육을 시행하였습니다. 대한민국의 학생인 권조례도 루카치의 성 해방 작업과 일맥상통한다는 지적이 있습니다. 그람시는 부르주아가 거머쥔 헤게모니를 빼앗기 위해 정치, 사회, 학계, 문화계 등 각 사회 영역에 침투해 사회주의 사상으로 대중을 계몽해야 한다고 주장하였습니다.

같은 신 마르크스주의자이며 프랑크푸르트학파인 마르쿠제는 1933년 미국으로 망명한 후 콜롬비아 대학에 둥지를 틀고 본격적으로 미국을 파괴하는 작업에 돌입했습니다. 소위 정치적 올바름이라 불리는 PC의 정서를 미국에 퍼뜨리는데 지대한 공을 세운 것이 바로 마르쿠제의 억압적 관용(repress tolerance)이라고 할 수 있습니다. 억압적 관용이란, 표현의 자유는 그 자체로 선이 아니며, 좌익의 진실을 확산시키고 혁명을 달성하기 위해 우익의 오류와 주장을 적극적으로 억압해야 한다는 것이 마르쿠제의 억압적 관용입니다. 마르쿠제의 논리에 미국의 거의 모든 대학 강단이 점령되다시피 하였다고 해도 과언이 아닙니다. 이를테면 그의 제자들이 지금의 미국 정치계, 언론계, 법조계, 예술계, 영화계, 학계로 널리 진출하여 포진하고 있습니다. 그들을 움직이고 있는 에너지는 객관적 사실과 진리를 위하려는 데서 발산되는 것이 아니고 기독교를 미워하고 무신론을 확산시키려는 사악한 욕망으로부터 솟아나기 때문에 자기들의 뜻이 관철되지 않으면

무신론이 지배하는 사회

거짓말과 폭력까지도 서슴지 않습니다. 그들은 억압적 관용으로 무장되어 있음을 잊지 말아야 합니다.

이러한 문화 지우기는 아직 "woke"라는 이름으로 감성과 논리를 이용하여 대중을 설득하는 것처럼 하고 있지만, 이는 모두 위선이며 속임수입니다. 이미 마르쿠제의 억압적 관용이 적용되고 있는 경우가 허다합니다. 전통 가치와 보편 가치 그리고 기독교의 가치를 주장하거나 공산주의나 사회주의 사상 또는 "woke" 운동이나 문화 지우기를 비판하는 사람이나 집단에게는 폭력도 불사하는 사건들이 이곳 미국에서 자주 일어나고 있습니다. 그러한 일에 언론이 앞장서고 있어서 대중들은 분별하기가 쉽지 않습니다. 유대인들이 기독교의 복음을 전염병이라고 하여 지워버리려 하였듯이 로마 제국의 기독교 말살 정책에서부터 지금의 문화 지우기 운동까지 모든 무신론을 토대로 하는 이론과 활동은 결국 하나님을 부정하고 기독교를 지우려는 것입니다.

"이 사람들이 다 가이사의 명을 거역하여 말하되 다른 임금 곧 예수라 하는 이가 있다 하더이다 하니/ 우리가 보니 이 사람은 전염병 같은 자라 천하에 흩어진 유대인을 다 소요하게 하는 자요 나사렛 이단의 우두머리라/ 그들이 듣고 크게 노하여 사도들을 없이하고자 할새"(행 17:7, 24:5, 5:33)

하나님 나라 지평 I
무신론이 지배하는 사회

■
초판 1쇄 인쇄 / 2024년 10월 1일
초판 1쇄 발행 / 2024년 10월 7일

■
지은이 | 황 상 하
펴낸이 | 민 병 문
펴낸곳 | 새한기획 출판부

■
편집처 | 아침향기
편집주간 | 강신억

■
주소 | 04542 서울특별시 중구 수표로 67 천수빌딩 1106호
TEL | (02)2274-7809 / 070-4224-0090
FAX | (02)2279-0090
E-mail | 21saehan@naver.com

■
미국사무실 The Freshdailymanna
2640 Manhattan Ave. Montrose, CA 91020
☎ 818-970-7099
E.mail freshdailymanna@hotmail.com

■
출판등록번호 | 제 2-1264호
출판등록일 | 1991. 10. 21

값 18,000원

ISBN 979-11-88521-92-0 03230
Printed in Korea